中國學術思想 研究輯刊

十二編

林 慶 彰 主編

第 16 冊

先秦諸子之人格類型論（上）

王 季 香 著

花木蘭文化出版社

國家圖書館出版品預行編目資料

先秦諸子之人格類型論（上）／王季香 著 ── 初版 ── 新北市：
花木蘭文化出版社，2011〔民100〕
序 2+ 目 8+244 面；19×26 公分
（中國學術思想研究輯刊 十二編；第 16 冊）
ISBN：978-986-254-657-4（精裝）
1. 先秦哲學　2. 人格類型
030.8　　　　　　　　　　　　　　　　　　　100015773

ISBN-978-986-254-657-4

9 789862 546574

中國學術思想研究輯刊
十二編　第十六冊　　　　　　　ISBN：978-986-254-657-4

先秦諸子之人格類型論（上）

作　　者　王季香
主　　編　林慶彰
總 編 輯　杜潔祥
出　　版　花木蘭文化出版社
發 行 所　花木蘭文化出版社
發 行 人　高小娟
聯絡地址　新北市永和區中正路五九五號七樓
　　　　　電話：02-2923-1455／傳真：02-2923-1452
網　　址　http://www.huamulan.tw 信箱 sut81518@gmail.com
印　　刷　普羅文化出版廣告事業
封面設計　劉開工作室
初　　版　2011 年 9 月
定　　價　十二編 55 冊（精裝）新台幣 90,000 元

先秦諸子之人格類型論（上）

王季香　著

作者簡介

王季香，台灣台南縣人。民國 75 年畢業於高雄師大國文研究所，隨即任教文藻外語學院，民國 80 年赴法國巴黎實踐研究院文獻研究所從事漢學研究兩年，獲博士預備文憑。回國後，重返文藻校園執教，並於民國 88 年至國立中山大學中國文學研究所攻讀博士，民國 93 年取得博士學位，現任高雄私立文藻外語學院應用華語文系副教授。著有《王船山格物致知論》及多篇學術論文。本書《先秦諸子之人格類型論》為其博士論文，曾榮獲中山大學 92 學年度優秀畢業博士論文獎。

提　　要

　　「先秦諸子之人格類型論」，係以先秦諸子的相關文本為素材，意圖探討先秦諸子對人格類型的劃分。旨在藉由「人格類型」的視角，一來抉發其人格世界之美，由此逆探諸子各家學說思想；二來提供全人的人觀，宿昔的典型，以為現代人嚮往，好讓我們在疏通「古道」的同時照見屬於自己文化的「顏色」，找到活出真正自我的「真相」。再者省驗先哲之論，提供與現代心理學比觀的依據，希望透過中西人格類型的比觀和會通，進而吸納西土的人格理論，以為創建國情化、本土化的人格心理學找到一個基點。

　　全書共分八章。第一章緒論，分別說明研究動機緣起，而聚焦到大陸學界「人學」、「人才學」研究的概況及其利弊得失，再折入近人的相關文獻研究並略作評議，從而導出「先秦諸子之人格類型論」的研究對象範圍、研究方法及目的。

　　第二章首先界定「人格」的涵義與西方心理學對人格類型的劃分，接著析論四個西方人格心理學思潮的人格類型，並比勘心理學家的傳記和人格理論，找出心理學家的人格理論所折射出來的理想人格。第三章略論先秦諸子劃分人格類型的方法。

　　第四到第六章乃通過歷時性和共時性的結構分析比較文獻資料，分就道德修養、心靈涵養和才能事功三方面，論述先秦四家七子各自不同的人格類型層次。第七章不僅打破「家」的觀念，綜納分析比較四家七子的人格類型論述，由各家諸子賞鑒、臧否人物中挖掘其所反映的思想觀點和知識架構。更跨越國界文化，會通比較中西方人格類型論，進而窺探中西方不同的人觀所反映的文化顯影。第八章結論，除了總結各章大要外，抑且貫通歷史，略述先秦諸子人格類型說對後世品人之學的影響。並基於中國思想不離現實人生，對治時代問題而發的思想基調，特就時代意義與應用價值申說本研究對現代社會的作用，終以未來研究展望做結。

上 冊

前 序

第一章 緒 論 ……………………………………… 1

　第一節　問題提出與觀點 ……………………… 1

　第二節　文獻回顧與檢討 ……………………… 10

　第三節　研究範圍、方法及架構 ……………… 12

第二章　人格的定義與西方人格類型略論 ……… 19

　第一節　人格的涵義 …………………………… 19

　第二節　西方人格類型理論 …………………… 21

　　一、依生理特質劃分 ………………………… 21

　　二、依心理特質劃分 ………………………… 23

　　三、依社會取向劃分 ………………………… 29

　　四、依行為特質劃分 ………………………… 33

　第三節　西方人格類型論的折射 ……………… 45

　第四節　結 語 ………………………………… 51

第三章　先秦諸子的觀人之道 …………………… 53

　第一節　先秦兩種觀人系統 …………………… 54

　　一、世俗的「相人」系統 …………………… 54

　　二、學者的「非相」系統 …………………… 56

　第二節　先秦諸子觀人方法 …………………… 59

　　一、知言 ……………………………………… 60

　　二、觀行 ……………………………………… 63

　第三節　結 語 ………………………………… 66

第四章　按道德實踐區分的人格類型 …………… 71

　第一節　對個別人士道德修養的人格類型 …… 73

　　一、道德修養的極致者——聖人、仁人 …… 74

　　　（一）聖人 …………………………………… 74

　　　　1、孔子的「聖人」 ……………………… 75

　　　　2、孟子的「聖人」 ……………………… 76

　　　　3、荀子的「聖人」 ……………………… 79

　　　　4、小結 …………………………………… 84

　　　（二）仁人 …………………………………… 85

　　　　1、孔子的「仁人」 ……………………… 85

　　　　2、孟子的「仁人」 ……………………… 87

目
次

　　　　3、荀子的「仁人」‥‥‥‥‥‥‥ 90

　　　　4、小結 ‥‥‥‥‥‥‥‥‥‥‥‥ 93

　　二、道德修養的成德者──君子 ‥‥‥‥ 94

　　　（一）孔子的「君子」‥‥‥‥‥‥‥ 94

　　　（二）孟子的「君子」‥‥‥‥‥‥‥ 98

　　　（三）荀子的「君子」‥‥‥‥‥‥ 103

　　　（四）小結 ‥‥‥‥‥‥‥‥‥‥ 113

　　三、道德修養的入德者──士 ‥‥‥‥ 113

　　　（一）孔子的「士」‥‥‥‥‥‥‥ 114

　　　（二）孟子的「士」‥‥‥‥‥‥‥ 116

　　　（三）荀子的「士」‥‥‥‥‥‥‥ 118

　　　（四）小結 ‥‥‥‥‥‥‥‥‥‥ 122

　　四、道德修養的缺德者──小人 ‥‥‥ 122

　　　（一）孔子的「小人」‥‥‥‥‥‥ 122

　　　（二）孟子的「小人」‥‥‥‥‥‥ 123

　　　（三）荀子的「小人」‥‥‥‥‥‥ 125

　　　（四）小結 ‥‥‥‥‥‥‥‥‥‥ 129

　　五、道德修養的亂德者──鄉原、姦人‥ 129

　　　（一）孔孟的「鄉原」‥‥‥‥‥‥ 129

　　　（二）荀子的「姦人」‥‥‥‥‥‥ 130

　　　（三）小結 ‥‥‥‥‥‥‥‥‥‥ 131

　第二節　對特定身分人士道德實踐的分類 ‥ 131

　　一、政治人物道德人格等第 ‥‥‥‥‥ 132

　　　（一）君主部分 ‥‥‥‥‥‥‥‥ 132

　　　　1、孟子的君主類型 ‥‥‥‥‥ 132

　　　　（1）王者 ‥‥‥‥‥‥‥‥ 132

　　　　（2）霸者 ‥‥‥‥‥‥‥‥ 135

　　　　2、荀子的君主類型 ‥‥‥‥‥ 136

　　　　（1）上君──聖王、明主或王
　　　　　　者 ‥‥‥‥‥‥‥‥‥ 138

　　　　（2）次等的君主──霸道之君 148

　　　　（3）下等的君主──權謀之君
　　　　　　、闇主 ‥‥‥‥‥‥‥ 151

　　　　3、小結 ‥‥‥‥‥‥‥‥‥‥ 154

（二）人臣部分 ……………………… 155
　1、孟子的人臣類型 ……………… 155
　　（1）「引君以當道」的賢臣 … 155
　　（2）「逢君之惡」的無道之臣 … 156
　2、荀子的人臣類型 ……………… 157
　　（1）依才德分 ………………… 158
　　　甲、聖臣 …………………… 158
　　　乙、功臣 …………………… 159
　　　丙、篡臣 …………………… 160
　　　丁、態臣 …………………… 160
　　（2）依忠誠度區分 …………… 161
　　　甲、大忠之臣 ……………… 161
　　　乙、次忠之臣 ……………… 161
　　　丙、下忠之臣 ……………… 161
　　　丁、國賊 …………………… 161
　　（3）依「從道不從君」原則區
　　　　　分 …………………………… 161
　　　甲、諫臣 …………………… 162
　　　乙、爭臣 …………………… 162
　　　丙、輔臣 …………………… 162
　　　丁、拂臣 …………………… 162
　3、小結 …………………………… 163
二、儒者的人格等第 ………………… 164
　（一）大儒 …………………………… 167
　（二）雅儒 …………………………… 169
　（三）俗儒 …………………………… 170
　（四）小結 …………………………… 172
第三節　結　語 ………………………… 174
第五章　依心靈修養區分的人格類型 … 177
第一節　《老子》的人格類型 ………… 179
一、上士 ………………………………… 180
　（一）上士的心態 …………………… 180
　（二）上士的內涵 …………………… 181
　　1、自然無爲的愛 ………………… 182

2、虛靜涵養的工夫 …………… 183

3、柔弱不爭之德 …………… 185

（三）上士的人格型態及境界 …………… 186

1、深刻如大海 …………… 187

2、廣闊如山谷 …………… 187

3、單純如赤子 …………… 187

（四）上士的為政作風 …………… 188

1、民意是從 …………… 188

2、清靜無為 …………… 189

3、謀於未兆 …………… 191

4、小國寡民 …………… 191

二、下士 …………… 192

（一）下士的人格特質 …………… 192

1、縱情聲色 …………… 193

2、追名逐利 …………… 193

3、逞強競勝 …………… 194

（二）下士的為政風格 …………… 194

1、嚴刑酷法 …………… 194

2、厲民自肥 …………… 195

3、崇尚軍功 …………… 195

三、小結 …………… 196

第二節　《莊子》的人格類型 …………… 198

一、天人不相勝與物有宜的理想人 …………… 199

（一）理想人格的不同畫像 …………… 199

（二）理想人格的特質 …………… 208

1、安之若命的人生觀 …………… 208

2、自由開放的心靈 …………… 209

3、拔乎流俗的價值觀 …………… 210

（三）理想人的心靈涵養境界 …………… 211

1、擺開功名利祿的束縛 …………… 212

2、化掉名言是非的成見 …………… 212

3、解消形軀外表的執著 …………… 214

（四）理想人的為政之道 …………… 219

二、昧於真實執假為真的俗人 …………… 223

（一）俗人的特質 ……………… 223

　　1、執著形軀 ………………… 224

　　2、封限心靈 ………………… 225

　　3、計較名利 ………………… 226

　　4、拙於大用 ………………… 227

（二）俗人的爲政風格 ………… 228

三、介於眞俗之間的人 …………… 230

（一）遊於方外的人 ……………… 232

　　1、拘守於內的宋榮子 ……… 233

　　2、有待於風的列子 ………… 234

　　3、執於方外的人 …………… 234

　　4、重生向道的公子牟 ……… 235

（二）遊於方內的道德之士 …… 236

　　1、弦歌不已的儒士 ………… 238

　　2、安貧樂道的顏回 ………… 239

四、小結 …………………………… 240

第三節　結　語 ………………………… 241

下　冊

第六章　依政治事功區分的人格類型 … 245

第一節　《墨子》的人格類型 ………… 245

一、墨子的人格與賢能觀 …………… 247

（一）墨子的人格形象 …………… 247

（二）《墨子》的賢能觀 ………… 250

二、《墨子》反映的人格類型 ……… 252

（一）君王部分 …………………… 252

　　1、現實的統治者——今之王公大
　　　人、當今之主、別君 …… 252

　　　（1）不察尚賢使能 ……… 253

　　　（2）不行尚同之治 ……… 255

　　　（3）喜攻伐兼併 ………… 256

　　　（4）不節用而聽樂 ……… 258

　　　（5）不辨執命之言 ……… 260

　　2、負面的統治者——暴王 … 261

　　　（1）反天意而行 ………… 261

（2）執有命而爲 ……………… 262

（3）不修政而亂國 …………… 263

3、理想的統治者──聖人、聖王

……………………………… 263

（1）貴義的精神 …………… 264

（2）兼愛的胸懷 …………… 267

（3）強力的特性 …………… 270

（4）節儉的作風 …………… 272

（5）尊天明鬼的態度 ……… 275

（6）以政齊民的領導 ……… 278

（二）人臣部分 …………………… 284

1、世俗的人臣──今之士君子、

士、君子 ……………………… 287

（1）不辨仁義 ……………… 287

（2）知而不行 ……………… 288

（3）明小不明大 …………… 289

2、理想的人臣──賢士、仁士、

義士、義人 …………………… 291

（1）向義的價值觀 ………… 291

（2）以忠事君的操守 ……… 293

（3）反身自信的修爲 ……… 294

三、小結 ……………………………… 295

第二節　《韓非子》人格類型 ………… 297

一、韓非的時代問題感受 …………… 297

二、《韓非子》所反映的人格類型 …… 300

（一）君主部分 …………………… 300

1、盡人之智的「上君」 ……… 301

（1）能用術以察姦 ………… 301

甲、虛靜無爲 …………… 302

乙、因任授官 …………… 304

丙、循名責實 …………… 307

（2）能任勢以立權威 ……… 311

（3）能立法以行政 ………… 315

甲、務法尚力 …………… 316

乙、明法強國 …………… 324

　　　　　　２、盡人之力的「中君」⋯⋯⋯ 329
　　　　　　　（１）抱法──遵循法度 ⋯⋯⋯ 329
　　　　　　　（２）處勢──善用權力 ⋯⋯⋯ 332
　　　　　　３、盡己之能的「下君」⋯⋯⋯ 335
　　　　　　　（１）自失刑德 ⋯⋯⋯⋯⋯⋯ 335
　　　　　　　（２）輕釋法術 ⋯⋯⋯⋯⋯⋯ 336
　　　　　（二）臣民部分 ⋯⋯⋯⋯⋯⋯⋯⋯ 339
　　　　　　１、人臣部分 ⋯⋯⋯⋯⋯⋯⋯⋯ 339
　　　　　　　（１）《韓非子》的賢能觀 ⋯⋯ 339
　　　　　　　（２）賢臣 ⋯⋯⋯⋯⋯⋯⋯⋯ 342
　　　　　　　　甲、盡忠君上有益於國的
　　　　　　　　　　忠臣 ⋯⋯⋯⋯⋯⋯⋯ 344
　　　　　　　　乙、明法的法術之士 ⋯⋯⋯ 345
　　　　　　　（３）無益之臣 ⋯⋯⋯⋯⋯⋯ 349
　　　　　　　（４）不肖之臣 ⋯⋯⋯⋯⋯⋯ 352
　　　　　　２、人民部分 ⋯⋯⋯⋯⋯⋯⋯⋯ 355
　　　　　　　（１）有益之民 ⋯⋯⋯⋯⋯⋯ 355
　　　　　　　（２）無益之民 ⋯⋯⋯⋯⋯⋯ 356
　　　　　　　（３）蠹害之民 ⋯⋯⋯⋯⋯⋯ 357
　　　　三、小結 ⋯⋯⋯⋯⋯⋯⋯⋯⋯⋯⋯⋯ 363
　　　第三節　結　語 ⋯⋯⋯⋯⋯⋯⋯⋯⋯⋯ 366
第七章　先秦諸子人格類型之綜納分析與會通 ⋯ 369
　　第一節　先秦諸子人格類型的綜納分析 ⋯⋯ 369
　　　一、先秦四家七子理想人格類型觀比較分析 · 370
　　　二、四家七子現實人格類型觀的比較分析 ⋯ 377
　　　三、理想與現實人格類型之間的動態關係 ⋯⋯ 381
　　　四、一樣看人心各異 ⋯⋯⋯⋯⋯⋯⋯⋯ 391
　　第二節　中西人格類型論之類比與會通 ⋯⋯ 396
　　　一、人格理論反映學者人格 ⋯⋯⋯⋯⋯ 399
　　　二、中西人格類型相似相通處 ⋯⋯⋯⋯ 408
　　　三、不斷發展的動態人格 ⋯⋯⋯⋯⋯⋯ 417
　　第三節　結　語 ⋯⋯⋯⋯⋯⋯⋯⋯⋯⋯⋯ 423
第八章　結　論 ⋯⋯⋯⋯⋯⋯⋯⋯⋯⋯⋯⋯ 427
重要參考書目 ⋯⋯⋯⋯⋯⋯⋯⋯⋯⋯⋯⋯⋯ 437

前　序

　　我喜歡看人。

　　看到可以征服天下卻征服不了自己的項羽，不禁掩卷嘆息；看到爲民除害、屠龍扼虎的周處，猛覺自己才是最大禍害時，竟揮出生命的慧劍，洗心革面，不由得擊節讚賞。看到有人什麼都擁有，就是沒有靈魂、良心，鄙夷之餘，心生矜憫；看到身殘體缺，甚至只剩一口氣，仍然珍惜每一次的呼吸，用心過好每一天的人，由衷感佩。在不同人的身上，我讀出不同的歲月軌跡、生活悲喜和生命的姿態；卻也引發我的存在疑惑：爲何同樣是人，有人逃不出性格命定的撥弄，有人可以毅然擺脫性格和環境的束縛，充分活出人的尊嚴與自由呢？而這樣判若雲泥的人格圖像，古今皆然，中西無二，解讀卻大不同。「人究竟何所窮際？」遂化爲內在聲音的召喚，形成生命底處的問號，終而決意跟著聲音去追尋人的終極可能。

　　既沒有象山的早慧，更無六祖慧能的慧根，可以見「宇宙」二字，或聞得「應無所住而生其心」而悟道。於是在已屆不惑的中年，合該只須調整去向而不應在疑惑中適應的時節，仍不容自已的穿越歷史，在先秦的時空裡，顧盼追尋先賢所畫出的種種人格形象，希望由此尋得人的好樣來，「先秦諸子人格類型論」於爲產生。追尋的過程不是一路暢行，偶爾也會有巉巖道阻、雨橫風狂的時候。坦坦走過之後，再回首，就如飛鴻踏雪泥，已不復計東西，甚至往日的崎嶇也早已忘記，剩的只是連連的驚喜、歡奇和每一張陪我走過的容顏。

　　感謝指導教授徐師漢昌在論文撰寫期間，耐心的爲我解惑，並鉅細靡遺的批閱指正。也謝謝鮑師國順的肯定與鼓舞，讓我有足夠的信心衝破疑難，

勉勵以成。而這兩位老師不僅是餵養我知識的經師，我更在他們暖然如春的
人格風度中找到望風慕想的生命典型。口試過程中，幸經李老師威熊、康老
師義勇、王老師金凌不吝賜教，惠我良多。還有那些始終關心惕勵的師長和
朋友們，於此一併敬致衷心謝忱。

　　最後我要把這份追尋和研究的成果獻給摯愛的家人。首先是家父、家母
及兄姊無條件的關愛支持，和婆婆的寬闊能容，雖然他們不瞭解我所投入的
領域，卻始終願意相信我的努力是有意義的；其次是我家的兩位寶貝，老大
的成熟懂事和老二的熱情擁抱，常把從我灰暗的知識洞穴裡拉回真實而溫潤
的生活現場；更要分享給一直與我共學適道、相知相伴的外子，因為他是本
書的催生者和第一位悅讀者。

第一章　緒　論

第一節　問題提出與觀點

　　「夫天地者，萬物之逆旅」，無論目前多麼飛黃或如何落魄，人生的終點都是相同的。然而不論死後魂歸何處？即使想往生極樂或重返樂園都不能迴避在這有限的旅程中做為「人」的現實處境。吾人生於天地之間，既是獨立的個體，又與「斯人之徒」同類，芸芸眾生間，每個人隨著性情、身世背景、學經歷的不同，所呈現出來的存在樣態也各如其面的紛紜萬象。然而，同樣是人，何以有人倍受尊崇，生榮死哀，光耀千古；有人即使五官具備，四肢齊全，卻被罵成不是人，甚至遺臭萬年？這是筆者自解事以來常常興起的疑惑。

　　究竟人的意義為何？價值何在？理想人格又如何？一直是筆者關心的問題。如何自我修養以自我提昇、自我超越，也是個人「雖不能至，心嚮往焉」的指標。再者，筆者從事教學活動中，時時面對不同學生各種生命的疑難困結，即使相同的問題，落到不同人身上，往往會有不同的情緒反應和行為表現。因此，如何自我瞭解從而瞭解別人以自處處人、自樹樹人，更是筆者企盼參悟的智慧。

　　加上吾人所身處的臺灣社會，經歷幾十年現代化的社會變遷和經濟飛躍的成長，雖造就了璀璨的物質文明，促進了社會的興革，更曾開創了所謂的「經濟奇蹟」，然而整個社會在過度機械化後，真真實實的生活變了質，豐富的人生被壓縮為資源化和資訊化，大家終身役役的目的彷彿只有「錢」與

「權」，人與人、人與物之間疏離冷漠，變得只有對象意義、消費意義，毫無真誠善意的交流。至如史懷哲在《文明的哲學》中所說的「無根、無人、無心、無情、無我」一般，陷入了虛無主義的幽谷。也彷彿是艾略特詩中所說的「空心人」一樣，生命缺乏值得奉獻的心靈依歸。當人性不斷的被量化與物化，所謂的「人格」、「主體性」就喪失殆盡，而精神的價值也將不斷向下沉淪，以韋伯的觀點來說，就是在現代化的過程中，人的「工具理性」雖有高度的發展，卻不能帶動合理的人生。〔註1〕於是曾經是臺灣人表徵的「經濟奇蹟」，在沒有正面的精神力量導引下，變成了「貧窮的富國」！素有「美麗寶島」的美名早已被「貪婪島」、「賭博島」、「垃圾島」、「恐怖島」、「災難島」取而代之。政府有鑑於此，頻頻提出「生命教育」和「全人教育」作為人格教育的重要課題。〔註2〕希望在教育的過程中能扭轉過去單顯知識教育之偏，振救社會經濟升級後人性沉淪之弊。這樣的用心和努力的方向值得肯定。但是談到生命教育、全人教育等人格教育時，論者大都援引西方學說，惟外來的理論是依，卻對重視主體性、關懷生命的中國傳統文化的精神棄而不顧，令人不免有唐代王駕詩「蜂蝶紛紛過牆去，卻疑春色在鄰家」的感嘆，甚或有如王陽明詩所說：「拋棄自家無盡藏，沿門托缽效貧兒」般的自瀆。

西方理論是它山之石，固然可以攻錯，但文化是民族共同的記憶，意謂著某種優良傳統，常是支撐我們坦然迎拒人生順逆的「支援潛意識」，總在需要的時候成為心理機轉或處理生死攸關的念頭。一旦背離了自家文化，將會產生文化失落感，令人在面對人生頓挫時，缺乏足以應對的文化素養。現代的臺灣人也許無法決定政治的家國，無法選擇自然的鄉土，卻可以選擇心靈的故鄉，這個文化心靈的原鄉不因政權的轉移、政局的分治而消失。個人在

〔註1〕 此乃林毓生礦括韋伯書中文意之言，見林毓生〈面對未來的關懷〉《思想與人物》（台北：聯經，1983），頁421，並參見韋伯著，錢永祥編譯《學術與政治》，台北：允晨，1985。及韋伯著，黃曉京、彭強譯之《新教倫理與資本主義精神》，台北：唐山，1987。

〔註2〕 前省教育廳於民國八十六年底開始實施中等學校生命教育計劃。八十八年全國教育改革檢討大會，連戰以副總統身分於開幕的致詞中多次提及「全人教育」的重要性，並在教育部首頁公佈的二十一世紀教育願景中明確指出希望落實全人教育與終身學習。八十九年教育部宣佈設立「生命教育專案小組」。民進黨政府上台後，教育部曾志朗部長於九十元月召開記者會，宣布2001年為「生命教育年」，成立「推動生命教育委員會」，揭示認識自我、珍惜生命、尊重他人、建立正向的價值觀和積極的人生觀為臺灣教育界當前的具體目標。

法國留學期間，看到國外的漢學學者孜孜矻矻於中國經典的研習時，不禁感到汗顏，那種不躁進，不求表功近利的研讀態度，正是林毓生先生所謂的「比慢精神」。回頭看看我們曾經自詡為「中華文化復興基地」的臺灣，真有「昔人已乘黃鶴去，此地空餘黃鶴樓，黃鶴一去不復返，白雲千載空悠悠」的感慨！

　　基於上述種種的存在疑惑、問題和感受，吾人決意穿越歷史的隧道去尋找、釐清和探析「人」的真實內涵。但要如何切入才能瞭解人的真相呢？這涉及到觀點的抉取。關於這個問題，若從歷時性的角度，可遠溯自千載以前。

　　究其實，「人」原是中西哲學研究的「阿基米德點」。三千多年前，古希臘德爾菲神廟門前「認識你自己」的石刻銘文，揭開了西方哲學家對人的探索和關注，而中國的先秦時代老子也說：「自知者明」（《老子·三十三章》），中西文化在文化初始階段不約而同的提示出「人是哲學的目的」。十七世紀以後，西方為了矯神學主義和人本主義之枉，刮起了自然主義之風。在自然主義風行下，人在宇宙中的位置存而不論，人成了自然界的動物之一，西方哲學漸漸走上絕對物格化的客觀主義。而中國歷代學者仍一直以「人」為研究重心。中西方哲學的發展因此走上了殊途。

　　當西方的哲學由人轉向自然關注時，雖使人對自然有更多客觀的認知，相對的，對人也產生了更多的誤解。﹝註3﹞尤其十九世紀以後，由於西方數理與物理學的發展，哲學跟著科學化了，「科學的哲學」成為廿世紀哲學的「熱門音樂」。﹝註4﹞但誠如法蘭克（Philipp Frank，1884～1966）在《科學的哲學》（Philosophy of Science）一書所說的：

　　……縱有如許的成就，人類卻未變得更為幸福，而且今天所面臨的

　　危機，其根源就在於科學的成就。﹝註5﹞

　　廿世紀以來，科技的發達，確實助長了文明的進步，然而片面追求經濟成長、物質文明，並沒有帶來健康充實的精神資糧，反而造成人類生存環境的惡化、存在意義的消解和精神生活匱乏，使人陷入空前的失重與焦慮的狀況。因此廿世紀的後半期，人的問題重新被推到哲學的中心。﹝註6﹞如在柏格

﹝註3﹞參見張肇祺《論人》（台北：三民，1972），頁17。
﹝註4﹞參見張肇祺前揭書，同註3，頁30。
﹝註5﹞見法蘭克著，謝力中譯《科學的哲學》（Philosophy of Science）序（台北：黎明，1982）。
﹝註6﹞參見韓慶祥、鄒詩鵬〈當代哲學的主題型態何以是人學？——我們的哲學觀〉

森（Henri Bergson，1859～1941）的「生命哲學」和胡塞爾的（Edmund Hussel，1859～1938）「現象學」中，哲學研究的重心又回到人的「存在本身」，他們都認爲人是個活生生的人，也是歷史中的具體實存者。並且覺得只有在「人」的立場上研究「人」才有價值。〔註7〕這樣的思潮，從近幾年來，世界哲學大會討論的議題就可以看出端倪：自十七屆（蒙特利爾，1984）到廿屆（蒙特利爾，1998），所討論的主題都離不開人性、人的理性與未來的技術文明、人與自然、人的教育等等與「人」有關的問題。〔註8〕

上述是西方哲學界從「人」的問題出發，幾經轉折又回到對「人」的重視。至於中國哲學界，由於大陸在十年文革後，人性倍受摧殘、人才出現嚴重的斷層，及面對這一波西方哲學思潮的刺激，學界也開始深刻反思：「何爲人性？」「社會主義社會是否必然出現人性沉淪現象？」等等問題。有識之士發現「人」是現代化建設的核心，進而逼顯出：要提高人的素質才能影響社會主義現代化的進程。於是「人學」、「人才學」成爲大陸學界近年來討論的熱潮。從七十年代末，思想解放運動以來，關於「人學」、「人才學」研究討論的熱潮始終不斷，有人甚至預言「人學」是廿一世紀的顯學。〔註9〕

目前，大陸研究「人學」的學者，遍佈全國各個學術研究機構。各大學如北京大學、中共中央黨校、北京師範大學、吉林大學等都有人學研究中心。爲了確定其研究對象、規定其基本內容、探索其特點，大量學者積極撰書、寫文、開會，試圖提出自己的見解，以促進這個新學科的研究。據統計自1985年初到2000年10月公開發表的人學學術論文高達兩千五百篇，著作數九十多部。〔註10〕還定期召開學術討論會，〔註11〕可謂盛況空前。然通觀大陸學

《社會科學戰線》，2001年第3期，頁66。

〔註7〕 關於當今西方哲學思潮的發展，請參閱石朝穎〈「人學」的詮釋問題〉《哲學雜誌》第四期，1993，頁124。

〔註8〕 詳參韓慶祥、鄭詩鵬〈當代哲學的主題型態何以是人學？——我們的哲學觀〉《社會科學戰線》，2001年第3期，哲學研究，頁67。

〔註9〕 參見陳志尚〈人學——21世紀的顯學〉《北京大學學報》，1995年第3期，頁46。

〔註10〕 比如，黃楠森等主編的《人學詞典》（中國國際廣播出版社，1990年8月）、《人學大辭典》（孫鼎國等）、《馬克思的人學思想》（韓慶祥）、《論馬克思關於人的學說》（王銳生等）等。

〔註11〕 如中國社會科學院哲學研究所中國哲學史研究室於1990年10月，在北京曾召開「中國哲學史上人學思想及其演變的學術討論會」。1997年由各相關人學研究單位、學術機構在中央黨校召開「中國首屆人學學術討論會」，就人學的

界「人學」相關著作，處處可見這些學者對「人學」研究的對象、方法充滿了疑惑和歧見，對此，黃楠森〔註12〕曾說：

> 人學，或稱人論，在我國仍然是一個比較陌生的術語，或者說是一個涵義不清的術語。

不過為了尋求理論依據，也不乏學者從西方哲學入手，此與文革時代，將文革以前的學術著作視為被查禁的「毒草」〔註13〕完全不同，這毋寧是學術自由、多元的發展的新契機，也是大陸學界在多年政治黑雲籠罩之後的思想大躍進。然而從相關的人學著作中，不難發現馬克思唯物思想仍是大陸學者緊抱著不放的「神主牌」。故而像下列這樣的話屢屢可見：

> 要建立科學系統的人學理論，揭開這個「斯芬克斯」之謎，沒有別的捷徑，只能靠馬克思主義，只有馬克思主義才是揭開「斯芬克斯」之謎的謎底和金鑰匙。〔註14〕

> 學術理論界長期以來對人的問題研究的忽視與偏見．特別是對馬克思主義及馬克思主義與人的關係的片面理解和某些錯誤認識，又使得對人的問題的理論研究幾乎成為空白。實踐中的疑難與理論上的空白，構成了人學興起的歷史背景。〔註15〕

> 關於人學的研究方法。共同的看法是應該把馬克思主義哲學的唯物辯証方法．特別是唯物史觀的研究方法作為人學研究的根本方法。〔註16〕

> 確立人學在馬克思主義哲學體系中的地位，是擺在理論工作者面前

定義、中國歷史上人學思想內容的層次，中西方人學思想比較，以及人學思想研究的學術價值和現實意義等，展開了熱烈的討論。參見韓慶祥、鄒詩鵬《人學——人的問題的當代闡釋》（昆明：雲南人民，2001），頁1。及蕭萬源、徐遠和主編《中國古代人學思想概要》（北京：東方出版社，1994），頁2。

〔註12〕引文見黃楠森〈人學研究的重要意義〉《北京大學學報》，1990，第1期。

〔註13〕關於文革前後大陸學界研究中國思想的不同風貌，可參見翟志成所著之〈七十年代大陸批孔運動再評價〉收錄於其著之《當代新儒家史論》（台北：允晨，1993），頁415～6。及熊自健《中共學界孔子研究新貌》（台北：文津，1988）。

〔註14〕薛克誠、洪松濤、吳定求主編《人的哲學——馬克思主義人學理論新探》，（北京：中國人民大學，1992），頁1。

〔註15〕見崔新建〈從開拓走向深化——人學研究的回顧與展望〉《河北學刊》，1998年1月，頁17。

〔註16〕見崔新建前揭文，同註15，頁19。

的重要任務。〔註17〕

此等例子不勝枚舉。依上述可知，大陸學者雖已經自覺的將人從「物化」、「物性」的成分提升到「把人當人看」的層次，這和近代歐美最早提出「人學」的德國思想家宋巴特（M. Sombrat，1863～1941）觀點似無二致。然而，大陸學者為了和現實接軌以自闢蹊徑，不得不在「馬克思唯物思想」的理論框架上撐出「人學」的大廈來。我們可以同情瞭解大陸學者在長期馬克思教條主義的束縛下，和經歷各種慘痛的批鬥經驗後必然的結果，然就學術立場說，卻是搭錯線。

事實上，宋巴特之所以寫「人學」，正是為了要和單從自然主義或唯物主義觀點看人並視人類為物類的「自然科學人類學」作一區辨。也是他告別馬克思思想，與馬克思學說決裂的大作。〔註18〕因此，硬生生將馬克思思想披上「人學」外衣，不免又陷入意識形態的套套中，使之與「純化」哲學研究的路更遙遠。

而且吾人以為其中最大的理論困境還在於其研究的範圍太大，造成「泛化」的現象。蕭萬源、徐遠和主編的《中國古代人學思想概要》〔註19〕即指出這樣歧義紛呈的現象：

> 有的說：「人學是關於作為整體的人及其本質的科學」；有的說：「人學是以人為本位的對人類總體性的自我反思」；有的則說：「人學是關於人生價值的理論學說」還有的說，人學是關於人的本質及其發展的普遍規律的科學，或說人學是研究人類自身發展和完善的科學等。關於中國古代人學思想，通過中西方文化的比較，有的說，中國古代人學就是關於人道的學說，有的則說是以探討人生價值為中心的哲學學說等。關於中國古代人學思想的層次，意見也不一。有的學者分為三大塊，即人性學說、為人之道、理人之道（治國之道）有的學者認為應分為地位論。知識論、人性論、人格論、人生論等五個方面有的學者則分為天人論、人性論、人格論、人生論、修養論、人際論等六方面。

〔註17〕 見蘇平富〈社會轉型時期的人學研究〉，《哲學研究》15：3，2000年5月，頁15。

〔註18〕 關於宋巴特想如何淵源於馬克思思想又與之決裂的部分，請參閱宋巴特著，張丕介譯，《人學》（台北：天華），1979，頁1～7。

〔註19〕 蕭萬源、徐遠和主編《中國古代人學思想概要》（北京：東方，1994），頁2。

衣俊卿對此一「泛化」現象也提出批判：「妨礙人學研究走向深化的原因主要有二，其中一項就是研究範圍太泛，幾乎所有同『人』有一點關聯的問題都被冠以『人學』的名義，以至於許多價值取向各異、哲學立場不同見解者共同打著人學的旗幟蜂湧立說。」〔註20〕

　　至於大陸的「人才學」研究，溯其源乃是在 1979 年，雷禎孝為了因應改革開放對人才的需求，首先提出來的一門新興學門，旨在於系統地研究人才成長規律、人才輩出規律，及選拔、使用、管理人才的原則和辦法等。自此掀起了一股尋找古代人才學思想的熱潮。1980 年在合肥召開第一次全國人才學學術討論會，1981 年成立中國人才研究會，並發行《人才》雜誌，1985 年雷禎孝出版一部厚達八百多頁的《中國人才思想史》（北京：中國展望出版社）。此後相關著作紛紛出版，如《諸子百家論人才》（朱耀廷，1988）、《成才選才用才——中國人才史》（李樹喜，1992）、《諸子人才觀與現代人才學》（朱耀廷、李月修，1998）等。中國人才科學研究院副院長王通訊曾將這廿多年來人才學的發展大致劃分成三階段，〔註21〕他說：

　　　　第一階段，從 1979 年到 1985 年，屬於人才學研究的理論初創時期。
　　　　這期間有大量人才學論文發表，人才學教材登上大學講壇，基本形
　　　　成人才學學科的框架體系。
　　　　第二階段，從 1986 年到 1994 年，人才學研究開始與組織人事工作
　　　　相結合，人才測評、人才考核、職稱改革、人才選拔改革、知識份
　　　　子工作等都成為人才研究的熱點。
　　　　第三階段，從 1995 年開始，人才研究開始與國際上的人力資源管理
　　　　與開發理論相融合，人才開發成為耀眼的亮點。特別是 1995 年國家
　　　　人事部提出"兩個調整"（將與計劃經濟相適應的人事管理體制調
　　　　整到與市場經濟相配套的人事管理體制上來，將傳統的人事管理調
　　　　整到整體性人才資源開發上來）以來，人才研究更是呈現出如火如
　　　　荼的態勢。
　　　　最近幾年，從 1998 年開始，人才研究又煥發出為建立現代企業制度
　　　　服務的活力。國內一些高等院校和政府部門的人事人才研究機構的

〔註20〕見衣俊卿〈人學研究：域界釐定與範式轉換〉《哲學動態》，2006 年第 6 期，
　　　　頁 6。
〔註21〕引文見王通訊〈我的人才研究之路〉《中國人才》，2001 年 5 期，頁 27。

　　　　教授專家，開始以他們的學識，為衆多企業建立現代人事管理新制

　　　　度、新體制出謀劃策。

依「人才學」研究的發展階段看來，可知其理論框架雖然可在中國古代思想

中尋得根源，一掃過去在五〇年代到七〇年代，受「唯政治思想」的箝制而導

致中國哲學研究走入政治化、簡單化、庸俗化或虛無化的現象，〔註 22〕然其

動機與目的是爲呼應四個現代化建設而發，歸餘於終仍是爲其馬克思社會主

義服務。他們通常以現實社會的眼光去批判古代人才思想，於是古代文獻中

的忠臣賢士在唯物思想的詮釋下，竟成爲封建主義的奴才思想了，此由雷禎

孝《中國人才思想史》的序言便可窺知一二：

　　　　寫這部思想史，讀這部思想史，不能把書上的東西都當成眞理。我

　　　　還特別告誡自己並同時告誡讀者的是：古代人論及「人才」「賢」的

　　　　思想，不見得都是人才思想，那裡面也包含著奴才思想。我們要搞

　　　　社會主義人才學，不搞封建主義奴才學。

除上述「以今非古」的理論錯置外，「聖人」在唯物觀點下也成了孔孟諸子虛

構編造出來的「超人」，而學者全然通過「人才」觀點來看文獻中關於人的論

述，也不免窄化人的精神和風采，將所有和人有關的意涵全部壓縮成只有才

性意義。〔註 23〕

　　　要之，伴隨著「人」的問題成爲世界性學術研究的熱點，加上九十年代

的大陸學界吹起「弘揚民族文化」號角，中國的學者重新關注中國文化關於

「人」的討論。這樣的研究方向是文化的正向發展。因爲中國文化向來以人

爲本，以生命本身爲關懷的對象，特別重視「人」在文化中的主導地位。中

國古代所謂的「王之三事：正德、利用、厚生」(《尚書‧大禹謨》) 即強調人

的優先性。牟宗三先生說：「中國哲學是以生命爲中心」〔註 24〕的「生命的學

問」，〔註 25〕而錢穆先生也說：中國文化所建立起來的學術傳統是有別於「事

〔註 22〕關於大陸學界七〇年代後研究中國哲學的情形可參見李宗桂〈中國哲學研究的
　　　　回顧、反思和展望──以中國大陸爲例〉《哲學雜誌》22 期，1997 年 1 月，
　　　　頁 109〜26。

〔註 23〕上述所言，可證諸朱耀廷、李月修《諸子人才觀與現代人才學》(北京：中國
　　　　廣播電視)，頁 5〜6。

〔註 24〕引文見牟宗三，《中國哲學的特質》第一講，(台北：臺灣學生)，1982，頁 6。

〔註 25〕牟宗三說：「眞正的生命的學問是在中國」，引文見氏著之〈關於生命的學問〉
　　　　《生命的學問》，(台北：三民)，1978，頁 35。

統」、「學統」的「人統」。〔註26〕認為「中國文化傳統特別注重人文主義，因此也特別著重講人物。」並指出中國人一向甚重視對人物之批評，此乃中國思想一特點。〔註27〕故吾人極同意通過「人」的整體觀去梳理中國的傳統文獻，但是大陸學界盛行的「人學」、「人才學」的角度，除了無法脫離「馬克思」的魅影，學術研究不夠「純化」外，前者的視窗開得太大、太泛，人的焦點反而模糊，而後者的景深又太小、太窄，也看不到人的整體，故而本書不取，而意欲藉已然形成系統的西方人格心理學的「人格類型」角度審視人，並以先秦諸子的文獻做為討論的素材。

　　心理學本是哲學的分支學科，早期的心理學家們同時是哲學家，自 1879年馮特（Wilhelm Wundt，1832～1920）在德國建立起世上第一所心理實驗室，開啓了現代心理學之門，使心理學從哲學中獨立出來，並開枝散葉，各分支學門應運而生，而在眾多分支學科中，與哲學人性論關係最密切，最能觸及人的全部面向者，莫過於人格心理學。〔註 28〕美國心理學家赫根漢（B.R. Hergenhahn）〔註29〕就說：

> 在把人作為一個整體來研究的心理學中，人格理論家處於非常獨特的地位。絕大多數其他分支的心理學家往往只深入研究人的某一方面，只有人格理論家才企圖描繪出關於人的完整圖畫。

　　由於「人格」是西方心理學研究人的最佳視角，而近代西方人格心理學不僅在台灣蓬勃發展，與經濟學並列台灣兩大「顯學」，且其學理本身的發展迭經第三、四思潮的變革後，晚近更有所謂的人本心理學和超人本心理學（超個人心理學），這兩大思潮和中國「以人為本」的傳統的思想有很多相應處，因此「人格」一詞雖然到近代才假道日本而來，但這不意味著中國古代沒有

〔註26〕錢穆在〈有關學問之系統〉中曾提到中國學問傳統向來有三大系統，即人統、事統、學統三者，其中最重視的是：「人統」，所謂「人統」，他說：「其系統中心是一人。中國人說：『學者所以學做人也。』一切學問，主要用意在學如何做人，如何做一理想有價值的人。」收錄於《中國學術通論》（台北：臺灣學生），1977，頁 225～6。

〔註27〕參見錢穆〈中國文化與中國人〉《歷史與文化論叢》（台北：東大，1979），頁 64～80。

〔註28〕參見王一多、翟治縑著〈人格心理學的人性研究方法〉（《川東學刊》社會科學版，4：3，1994），頁 45。

〔註29〕參見 B.R 赫根漢著之《現代人格心理學歷史導引》（河北人民出版社，1988），頁 7。

人格的觀念，且先秦距今，雖已兩千餘年，對人格的看法卻未必陳舊，仍有許多值得審視之處。故本書擬以「先秦諸子之人格類型論」為題，借用人格心理學中「人格類型」的概念和內涵來探析先秦諸子的文獻。

第二節　文獻回顧與檢討

　　檢視本書，包含兩大元素，其一為人格類型部分，其二為先秦諸子部分。關於人格類型的論述，目前學界仍以西方學說為準衡，大部分的心理學者認為中國古代漢語中，既沒有「人格」（persona, personality）這個詞，又何「人格」理論之有？因此鮮少觸及中國古代文獻的人格類型論述。造成這方面著作有「缺門」的現象。至於以先秦諸子為研究對象的論述，倒是成果豐碩，但少有從「人格類型」做為研究的議題。雖然論者不乏專就某一思想家或學派的「人格類型」為討論素材的單篇論文，尤其是大陸學界。惟所論仍多集中在「理想人格」或「聖賢人格」的論述，且以孟、荀、老、莊居多，墨子、韓非子則仍有待掘發，至於和西方人格心理學對話比較的更是稀有。

　　大抵歸納起來，相關本書議題，單篇論文較多，此處不擬細述，僅將之附錄於參考書目，以便檢索參閱。專書部分，依筆者所見，以「理想人格」為論題的，有大陸學者朱義祿的兩部作品：

　　a.《儒家理想人格與中國文化》（瀋陽：遼寧教育），1991

　　b.《從聖賢人格到全面發展──中國理想人格探討》（陝西：人民），1992

　　朱義祿 a 之論述重心也是放在儒家，旨在闡明儒家理想人格對中國文化在政治、思維方式、藝術活動、人生哲理及生死觀念的影響。而朱義祿 b 則從宏觀上探討中國理想人格，除了對傳統人格中獨占鰲頭的儒家理想人格有深入審視外，也有對道、墨、法及佛道二教理想人格的闡發；此外還縱貫古今，既有傳統人格的反思，又有現代人格的透視；並且橫跨中西，將西方人格理論加以剖析後，進一步勾勒當代中國現代化人格的圖像，縱橫中西而詳於中國的人格分析。處理的素材不管是僅就儒家還是綜論各家，皆精義絡繹，可見作者融古鑄今、會通中西的深厚功力。惟在觀點上依舊可以看到作者濃厚的「統派」意識形態，這可從他解讀先秦諸子的「聖人」概念時透露出來。〔註30〕

────────────────

〔註30〕依朱義祿的看法，先秦諸子對聖賢的渴望，來自於先秦諸子都有強烈統一的祈求，希望出現一位能就群生之苦、去天下之禍亂從而實現大一統的人物，

　　若不論作者所論是否允當，所謂的「理想人格」乃是與其他人格類型對比而有，若能明乎理想人格和其他人格的不同層次，更能豁顯先秦諸子思想系統的特色。故本書以「人格類型」的觀點切入，將提供更全面的研究視角。

　　而以單支學派爲對象的有一部：翁惠美，《荀子論人研究》（台北：正中，1988）。通論性的有一部：張平，《孔子西遊記──中西方人格研究方法之比較》，（南京：江蘇教育，1998）。

　　翁氏之書，本爲學位論文，在書的性質上屬於理論層級作品，因此評析也當就理論的標準來看。翁書除序言、結論外，分六章論「人的特質」、「人的修養」、「政治人物」、「古今人物」、「天人」、「人性」等，所論雖粲然可觀，但在章節安排上尚欠周延，如首章言明：欲觀荀子論人之思想，首先必探究荀子所謂「人」具有何種特質，其由人禽之辨論起固然無誤。然而荀子所以就「有知有義」、「能群」角度立說，實則源於荀子「天人分途」的觀點，也必然關涉到荀子「性惡說」的人性論。故而論及人的各種層次時，宜先就人之特質部分合併討論，作者捨此路弗由，不免顯出跳躍式的思考。另外在論析人的意涵部分，也有些含混不清，比如論「人之修養」章有一小節是「論聖人」，而論「古今人物」章又另立一節爲「論堯舜與湯文武周公」，其實此二者根本爲一，何必兩分？而第三章就「修養層次」說人，第四章就「政治層次」論人，兩章之間尚屬有機的理路；到第五章突然跳出依時間序列來安排的「論古今人物」，顯得突兀。況且修養之人、政治之人不也古往今來皆有之乎？作者如此安排豈不將理論義和事實義誤置爲一？通篇未能條理一貫，將上下文做有機的繫連，是其所短。

　　張氏以宏觀角度，通論中西方人格特色。此書作者有鑒於現代中國人在人格培養上，缺乏大智慧的教誨和引導。以至於所有的純精神、純思想、純理性的東西，都被無情地嘲諷、摒棄、鄙視。作者痛切的指出：這個時代好像患上某種精神症──就像自然環境受到污泥油水的污染一樣。精神環境也受到浮躁焦慮的侵蝕，人類的思想在一切急功近利的行爲剝削下，已經在風化瓦解。爲了重建人的精神文明，作者遂化身爲孔子，駕著時間的牛車，乘

　　　得以早日結束大國的爭霸和小國兼併的格局。如果作者的重點是在傳達：諸子欲拯黎民百姓於水深火熱之中，倒也貼切，但順著這樣的觀點，他個人「統一的意識」介入而得出這樣的謬論：秦始皇是「聖賢觀念的歷史演變的承擔者」；先秦諸子共同吶喊、呼喚出來「收拾戰爭的殘局，實現天下一統」的「偉大的人物」。（朱義祿，1992，頁36）。

著蒙太奇式的東風，開始了一段精神上、心理上的西遊。全書通過孔子和西方心理學家奧爾伯特的對話，具體呈現中西方人格理路的不同。

其特色是：觀點持平，融攝東西方相關人格的理論，以對話的形式，讓讀者在近諸取譬，貼近生活的例子中，鮮明的看到東西方人格理論的比較，其中有關人格類型與東西人格研究方法的比較部分很具啓發作用；但也因爲用對話的形式，且爲了使行文更自然、更符合人物對話的設計，作者採用轉述的形式或者直接由書中人物說出來的形式，對於相關理論的文獻資料則付之闕如，在論證上缺乏直接的證據。

以上所論諸書，大抵都是論有見地，值得參考之作，此外，有些著作雖不標名爲「人格」，討論的內涵實則觸及「人格類型」的概念，如前述相關於「人學」或「人才」的著作，或名爲「人觀」、「人論」和「聖人觀」等的論述皆屬之，也都是滋養本書的養分，將在本書中一一揚其芬，不再細論。

縱觀歷來學者對於「人」的研究，或因研究視角過猶不及，或因意識形態等種種問題而有瑜中小疵，卻也因此開了一個缺口，讓後學有可以迴旋的餘地。大凡開風氣的前脩者難免論有未周處，卻是後出者的「肩膀」。本書「先秦諸子之人格類型論」即站在這樣的肩膀上，意圖有所前瞻、有所發明。

第三節　研究範圍、方法及架構

本書研究的範圍所以鎖定在「先秦諸子」，理由有下列數端：首先，由於目前心理學界、輔導機構仍大多援用西方人格心理學的人格類型分析，這一套學理雖能方便借用，但畢竟飄洋過海而來，有其宗教和文化傳統的特殊性，未必適用於斯土斯民。近年來心理學界的有識之士即指出：過去幾十年來，兩岸三地的「心理學」走向，是把西方或蘇聯的心理學移植過來驗證西方人的研究資料所發展出來的理論，充其量只是做爲學術的點綴品，無益於我們瞭解自家文化、日常生活的具體心理運作和行爲意義。他們有鑑於此，遂發起所謂的「中國心理學本土化運動」，並開始從事本土心理學的研究，決意從「全盤西化」的思想框架中解放出來，嘗試用一個新的、本土的思想框架來瞭解中國人，即將我們日常生活的具體行爲放在所生活的「文化／社會／歷史」的體系中加以研究。〔註31〕因此吾人所以以「先秦諸子」爲研究

〔註31〕關於中國心理學本土化運動及其研究的成果，請參見楊中芳著《如何研究中

對象，旨在於希望先「循其本」（莊子語），以不棄自家文化傳統的精神建立適合於斯土斯民的人格類型理論。所謂「本立而道生」，有了文化主體，將可同時消融吸納其他文化養分進來。本人在研讀先秦諸子典籍時，即發現先秦諸子對人格類型有深刻剖析，常深受震動。故響應本土心理學所強調的「三要」原則：兼研今人和古人心理、兼顧傳統和現代面、與華人的學術傳統銜接。〔註32〕希望通過先秦諸子人格類型的研究，對人格的類型有更清楚的掌握，以供未來教學活動之設計與參考。

其次，歷來論者提到「品人」、「月旦人物」總以魏晉作為研究的起點和重心，至於其淵源、流衍則未有專論。然而，所有風氣的形成絕非憑虛而起，亦非嘎然中斷，當有其近因遠源，有其流派延伸。如果我們願意縱身歷史的長河，尚友古人，訪求古代先賢的遺澤，就會發現先秦時代——一個被稱之為「中國的軸心時代」，〔註33〕孕育出了一批偉大的思想家——學術史上稱之為「先秦諸子」，樹立了以「人」為哲學思索的全般領域，使中國社會邁向社會學家柏深思（Talcott Parsons，1902～79）和韋伯（Max Weber，1864～1920）所謂的「哲學突破」時代，中國社會從此走入理性時期，用人類理性的自覺和努力來處理人類的問題。〔註34〕基於對時代及對人類自身命運的關注，先秦諸子各家提出很多見解，他們留下來的典籍絕非只是故紙堆，而是時代黑河中的點點幽光，他們的心光慧見，閃爍在當代，也照耀著現代，以致於今天的「思索者」常常有「千古相應」的高峰經驗；或說是一種尷尬，那就是當某人正為自己獨特的見解洋洋得意時，總有人告訴他古人早就說過了；俟翻閱一番後發現，的確如此。〔註35〕筆者在閱讀先秦諸子的典籍時也常有這

國人》（台北：桂冠，1996）。
〔註32〕參見楊國樞編之《本土心理學的開展》（台北：桂冠，1993），頁38。
〔註33〕「軸心時代」是由德國存在主義哲學家卡爾·雅斯培（Karl Jaspers）所提出來的，雅斯培認為以公元前一千年為上限，在古代的以色列、希臘、印度和中國幾乎同時出現了空前的哲人時代。先秦時期的思想正具有這樣的意義。參見杜維明〈從世界思潮幾個側面看儒學研究的新動向〉《儒學第三期發展的前景問題》（台北：聯經，1989），頁332～3及楊儒賓〈中國思想的起源問題〉（收入劉金源編《惠普人文與科技講座》（高雄：中山大學共同教育委員會，2000），頁41。
〔註34〕轉引自沈清松《現代哲學論衡》（台北：黎明，1990），頁30。
〔註35〕劉黎明和龍應台都曾經提過這樣的現象和經驗。參見劉黎明《先秦人學研究》（成都：巴蜀書社，2001），頁3～4；及龍應台《百年思索》（台北：時報），1999，頁16～7。

樣的體會。所以先秦思想家對人的評價雖未如後之魏晉時代一般盛行，卻隱伏於其思想體系中，實有待挖掘。本書即希望通過先秦諸子對人格類型的分析以填補這段研究之不足。尤其是先秦諸子依照自己人生的體驗所建構的人格類型論述，不僅讓我們看到人格的極峰也見到可能的暗角，對當代有個性沒格調，有個人沒人格的時代，和極力講倡「全人教育」的教育界，當有「典範」和「提醒」的作用。

再者，先秦諸子思想，雖不是從「人格」問題入手，然諸子百家在周文疲弊，戰亂頻仍的動盪時代，蜂論其救世主張，或積極淑世或消極處世；或「以質救文」、或「以文抗文」，或以「反人文」姿態興利除害，究其實，正來自於其對「人」的問題認知的根本差異。而這些觀點除了通過正面的論述主張呈現出來外，也在其對人的評價上托顯出來。一般論者討論先秦學術思想多聚焦在思想家所提出的思想主張這條顯性線索上，至於思想家心目中對人格類型的觀點和內涵這一隱性線索則少有人注意，其實這個非正面、不自覺、隱而不顯的線索往往更貼近諸子的心理真相，而且貫串古今，不僅深鉅影響東漢以來的品人風氣，也反映出中國文化對很多事物的獨到看法。

至於所謂的「先秦」是就時間言，一般指秦始皇二十六年（221 B.C.）統一天下稱帝之前的時期，但本書依徐師漢昌說法：在學術思想上，談諸子之學，「先秦」所指的年代，則是春秋戰國時代。〔註36〕而「諸子」一詞指的是思想家，一般常與「百家」合稱，其實二者詞源不同，本書所以取「諸子」一辭，乃因舉一可該二。蓋「諸子」一詞始見於劉向、劉歆《七略》中，劉向將圖書分類，其中一類為〈諸子略〉。而「家」的概念則首見於司馬談〈論六家要旨〉一文中，在這篇文章中正式歸類出「六家」：陰陽、儒、墨、名、法、道德等六家。到了班固《漢書·藝文志》，刪取劉歆《七略》並依其分類，將圖書分成六類，〈諸子略〉仍為其中一類。班固又將諸子劃歸入各家門派，遂有所謂的「諸子」九流十家的概念。〔註37〕惟班固將孔子的相關作品歸諸六藝略中，其所謂的諸子皆為孔子之後的支流別裔，並未包含孔子。然孔子為儒家開宗，孟、荀二子皆奉孔子為圭臬，此班固《藝文志·諸子略序》即言：「儒家者流，蓋出於司徒之官，……憲章文武，宗師仲尼，以重其言，於道最高。」，是見孔子為儒家的宗師，故從「家」的觀念來看，孔子不能排除

〔註36〕參見徐師漢昌《先秦諸子》（台北：臺灣，1997），頁 2。
〔註37〕參見徐師漢昌前揭書，同註 36，頁 14。

在外，而本文既舉「諸子」以賅「百家」，當然包含孔子，而且就吾人研讀所見，孔子提出的人格類型可說是孟、荀二子的基礎，更是其他各家批判反省的依據，故而本書將之列入討論。

本書雖以「先秦諸子」爲名，討論的重心乃在儒、道、墨、法四家七子，以孔子、孟子、荀子、老子、莊子、墨子、韓非子等思想爲討論依據。所以如此選材，主要的原因有二：其一、此七子所留下的典籍雖不免有僞託，但有文本可循，大抵是人與書的交響，於論有據。而此七子之作也分屬先秦重要學派儒、道、墨、法四家的代表典籍。其次，由上述七子的典籍文本中發現：他們都有志一同的反對當時流行於政府民間的相人術──依照人的體貌、骨相來推斷人的吉凶禍福，他們認爲流風所及，易有「以貌取人」（如：其貌不揚或身殘體缺等生有異相者遭人取笑或嘲諷受辱）的「皮相」之見。於是另闢蹊徑，別開生面，把對人的討論放在「心性」的議題上。並即此衍生出諸多人格類型，從而形塑其心目中理想的人格典型，開展出人格修養之道、識人舉才之方或因材施教之法。故本書原則上以儒、墨、道、法四家爲主，而以孔子、孟子、荀子、老子、莊子、墨子、韓非子等七子爲論例，討論的「文本」，主要集中於《論語》、《孟子》、《荀子》、《老子》、《莊子》、《墨子》、《韓非子》這七個文本上。

除了《論語》、《孟子》外，其餘五書，雖然人與書未必是一體，但據考證，大體不離其所代表的學派。故本書取材的方式，乃以出自思想家本人的篇章爲主，其他材料爲輔。如關於《荀子》一書的材料眞僞，採取廖名春的說法，即現存《荀子》三十二篇中可分爲荀子自著、荀子弟子所記之荀子言行、荀子所整理纂集的資料，其中前兩者是研究荀子思想和學說的主要依據，後者是間接材料，三者都是可靠的材料。〔註38〕引用的版本方面，《論語》、《孟子》採趙順孫纂疏之《四書纂疏》。《荀子》則以楊倞注、王先謙集解的《荀子集解》爲主。《老子》則以現存王弼的註本爲論述的材料。《莊子》部分，

〔註38〕《荀子》一書中，屬於荀子親手所著的共有二十二篇：〈勸學〉、〈修身〉、〈不苟〉、〈榮辱〉、〈非相〉、〈非十二子〉、〈王制〉、〈富國〉、〈王霸〉、〈君道〉、〈臣道〉、〈致士〉、〈天論〉、〈正論〉、〈禮論〉、〈樂論〉、〈解蔽〉、〈正名〉、〈性惡〉、〈君子〉、〈成相〉、〈賦〉。荀子弟子紀錄荀子言行有五篇：〈仲尼〉、〈儒效〉、〈議兵〉、〈彊國〉、〈大略〉。荀子及弟子所引雜事有五篇：〈宥坐〉、〈子道〉、〈法行〉、〈哀公〉、〈堯問〉。關於考證部分廖名春言之甚詳，參見氏著之《荀子新探》第二章（台北：文津出版社，1994），頁55～87。

以郭慶藩編、王孝魚整理之《莊子集釋》爲主，篇章的眞僞，茲以王船山之說爲依據。即以內七篇爲主，外、雜篇爲輔。〔註39〕《墨子》採孫詒讓的《墨子閒詁》。《韓非子》則用陳啓天《增訂韓非子校釋》。有關篇章的眞僞則以鄭良樹《韓非之著述及思想》爲論據。

　　文中若引用的篇章是思想家自著，則逕以思想家之名稱之，若是爲其弟子或後學所作，則以書名稱之。如《老子》，因不知確切作者爲誰，均以《老子》代表；《莊子》內七篇皆爲莊子自著，故引用內七篇時，逕以莊子來稱呼，但外、雜篇尚未確定是莊子手筆，故引用相關資料時，則用《莊子》表示，依此類推。

　　本書研究方法，乃是在文獻研讀的基礎上，採用建立「總集」（Corpus）的方式，歸納分析諸子其人格類型理論的一致性或矛盾性。其中有「共時性」（synchronic）方法，希望通過「人格」的角度，對古代諸子的理論，做「共時」比較分析，挖掘諸子學說思想相通或差異的另一角度；並輔以「歷時性」（diachronic），找尋先秦諸子之間人格思想的歷史發展脈絡，從而探析中國人格類型諸多不同的特徵。

　　「總集」（Corpus）的建立，須明取捨之道。但決定之後，將成爲本研究之主要資源。據此吾人將歸納各種人格類型，建立「判準」（criteria）。當然，存於各家的「名相」之辨，也是個重要課題，如「聖人」一詞，用於儒道兩家便不相同，即令在道家中老子與莊子間也有差異。要之，這些名相之異往往也關係到人格類型的分類。關於「總集」的分類研究，本書也借用現代統計概念的比對分析，研判先秦諸子對各種人格類型賦予的內涵與批判。

　　本書的研究對象是以中國傳統的經典爲素材，旨在瞭解先秦這個特殊文化體系、歷史階段及社會制度下所開展出來的人格世界。我們固然不必受外來理論套牢、架空，不過，有關「人格類型」的概念和相關理論，西方的人格心理學家已有不少的經驗和成果，也不必排斥。由於外國人和中國人都是

〔註39〕王船山曰：「外篇非《莊子》之書，蓋爲《莊子》之學者，欲引申之，而見之弗逮，求肖而不能也。以內篇觀之，則灼然辨矣。……故其可與內篇相發明者，十之二、三，而淺薄虛囂之說，雜出而厭觀；蓋非出一人之手，乃學莊者雜輯以成書。」見氏著之《莊子解》（台北：里仁，1983）卷八，頁76。又於卷二十三，頁196說：「雜云者，博引而泛記之謂。故自庚桑處，寓言、天下而外，每段自成一義，而不相屬，非若內篇之首尾一致，雖重詞廣喻，而脈絡相因也。」

「人」，都有人的共性，藉由外國已成系統的理論，一則可以看到人之「常情」，一則對比出自己和外國人的不同，因而更瞭解自己。因此本書將適度善用西方人格心理學相關的理論，做為瞭解自家文化的利器，從而建立適合我們的人格理論和人格典範。

經由上述種種的問題釐清、研究範圍、方法和目的確立後，是知本書乃以「先秦諸子的人格類型論」為題，意圖探討先秦時代諸子對人格類型的劃分。希望藉由對先賢的人格思想研究，一來抉發其人格世界之美，由此逆探諸子各家學說思想；二來提供全人的人觀，宿昔的典型，以為現代人嚮往，好讓我們在疏通「古道」的同時照見屬於自己文化的「顏色」，找到活出真正自我的「真相」。再者，省驗先哲之論，提供與現代心理學比觀的依據，並透過中西人格類型的比觀和會通，瞭解、吸納西土的人格理論，以為創建國情化、本土化的人格心理學找到一個基點或說是著力點。

全書架構出來的內容約有八章，第一章緒論，分別說明本書的研究動機緣起，而聚焦到大陸學界「人學」、「人才學」研究的概況及其利弊得失，即此提出本書從人格類型來探討關於「人」的問題。再由此折入近人在這方面的研究，略作評議，導出本書「先秦諸子之人格類型論」的研究對象範圍、研究方法及目的。緒論外另立七章。其中第二章，首先界定「人格」的涵義與西方心理學對人格類型的劃分。由於「人格」和「人格類型」的概念源自西方心理學，故先由西方人格心理學的人格定義說起，旨在確立本書採用的「人格」意涵。接著析論四個西方人格心理學思潮的人格類型，並藉由心理學家的傳記和人格理論的比勘，找出心理學家的人格理論所折射出來的人格側影。此章的作用有二：一為本書搭建主要的理論架構及為會通比較先秦諸子人格類型提供理論的基礎。第三章略論先秦諸子劃分人格類型的方法以做為論述下面幾章的前導。觀人之道既明，即可探析諸子的人格類型層次。故第四到第六章乃通過歷時性和共時性的結構分析比較文獻資料，分就道德修養、心靈涵養和才能事功三方面，論述先秦四家七子各自不同的人格類型層次。此三章所撐起來的人格類型世界極為可觀，在在可看到思想家論人的「內在標準」，[註40] 所謂的「內在標準」乃代表好惡的價值判斷，也如普汶（L. A. Pervin）所說的象徵一種研究領域，故而由學者對人格的分類，可以反映出學

〔註40〕參見錢穆前揭文，同註27。

者研究的問題類別及方法。〔註 41〕吾人遂由諸子不同的人格定義和劃分人格類型的內在標準，了解諸子對人格研究的不同重點及採用的研究方法。〔註 42〕故吾人除了分別在第四、五、六各章針對儒、道、墨、法四家的人格類型做自家學派的歷時性比較分析外，更於第七章打破「家」的觀念，綜納分析比較四家七子的人格類型論述，由各家諸子賞鑒、臧否人物中挖掘其所反映的思想觀點和知識架構。再者，於第七章第二節跨越國界文化，會通比較中西方人格類型論，進而窺探先秦諸子的性情和人格歸趨，以及中西方不同的人觀下所反映的文化顯影。最後第八章結論，除了總結各章大要外，抑且貫通歷史，略述先秦諸子人格類型說對後世品人之學的影響。並基於中國思想不離現實人生，對治時代問題而發的思想基調，特就時代意義與應用價值申說本書研究對現代社會的作用，終以未來研究方向的前瞻做結。

〔註41〕 普汶著，洪光遠、鄭慧玲譯《人格心理學》（台北：桂冠，1995），頁 2。
〔註42〕 例如，倘以直接觀察到的個人特徵來界定人格，關注的是個體行爲的差異性，所採取的是對外顯行爲的觀察方法。若從潛意識過程來界定人格，關注的則是個人的潛意識過程，並採用根據有關行爲進行間接推論的方法。參見黃希庭《人格心理學》，（台北：東華，1998），頁 7。

第二章　人格的定義與西方人格類型[註1] 略論

第一節　人格的涵義

　　從詞源上看，古代漢語沒有「人格」這個詞，中國古籍中也未嘗出現。但這並非意謂中國沒有「人格」的概念。若從中文的詞義來看，「格」，依《說文解字》：「木長貌，從木各聲」，後來引申為窗欞的格子、框框，又有「法則」和「品等」[註2]的意思。合而言之，「人格」指的是「人的格子」或說是「人的品等」。按此說來，班固《漢書·古今人表》的體例正涵有此義。班固將漢代以前重要的一千五百多人，以時代為序，按「三科」、「九等」畫格子，把

〔註 1〕 本章人格的定義及類型係依據與人格心理學有關的著作整理歸納而來。主要參考的心理學論著有：

E. Jerry Phares 著，林淑梨、王若蘭、黃慧眞譯《人格心理學》（台北：心理，1994，初版。19974 版）。

普汶著，洪光遠、鄭慧玲譯《人格心理學》（台北：桂冠，1995）。

Duane Schultz，Sydney Ellen Schultz 著，丁興祥校閱，陳正文等譯《人格理論》（台北：揚智文化，1997）。

張平《孔子西遊記──中西人格研究方法之比較》（南京：江蘇教育，1998）。

黃希庭《人格心理學》（台北：東華，1998）。

黃堅厚《人格心理學》（台北：心理，1999）。

〔註 2〕 如《夢溪筆談》：「格上有火燃處」，「格」指的是「窗欞」。《禮記·緇衣》：「言有物而行有格」，「格」作「法則」講。《陳書·宣帝紀》：「文史姦貪，妄動科格」，「格」意謂著「品等」。

人歸到格子裏加以評價、分類，以定出人品等第的高低，可說是人的品格層次。準此觀之，「人格」相當於所謂的「人品」。「人格」在古漢語中雖未出現，「人品」一詞，倒常出現，沈約〈奏彈王源文〉說：「源雖人品庸陋，冑實秀華。」（《昭明文選・四十卷》），宋代詩人黃庭堅在《濂溪詩序》中亦言：「舂陵周茂叔人品甚高，胸中磊落，如光風霽月」，而相傳爲明人洪應明所作的《菜根譚》一書也曾出現「人品」一詞。〔註3〕

「人品」與「人格」在內容上雖有聯繫，卻是不同的術語。中文的「人格」一詞是現代從日文中引入的名詞；日文中的「人格」則來自對英文「Personality」的意譯。〔註4〕根據奧爾波特（G. Gordon Willard Allport，1897～1967）《人格・一種心理學的解釋》（1937），英語中的「Personality」一詞起源甚早，源於拉丁文的「Persona」，本意指面具。就是演戲時應劇情需要所戴的臉譜，它表現劇中人物的角色、身分、性格和角色。但在羅馬時代，Persona卻指演戲者本人──一個具有特質的人。由此以觀，Persona一字，有兩種完全相反的意義，其一是指一個人的外表，其二是指他的眞實特質。後來心理學者們又各採不同的觀點，演變成各種人格學說。截至目前，仍未能有一致公認的人格定義。奧爾波特曾蒐羅各種著作及文獻，列舉出五十種人格定義，將其衍義列成譜系並加以評論。〔註5〕人格定義的多樣化，反映了「人格」內涵的豐富性。人格心理學六大學派〔註6〕正是從各個不同的方位，試圖爲人格拼出完整的相貌，他們按照自己的獨到之見給人格下定義，並互相補充，人格遂成一個多元且豐富的概念。

黃希庭曾在他編著的《人格心理學》〔註7〕中綜合歸納奧爾波特的看法：

> 人格是個體在行爲上的內部傾向，它表現爲個體適應環境時在能力、情緒、需要、動機、興趣、態度、價值觀、氣質、性格和體質等方面的整合，是具有動力一致性和連續性的自我，是個體在社會化過程中形成的、給人以特色的心身組織。

〔註3〕《菜根譚》一書中提到「人品」者約有六次。
〔註4〕參見黃希庭《人格心理學》（台北：東華，1998），頁5。
〔註5〕參見車文博《人本主義心理學》（台北：東華，2001），頁78。
〔註6〕人格心理學六大學派，依Jerry M. Burger的說法，指的是精神分析學派、特質學派、生物學派、人本學派、行爲／社會學習學派及認知學派。參見Jerry M. Burger著，林宗鴻譯之《人格心理學》（台北：揚智文化，1997），頁5～6。
〔註7〕參見黃希庭前揭書，同註4，頁8～15。

這個定義，強調人格的四個主要方面：整體的人、穩定的自我、獨特性的個人和具有社會化所形成的心身組織。換言之，人格是個人各種穩定特徵或特質的綜合體，它概括、顯示了個人的能力、思想、氣質和性格的獨特模式。這種獨特模式是人們和社會環境的交互作用所形成的。因此依奧爾波特的看法，人格乃是不斷變化的動力組織結構。

由上述，我們會合中西方對「人格」的定義，可將「人格」如是界定：「人格」是由人的氣質、性格、智慧、道德、能力、知識、理想等等所形成的綜合體系。依照這樣的定義，中國古代典籍也不乏有這樣人格內涵的論述，楊國樞即曾於〈劉邵的人格理論及其詮釋〉一文〔註8〕加以論析證明：中國古代社會不時出現強調人格或性格的特質和人格類型論。並以《黃帝內經》、《文心雕龍》和《人物志》為例加以說明，其中尤以《人物志》為代表，認為《人物志》是有系統的人格特質論著。不過，依吾人的研究，像《人物志》這樣有系統的人格論述實源於先秦，此即為本書的論述重心。以下先說明「西方人格類型理論」，瞭解西方心理學觀點下的人格類型，以做為下文比觀中西人格類型的基礎。

第二節　西方人格類型理論

「人格類型論」（theories of personality type），係指根據某種標準，將相似的人格特性加以命名的理論。這是瞭解人我差異最經濟簡便的方式，古希臘人即常用分類學（characterology）將人們區分為種種不同的類型，譬如亞里斯多德（Aristotle）即被認為屬於「寬容大度型」的人。〔註9〕吾人根據西方人格心理學家相關於人格類型的研究，會合綜結出下列幾種歸類的方式和類型：

一、依生理特質劃分

早在希臘時代，素有「醫學之父」、「醫聖」之稱的希波克拉底（Hipokrates，460？～377？ B.C.）配合宇宙四元論，認為氣質決定於人體內的四種液體，並依四種體液，即血液、黏液、黃膽汁、黑膽汁，分成膽汁質（Choleric）、神

〔註 8〕 參見楊國樞〈劉邵的人格理論及其詮釋〉《人觀、意義與社會》（台北：中研院民族所，1993），頁 89～127。

〔註 9〕 參見 E. Jerry Phares 著，林淑梨、王若蘭、黃慧真譯《人格心理學》（台北：心理，1997），頁 268。

經質（Melancholic）、多血質（Sarguine）和黏液質（Phlegmatic）四種氣質類型之說。據希波克拉底的看法，人的脾性和各種不同的體質有關，大體上多血質及膽汁質的特點是容易激動和迅速改變興趣；黏液質及神經質的特點是固執和緩慢。析言之，膽汁質的人易怒；神經質者抑鬱；多血質的人過分樂觀；黏液質者過分遲緩。〔註10〕這是最早依人的生理體質來劃分人格的說法。近代行爲主義心理學的前驅，巴甫洛夫（Ivan Petrovich Pavlov，1849～1936）又根據神經過程的特性，將人分成活潑、興奮、安靜和抑制等四型，他以爲人體彷彿河流，膽汁質奔騰豪邁卻放縱難羈；多血質高山流水、飛流靈動；黏液質平緩和氣卻暗流沟湧；抑鬱質死水微瀾、靜謐如鏡。〔註11〕此乃希氏說法的延伸。

德國精神病學家克雷奇默爾（Ernst Kretschmer，1888～1964）和美國心理學家謝爾頓（Willian Herbert Sheldon，1899～1977）也有「體型類型論」的提出。克氏在 1925 年，利用職務之便，對六百零二位精神病人做研究，得出三個結論。其中一項就是根據身長、體重、身體各部位的長度和周圍的幅度，顏面和頭形，骨骼，脂肪，毛髮，腺體等相互的搭配，發現體型與人的性格有關，並由此把人分成四類：

1、瘦長型（asthenic type）：身材瘦長，手足長而細，性格內向，喜批評，多愁善感。

2、矮胖型（pyknie type）：身材圓厚，多脂肪，手足粗短，性格外向，善與人相處。

3、強壯型（athletic type）：健碩強壯，肌肉發達，活力充沛，性格較外向。

4、發育異常形（dysplastic type）：身體發育不正常，或有障礙，或有殘缺、畸形，性格多內向。

克氏又依臨床的觀察，發現體型與精神病症之間有某些一致性。如精神分裂症患者半數是瘦長型，躁鬱患者三分之二是矮胖型。健壯型則歸爲癲癇質的人。

克氏的體型論到 1942 年，由美國的謝爾頓（Sheldon）繼承，提出胚葉起源的人格類型論，他對 18 歲到 21 歲約四萬六千名男大學生，從前、後、側

〔註10〕 參見弗洛姆著，孫石譯《自我的追尋》（台北：志文，1988），頁 47。

〔註11〕 參見張平《孔子西遊記——中西人格研究方法之比較》（南京：江蘇教育，1998），頁 20。

三個方面拍裸體照，通過這數萬張的照片，對身體的十七個部位加以測定、計算，並分析人體在人格形成過程中所產生的作用，將人分成：內胚葉型、中胚葉型、外胚葉型等三種體型。〔註 12〕且對三種體型的人做顯微鏡式的剖析，得出三種相應的體型特徵和人格類型。

　　1、內臟型：此爲內胚葉型佔主導體型的人；體型矮胖，悠閒、多思慮、鎭靜、行爲隨和、喜社交。

　　2、肌體型：此爲中胚葉型佔主導體型的人；體型強壯，精力充沛、大膽坦率、有強烈權力欲、喜冒險。

　　3、頭腦型：此爲外胚葉型佔主導體型的人；思想周密，個性內向，行爲謹愼，情緒緊張，反應靈敏，常憂慮，患得患失，喜獨居，不喜交際。

　　按上述體型論者的論述，論者幾乎都具有醫生背景，多以個體的身體結構做爲人格分類和立論的基礎，而觀察測試的對象泰半是病患。此種分類的方式主要是以「身」來決定，所運用的方法，其實是所謂的「科學典範」，即根據客觀的觀察、測量、實驗再加以歸納分析爲可數量化和物質化的結論。在這種「歸約主義」、「物質主義」的歸納下，人不過是個動物、是部機器，人與動物沒有本質的差別，只有程度之異。當然更沒有所謂的自由意志和價值尊嚴可言，這就像行爲主義心理學家所說的，人們所有的行爲只不過是刺激和反應的制約模式。依此而論，按生理特質所區分的人格類型是非常粗糙的。

二、依心理特質劃分

　　「心理分析」理論係爲佛洛伊德（Freud Sigmund，1856～1939）所創，此理論一出，使當時以馮特（Wilhelm Wundt，1832～1920）意識分析爲中心的「科學化」心理學界，掀起了革命性的波瀾。心理學的研究自此延伸到潛意識的領域上，不僅探索、揭示人的表面意識，更發掘了人的內在潛意識，深入了人的一切慾望、意志的根本源泉與現象，所以「心理分析論」又稱爲

〔註12〕 內胚葉、中胚葉、外胚葉，是生物胚胎學的用語，爲個體形成過程中，部分胚葉的名稱。內胚葉長成後成爲腸的部分，中胚葉變成呼吸器官的部分，外胚葉則變爲神經系統的部分。參見稻永和豐作，官淑媛譯《性格地圖》（台北：經典傳訊文化，1999），頁 30。

「深度心理學」。佛氏把心靈的概念化成意識、前意識和潛意識，他認爲「意識」是人類唯一能知覺的部分，卻是人類心靈世界最小的部分，好比冰山最上面的六分之一；前意識乃非知覺層次，須經由聯想挖掘出來。至於潛意識是人最深層的心靈層面，也是人類行爲、思想和感情的驅力所在，佛洛伊德曾用「地窖」加以比類。這些如地窖般不能見天日的幽闇意識，不能爲我們所知覺意識者，約佔心理的六分之五，雖然人們無法看到潛意識，卻可知道它的存在，而它也始終作用著。佛氏後來又將意識──前意識──潛意識切割開來，成爲三個我：原我、自我和超我，並由此發展出人格結構理論。

佛氏的人格結構分成原我、自我和超我三個向度。其中原我（id）是較低層次的自我，象徵人的原始盲目衝動的性欲本能，屬於潛意識的部分。其無「位格」，沒有知、情、意的主體，完全依照現實快樂原則存在，而無所謂的價值、倫理和邏輯，主要的目標在於使心理免於緊張狀態。而當原我的慾望得不到滿足時，將會形成幻覺而在夢境中出現。另外一個我──自我（eg），是較高層次的我，它是人格的控制者，也是意識中心的主宰，介於個人本能慾望與外在社會的期許，相當於「心理社會的我」，它的作用是：在合乎現實要求的情況下滿足原我慾望的需求。人格的第三個我──超我（superego），爲高層次的我，來自人們小時候受父母或父母代理人的言行所認識到的社會理想和道德規範，是道德與理想的我，也就是所謂的「良心」，具有指導自我的作用。依佛氏的觀點，人格結構的三個我和意識層次的關係是：原我的一切都是潛意識，自我與超我則由潛意識、前意識和意識三種混合而成，因此潛意識涵蓋三個我。至於人格結構的三個我，始終維持互相敵對的競爭關係，當原我的慾望想得到立即的滿足，就會觸犯超我的禁忌而造成原我和超我兩者衝突，自我遂成了另外兩個我衝突競爭的戰場，而所謂的超我道德不過是一種壓抑的結果。如此看來，佛洛伊德基本上認爲人是自私且充滿慾望的，所有的行爲只不過是潛意識力量或自衛系統的表現而已，因此所有人類高等的靈性層次，都被佛洛伊德解讀爲性驅力的昇華，而人的良知倫理也全部淪爲父母道德標準的內向投射。

所以依佛洛伊德，自我人格的強弱是決定人格健康與否的指標，當人的自我能充分發展0到6歲時期的性心理階段（口腔期、肛門期、性器期）時，自我人格便朝向昇華的作用，使原我的衝動轉化成爲一個自我實現和貢獻社會的力量，進而表現出正常的、適應的人格特質。反之，若性心理發展不足

或過度滿足時，便會使人格的三個向度無法統整合一，而產生反向、固著，或是人格停滯、退化的現象，甚至形成精神的病症。佛氏由此建立起性格結構的四種形式：〔註13〕口受性格（the oral-receptive character）、口虐性格（the oral-sadistic character）、肛虐性格（the anal-sadistic character）和生殖性格（the genitel character）。

1、口受性格（the oral-receptive character）：指的是物質、情感和智能上等待供養的人，是趨於被動和倚賴外在條件照顧的「張口型」的人物。

2、口虐性格（the oral-sadistic character）：此一型態者和口受型一樣相信所有他需要的東西都自外而來，然而他不是用等待、依賴的方式，而是設法從別人那裡強取獲得。

3、肛虐性格（the anal-sadistic character）：這種性格的人孤獨、自閉，將自己固守在一個城堡裏，別人進不來，自己也走不出去。佛洛伊德在他們身上發現整潔、吝嗇和固執三種特性。

4、生殖性格（the genitel character）：能努力於組織和運用別人的資源，但愛的能力仍受到限制的人。

以上前三種是病態的人格，佛洛伊德稱之爲「前生殖型的」（pregenital）性格傾向，第四種是彷彿成熟、正常發展的人格。不過，佛洛伊德對前三者的病態人格有清楚的分辨，對生殖性的正常人格則模糊交代。

上述佛洛伊德心理分析理論，曾驚世駭俗地帶動了維也納心理分析學派的研究風潮，形成所謂的「維也納心理學派第一勢力」，深深地影響當時許多傑出的心理學者。曾經被佛氏欽點爲「王儲」繼承人的榮格（Jung Carl Gustav，1875～1961），便是其中之一。不過，由於榮格個人曾有的特殊經驗和體會，讓他無法接受佛洛伊德將潛意識，生命力化約爲一個簡單的因素，並將豐富的潛意識全部狹隘的解釋爲性慾，導致在 1914 年與佛洛伊德決裂，分道揚鑣，另立新說。榮格心理學研究的對象是心靈，他將佛洛伊德的人格三我修正爲自我、個人潛意識、集體潛意識，而用「集體潛意識」取代了「潛意識」。依榮格之見，人的生命力具有全然的精神品質而富創造性的生活力量。人格的動力即來自於心靈的能量（psychic energy），榮格稱之爲「力必多」（libido）。

榮格不僅和佛洛伊德在「潛意識」的看法相左，對於他的老師用化約論

〔註13〕參見弗洛姆著，于人瑞譯之《超越佛洛伊德》（台北：志文，1991），頁 79～88。

的純粹理性看待人也不以爲然，他曾根據力必多的指向，區分人爲：「內傾（向）型」（introversion）和「外傾（向）型（extroversion）。並提出感覺（sensing）、思考（thinking）、感受（feeling）、直觀（intuiting）四種功能（functions of thought）層次。其中感受、思考需要評估經驗、做事實判斷，稱之爲「理性的功能」；感覺、直觀則不經邏輯思考，稱之爲「非理性的功能」。由此以觀，榮格已經意識到人有生理的層次──感覺，情緒層次──感受，理性層次──思想，超理性層次──直覺，人的心理不再只是單一的平面而具有立體多元的深度。

在榮格的分判下，內傾型的人性格遲疑、愛思考、孤僻、退縮、不願拋頭露面；外傾型的人性格開朗、愛交際、坦率、隨和、樂於助人，喜歡冒險。照榮格的說法，每個人都兼具內、外向，只是主從問題而已，主要的心理傾向支配當事人的人格，另一傾向則處於被壓抑的潛意識狀態。而感覺、感受、思考、直觀這四種心理功能人皆有之，只是未必皆能充分發展而已。通常是突出一種，其他三種或居輔助地位或存於潛意識，而在夢幻中出現。由上述的二傾向和四功能，榮格交互組成了八種類型。此即：外傾思考型（thinking extravert type）、外傾感受型（feeling extravert type）、外傾感覺型（sensing extravert type）、外傾直觀型（intuiting extravert type）、內傾思考型（thinking introvert type）、內傾感受型（feeling introvert type）、內傾感覺型（sensing introvert type）、內傾直觀型（intuiting introvert type）等八種人格類型。〔註14〕

1、外傾思考型（thinking extravert type）：按規矩行事，客觀冷靜，思想積極；追求清楚、客觀、眞實，據分析與邏輯能力。科學家、經濟學家多屬此一類型。

2、外傾感受型（feeling extravert type）：易感，情緒易波動，多愁善感；喜和諧、交際，善於適應外在環境變化的類型。演藝人員多屬此型。

3、外傾感覺型（sensing extravert type）：追求快樂，無憂無慮，現實感強、懂得掌握時代變化作有利的決定，喜追求新鮮感，情感淡薄；不重直觀，商業人士多屬此種。

4、外傾直觀型（intuiting extravert type）：憑直覺預感，據靈感決策，富創造性，對自己潛意識有深刻瞭解；對外在事物敏感，經常更換人生方向和挑戰，較不穩定，探險家、公關人員多屬此類。

〔註14〕以下有關八種心理類型的詮釋，參見傅佩榮《釐清自我的眞相》（台北：天下遠見，2003），頁 134～5。

5、內傾思考型（thinking introvert type）：喜獨來獨往，具有玄思智慧，追求自我內在的存有，較不善處理現實問題，適應力差，感情埋得深，不輕易吐露，哲學家多屬之。

6、內傾感受型（feeling introvert type）：感受生命整體的態度，沉默寡言，感覺敏銳而內斂，與人和而不親，態度隨和卻清淡如水，看來有些深不可測。宗教人士、音樂家都屬於此一類型。

7、內傾感覺型（sensing introvert type）：喜歡具體，卻將重心往內直接感覺內心的美感，易沉浸於自我主觀情感中，與人相處較被動，不注意我之外的人，只關顧身旁剛發生的事；畫家多屬於此類。

8、內傾直觀型（intuiting introvert type）：有超凡的洞察力，常有超越自我，與物冥合的密契體驗，在別人看來卻可能是自我中心的幻想者，喜作白日夢，點子新穎而古怪，不易為人瞭解，但他們不在意，以自我內部經驗指導生活，詩人和有修行的密契者多屬此類。

廿世紀 40 年代，伊莎貝爾·邁爾斯（Isabel Myers，1875～1968）和凱瑟琳·布里格斯（Katharine Briggs，1897～1980）母女以榮格這八種人格類型為基礎，繼續研究發現，主張再加上判斷（Judging）、知覺（Preceiving）兩個向度，於是發展出十六種人格類型，並以她們的名字命名，叫作 Myers-Briggs 類型指標 MBTI（Myers-Briggs Type Indicator）作為評量工具藉以測知人們在外傾（E）——內傾（I）、感覺（S）——直觀（N）、思考（T）——感受（F）、判斷（J）——知覺（P）四個向度的偏好情形，進而評定其類型。這種人格類型的量表，在西方應用頗廣，尤其是職業輔導和諮商方面。邁爾斯（Myers）和麥考利（Mc Cauley）就曾歸納許多研究結果，發現大學生的職業興趣和榮格的人格類型理論有密切的關係，如內向者對數學、電腦程式設計、化學等有較高的興趣；而外向者則較喜歡行銷、公關、演藝、餐旅業。直觀型志在音樂、作家和心理學；感覺型偏好警政和手工藝。思考型喜歡法律、醫學等；感受型則適合幼教、護理和傳教士。〔註15〕

和榮格同屬於新精神分析學派的埃里克森（Eysenck，1916～1997）也以「內——外傾向」分人格類型。他認為類型只是一種向度，人們在此一向度上可因程度不同而有別，故人並非內向就是外向，而可以是內外兩個向度的

〔註15〕參見 Ryckman，1993，頁 87。轉引自黃堅厚《人格心理學》（台北：心理，1999），頁 120。

任何一點上。埃里克森曾編了一個名爲（Eysenck Personality Inventory）量表
來測試受試者的人格類型。在比較內外傾者的行爲上的差異後發現：內向性
的人關心自己的思想、反應和心情，傾於羞怯、自我專注，其行爲較傾於內
省、客氣甚至是壓抑的性質。外向性的人則爲精力充沛，喜社交，渴望聚會
與興奮刺激活動。內傾者對疼痛的敏感度較外傾性者高，容易疲勞；工作遲
緩卻較細心。興奮會干擾內傾者的工作，卻激勵外傾者的工作成果。這樣的
研究仍有不少學者持續在做，如研究學校成績、性行爲、暗示感受度、雜音
水平、讀書習慣和內外傾性格的關係等等。〔註16〕

　　另外，也有從「認知心理結構」將人格歸類，即所謂的「認知類型論」
（cognition style），心理學家已經發現有數十種之多，如由卡根等人（Kangan，
Rosmal，Day，Albert& PhilliPs，1964）提出來的「衝動型」（impulsive style）
和「思索型」（或沈思型）（reflective style）。他們以「選配相同圖形測驗」來
測定，〔註17〕很多研究表明：衝動型被測試時注意問題的大體情況，急於作
答，解答問題快，常出錯；思索型則注重答案的正確性，注意問題的細節，
解答問題較慢，犯錯誤較少。尤其是做推理的問題時，思索型的人往往有比
較好的成績。

　　威特金（Witkin H.A.，1949）提出的「場依存型」（或場地依賴型 field
dependent style）和「場獨立型」（或場地獨立型 field independent style）也屬
於「認知類型」。場依存型者往往傾向於以外界作爲信息加工的依據，而場獨
立型者則往往傾向於以自我內部爲依據。大量研究表明，這兩種認知加工方
式會顯現在人際交往中。場依存型者比場獨立型者往往更多利用外在的社會
經驗確定自己的態度和行爲，其行爲是以社會爲定向的，較注意別人提供的
社會線索，優先考慮其所參與的人際關係，表現出善於與人交往的能力。而
場獨立型者往往是非社會定向的，對社會線索不敏感，較喜歡孤獨，對概念
和抽象原則較敏感，社交能力較差。這樣的認知風格具有一致性和穩定性，
在威特金等人所做的一項追蹤十年研究中，發現某大學 1584 位學生中，在入
學時、入學初選和最後大學選科中，喜歡學科的傾向是一致的，場獨立性的

〔註16〕如 Pervin，1993，頁 286；Campbell & Hawley，1982；Geen，19842 等，詳見
　　　　黃堅厚前揭書，同註 15，頁 244。

〔註17〕這種測試方法是：給被測試者呈現六張看上去一樣但相互之間有極微小差異
　　　　的圖形，同時又呈現一張標準圖形，讓測試者從六張圖形中選出和標準圖形
　　　　完全一樣的那張。參見黃希庭前揭書，同註 4，頁 227。

人往往偏愛與人無關的學科，而場依存型的人則偏愛重視人際關係的科目。

綜上，依心理特質劃分人格類型，由佛洛伊德首先提出，其雖能深入人的內在潛意識領域，然而這樣所區分人格是模糊的，因爲每個人都有佛洛伊德所說的原我、自我、和超我，這只點出不同層次的「我」有不同的「動力」。好比說每一輛車子都有引擎，故能夠發動，但卻無法據此區分車子的種類。且由於佛氏從人的性心理來說潛意識，所看到的人格內涵仍以病態人格爲主。不免有將人物性化、病態化的偏頗。榮格所說的八種類型比佛洛伊德詳細，觸及對環境的回應方式（內傾和外傾），也觸及回應環境時所運用的能力（感覺、思考、感受、直觀）。榮格之後的學者，觀察的對象則不再限於病患，不管是從心理傾向還是從認知心理來歸類，大抵都可歸出內、外兩種向度，思索認知型和場獨立型較接近內傾型；而衝動型和場依存型則較接近外傾型。以上有關心理類型論者的研究，對人的性格分析有很大的助益，常用在諮商輔導和教育學習上。不過這樣的人格分類仍然較強調先天的限制，尚未考慮後天的價值選擇和人的能動性。

三、依社會取向劃分

有人本心理學前驅者之稱的阿德勒（Alfred Adler，1870～1937），曾師學於佛洛伊德，他雖不否認人類過去生活經驗對人格發展的重要性，但不像他的老師佛洛伊德那樣，〔註 18〕把人置於原我、自我、超我三我之間的矛盾掙扎中，而以「權力欲」取代佛洛伊德的「性欲說」。依阿德勒，人的個性是一種行爲反應的模式，在人的童年即已建立，終身不易改變。他認爲個人是自卑脆弱的，但爲了超越自卑感，人會發展出一種「權力欲」——學習如何支配控制越來越多的人、事、物。童年時期面對群體由自卑到超越的過程，是形成行爲模式的主軸，而這又和每個人從小在家庭的排序及與兄弟姐妹之間的關係有絕大的關係，因此，早期的生活方式和教育很重要。

除了肯定早期生活經驗對人格發展的影響外，阿德勒同時揭示出培養「社會感」、「社會興趣」的重要性，依他的觀點，人是社會的動物，天生即具有建立美好和諧生活的社會興趣，人必須加以認識並得到發展。人唯有投合適

〔註18〕阿德勒雖從來沒有正式做過佛洛伊德的學生，但他曾在他門下參與討論和學習。參見阿德勒著，葉頌姿譯《自卑與生活》譯者序，（台北：志文，1987再版），頁 12。

應於社會，才能將普遍存在於人的自卑感化爲成長和成功的心靈動力，而避免產生自卑情結或優越情結。換言之，人要有社會感、社會興趣，將自己安放在一個合適的社會位置上，才能擁有美好的生活格調。因此生活雖然充滿困難險阻，人容或有生理和心理上的缺陷，但眞正讓人與世浮沉或自強不息的關鍵就是「社會興趣」。個人若有實現社會的理想、計畫和行動效力將有助於我們前瞻未來，否則就會過著不幸的生活。他以爲所有的失敗者，如神經病患、精神病患、罪犯、酗酒者、問題少年、自殺者、墮落者、娼妓等等，他們之所以失敗，就是因爲他們缺乏從屬感和社會興趣。﹝註19﹞因此，評定一個人的價值，端賴其對社會的貢獻而定。阿德勒曾根據個人行爲配合社會興趣的程度，把人分爲四種類型：

1、管理支配型（ruling-dominant type），傾向於統治支配他人。
2、索取依賴型（getting-learning type），竭力從別人那裏獲得他想要的一切。
3、躲避型（avoiding type），以碌碌無爲、迴避問題的方式避免失敗。
4、社會服務型（socially useful type），這類人正視問題，試圖以有益於社會的方式加以解決，不僅關心周遭人而且包括對所有人的關心。

阿德勒認爲前三種人的生活格調是錯誤的，因爲他們缺乏社會興趣，對環境的認知和適應不良，不能有效應付生活問題；只有「社會服務型」能爲人謀福利，發揮自己的社會功能，過著充實有意義的生活。而這樣的理想和美好的模型，在阿德勒眼中，雖由上帝支配：「上帝是這些理想的支配者」，﹝註20﹞但他也指出：人可以自行決定要成爲怎樣的人和生活的方式，一味「相信命運」而不思努力，絕對是幸福生活的「錯誤支持」。﹝註21﹞

同樣是新精神分析學派並加入人本心理學聯盟的弗洛姆（Fromm Erich，1900～1980），也反對用實驗室中衡量計算的方法來處理一切人的問題，認爲傳統學院派心理學家只關切機械反應、反向作用和人的本能問題，卻忽略了人類更重要的特質──如愛、理性、良知、價值等問題，使得心理學變成失去靈魂的科學。﹝註22﹞弗洛姆發現廿世紀的社會雖然愈來愈富有，人類的精

﹝註19﹞見阿德勒前揭書，同註18，頁48。
﹝註20﹞見阿德勒前揭書，同註18，頁39。
﹝註21﹞見阿德勒前揭書，同註18，頁117。
﹝註22﹞參見李安德著、若水譯《超個人心理學──心理學的新典範》（台北：桂冠，1998），頁40～1。

神卻愈來愈貧瘠，彷彿大家什麼都有，就是缺乏靈魂，在這樣精神紊亂的時代，人使自己變成了東西，而使人生變成財物的附庸，「生活」(to be) 也成了「擁有」(to have) 的部屬。大家關心的不再是「人的完美」，而是「物的極致」，〔註23〕於是人不但和別人、自然疏離，也和自我疏離，認不清自己的生活目標和價值是什麼？為了挽救這樣的世紀精神文明恐慌症，他同宗教神學和哲學家一樣關心人的「靈性」問題。他把靈魂重新帶回心理學領域，指出宗教信仰是通向靈性的管道，而他所謂的宗教並未特指任何宗教，只要是追求仁愛、正義，強調人性尊嚴、精神價值重於物質等觀念的宗教都算。不過他也申明：宗教信仰乃屬個人私事，即使不接受宗教教義，並不表示我們必須停止關切靈魂問題，換句話說，並非只有通過宗教信仰，人才能重返精神生活和拯治自我的靈魂。有信仰的人活出自己的信仰，沒有信仰的人也應實行仁愛及公道等基本的做人道德。〔註24〕

　　就靈性的角度看人，弗洛姆和阿德勒一樣強調社會文化因素對人格發展的影響，並指出「動態的人格」觀念，即人格並不是先天決定而是在生活過程中不斷和社會發生連繫、互動所形成的。〔註25〕人是社會的產物，也是社會的創造與建立者。他在《自我的追尋》(Man for himself) 中，根據人社會化過程中的性格傾向提出五種性格傾向：〔註26〕接納性格（或依賴性格）(receptive character)、囤積性格 (hoarding character)、剝削性格（或掠奪性格）(exploitative character)、市場性格 (marketing character)、生產性格 (productive character) 等五種性格類型。弗洛姆認為前四種性格屬非生產性取向 (nonproductive orientations) 是不健康的性格類型；第五種屬生產性取向 (productive orientations)，是健康成熟的性格類型，這也是弗洛姆寄予人類的希望。

　　1、接納性格（或依賴性格）(receptive character)：這種類型的人被動、屈從、怯懦、貪婪、易輕信和傷感，凡事依賴他人。

〔註23〕弗洛姆著，徐進夫譯《心理分析與禪》（台北：幼獅，1983 四版），頁 110。

〔註24〕參見呂漁亭〈從心理學觀點看人及宗教〉《哲學與文化》26：12，1999，頁 1124～5。

〔註25〕見弗洛姆前揭書，同註 10，頁 49～55。

〔註26〕見弗洛姆，前揭書，同註 10，頁 55～95。並參閱黃希庭前揭書，同註 4，頁13 及郭永玉《孤立無援的現代人──弗洛姆的人本精神分析》（台北：貓頭鷹，2000），頁 155～244。

2、剝削性格（或掠奪性格）（exploitative character）：這種性格的人也和接納型一樣，認爲一切美好在外頭而習慣向外追求，所不同的是，他們不是用接受依賴的方式，而是以強力或狡詐奪取他人的物質財富和精神財富。

3、囤積性格（hoarding character）：這類型的人格取向和前面兩型本質上截然不同，他們把安全感建立在囤積和擁有物質的基礎上，對外在的事物缺乏信心，視消費爲威脅，而以儲蓄囤積爲生命的指向。具有吝嗇、多疑、迂腐、頑固、懶惰和佔有的性格特徵。

4、市場性格（marketing character）：這是弗洛姆分析得最精微詳細的人格取向，這種類型的人把自我的人格尊嚴當做商品一樣出售，將一切的價值都價格化，所以他們的自尊不是依照自己的德性，而是建立在別人的肯定上。爲了贏得外在的名利聲譽等虛榮的地位，可以販賣自己和別人的尊嚴，其所關心的不是自己的生命和幸福，而是他自己的銷路。

以上這四種基本的性格缺乏自發性和創造性，都是病態的、不健康的人格指向，不能帶給人眞正的幸福，因此弗洛姆提出具自發創造性的人格指向——「生產型性格」，認爲這才是成熟健康的人格類型。

5、生產性格（productive character）：獨立、自主、完整、自發、愛和創造是其特徵。他們的愛是眞正具有創發性、自由自主的愛，能運用自身的力量去實現自己的潛在能力，並自我負責，無怨付出的去照顧、尊重和瞭解別人而與別人建立眞正的親密關係，與宇宙融爲一體，體驗生活的幸福和人生的眞正意義。

若將弗洛姆、阿德勒和佛洛伊德比較，弗洛姆和阿德勒對人格類型的劃分都有佛洛伊德的影子，卻又有不同。如弗洛姆的接納型相似於佛洛伊德的「口受型」性格、阿德勒的索取依賴型；剝削型類於佛洛伊德的「口虐型」、阿德勒的管理支配型；囤積型相當於佛洛伊德的「肛虐型」性格、阿德勒的躲避型；生產性格則超越佛洛伊德所說的「生殖型」性格，而較近於阿德勒的「社會服務型」。準上所述，阿德勒、弗洛姆對性格的分辨和佛洛伊德最大的不同在於阿德勒、弗洛姆已經跳脫佛洛伊德的性心理需求的原慾決定論，而主張「以人爲中心」、「以人爲本」，屬於「人本心理學派」的前驅和倡導者。因此他們不像佛洛伊德對人性那麼宿命悲觀並漠視正常人格，而都把重心放在對健康成熟人格的強調上。同時指出：一個人心理健康與否不由

早期決定，端視他和社會互動時消極和積極特性的比例而定。積極的性格佔優勢，人的心理健康；反之，其心理就不健康。弗洛姆在他晚年的著作《擁有或存有》（《To have or to be》）一書中，更由此延伸，將人分爲兩類：一類是「存有者」（Being），另一類則是「佔有者」（Having）；前者以人爲中心，後者以物爲中心。「以物爲中心」的佔有者，將外在的物質條件如金錢、名譽及權力視爲人生的追求目標，他們把一切的人或物包括自己在內都當作一種資產（Property）。而「以人爲中心」的「存有者」，則以仁愛、分享以及贈與爲人生目標。弗洛姆雖未斬截的說只有有宗教信仰的人才能找到終極永恆的意義，不過，他視信仰爲靈性的象徵，曾引用愛默生的話說：「信仰產生於對靈魂的肯定」，主張：「對他人存有信心的最高境界，就是信任人類。在西方世界，這一信心表現於猶太教與基督教的教義中。」〔註27〕並把耶穌基督視爲其理想的人格——存有者的典範，而那位不斷引誘耶穌的魔鬼撒旦則爲「佔有者」的典型。〔註28〕

以上兩位心理學者不論是阿德勒的四型還是弗洛姆的五型，歸結起來約有兩型：積極正向型和社會消極負向型，皆從社會文化取向來劃分人格，對人格的觀察研究不再限於物性和病態的特質，而看到了人與社會之間的互動關係和能動性。這種人格分類已經考慮到人的自由意志呈現和價值選擇。

四、依行爲特質劃分

廿世紀 50 年代末，美國兩位臨床醫生弗里德曼和羅森曼（Friedman & Rosenman，1974）通過臨床觀察，發現有種人，稱之爲「A 型人格」，其行爲特質：有強烈的成就動機和時間緊迫感，每天大部分時間處於緊張狀態，多面出擊，總想同時做一項以上的事；受到挫折會變得具攻擊性和敵意。羅森曼等人（Rosenman、Brand、Jekins、Friedman、Straus & Wurm，1975）曾花八年半的時間，藉由「結構式晤談」，〔註29〕採大樣本（3524 人）做前瞻性的研究，研究中確定了 A 型行爲模式與冠心病（Percutaneous Coronary）的發生

〔註27〕見弗洛姆前揭書，同註 10，頁 190。
〔註28〕見 Fromm，E. To Have or to Be，1981，頁 7。轉引自呂漁亭前揭文，同註 24，頁 1124。
〔註29〕此種研究方法乃由弗里德曼和羅森曼發展出來，共包括有關 A 型行爲的 25 個問題。在晤談過程中，訪員不僅注意來訪者的反應內容，還應注意其說話的聲調語氣等非言語線索。參見黃希庭前揭書，同註 4，頁 622。

有關。

其實，關於人格特徵和疾病罹患率有關的說法，可以追溯到古希臘醫生蓋倫（Claudius Galen，130～200 A.D.）的論述。他指出憂鬱的婦女比樂觀的婦女更有可能發生乳癌。這種癌症傾向人格特質和應對方式，被稱爲 C 型人格（或 C 型性格）（C-type personality）。C 型人格的與 A 型人格正好相反，其主要特點是不敢表現憤怒，把憤怒藏在心裏並加壓抑，常遷就別人的想法，委屈求全，生活缺乏目標，充滿不確定性，對別人過分有耐心，盡量迴避各種衝突，不表現負面的情緒（特別是憤怒），屈從於權威等。

以上都是根據病人的行爲模式所觀察到的人格類型。而人本心理學的前驅奧爾波特則以正常人爲研究對象，對人性抱持樂觀的看法，認爲人格是經由生活目標的選擇慢慢形成的，他曾引用古希臘哲學家赫拉克利特（Herakleitos，535～475 B.C.）的名言：「沒有已成的，一切都在變成中」「人不能兩次走進同一條河流」，〔註30〕人格亦然，人格不只是人早期經驗就形成的「心靈幽深陰暗的隱蔽處」，而是正在形成的東西。這和心理分析學派強調潛意識和早期的經驗有很大的不同。因此在他看來，不同的價值選擇，就會形成不同的人格類型。奧爾波特在德國從事博士後研究時曾受德國人格心理學家斯特恩（William Louis Stern，1871～1938）和斯普蘭格（Edward Sprager，1882～1963）的影響，斯特恩影響了他的「特質論」學說。使他牢記研究一個人時應該關注特質的組織，而不只是描述特質的輪廓。奧爾波特更完全繼承斯普蘭格依六種價值觀把人格相應的分成六種人格類型論，並加以擴展發揚，還和英國心理學家阜南（P‧E‧Vernon）編訂「價值調查量表」，目的在瞭解受試者的價值取向，從而瞭解其傾向何種價值類型？依其量表可分成理論型、經濟型、審美型、社會型、政治型、宗教型等六種人格類型。

　　1、理論型：偏重理論價值，以謀求利益爲最大價值。這種人能客觀冷靜地觀察和沉思，力求掌握事物的本質和規律，較重視各種理念，不太注意具體問題，哲學家、理論家多屬此一類型。

　　2、經濟型：偏重經濟價值，以探究事務本質爲最大價值，較重視事物實用價值，處理事物均從經濟觀點出發，生活的目的即是爲了獲取利益，實業家多屬此類。

　　3、審美型：重視美感和藝術化的經驗，以感受事物之美爲最高價值，這

〔註30〕參見車文博前揭書，同註5，頁79。

種人往往對現實生活不太關心，偏重對世界的內在把握、追
求自我實現、物我同一、精神豐滿，如醉如痴的境界。一般
藝術家多屬此類。

4、社會型：重視人際關係，以善於人際交往、助人為樂為最大價值，對
增進社會福利最感興趣。社會家多屬此類。

5、政治型：傾向於權力的追求，喜歡影響控制別人，視掌握權力為最高
價值，處理事物較獨斷獨行，一般領導人多屬此一類型。

6、宗教型：重視形而上的價值和宇宙的統整與和諧，以追求超越精神為
最高價值，這種人重視探究宇宙的本質和生命的終極意義，
他們多半是內在的神秘論者和超越的神秘論者。

以上這六種人格類型〔註31〕的分類雖仍顯粗疏，混淆了思維形態、待人方式
和工作類別的分類標準。但強調的都是自我能力在社會生活中的發展與成
長，與偏於心理缺陷和精神異常的人格類型完全不同。奧爾波特提醒我們：
人既不是個野獸，也不是個統計數目，除非我們願意這樣看待自己。依此觀
點，健康的人格和精神病人之間，不僅不像佛洛伊德所說的，只有量的差別
而已，甚且根本沒有機能上的類似性。奧爾波特（Allport）並以「統我論」
（Proprium）〔註32〕為指標，指出健康成熟的人格應具備自我延伸的能力、和
他人建立溫暖的交互關係、具情緒安全感和自我悅納的心理、有符合現實的
知覺、一定的技能和熱心投入任務、對本身具有客觀的瞭解與具有統整的人
生觀等七項特質。依他的觀察，一切有統整性的人格都是一種動力傾向
（Dynamic tendency），能推動整個人的思想、情緒、行為而朝向既定的人生
目標前進，而且健康成熟的人格是不斷發展出來的，可以隨著時間的推移而
不斷成熟、成長直到生命終止。易言之，即使人生有粗糙原始的開端，仍不
妨礙其有高貴的終結。

　　繼奧爾波特，有人本心理學之父之稱的馬斯洛（Abraham　Maslow，1908

〔註31〕以上的說明參見車文博前揭書，同註5，頁41～2。
〔註32〕奧爾波特認為所謂人格的發展不是出生以後立即開始的，也非如佛洛伊德和
埃里克森那般注重早年的經驗，而認為是「統我」（Proprium）隨著年齡不斷
發展出來的，所以他極注重個別成人的深入研究，所謂的「統我」是為了區
別「自我」（self-ego）而提出的，其內容涵蓋人我所有的各方面，包括：身體
自我感、自我的認定、自尊心、自我的延伸、自我形象、自我成為有理性的
因應者、個人的目標等。參見黃堅厚前揭書，同註15，頁211～33。

～1970），是在美國成長的猶太人。年輕的時候研究行爲主義心理學，後來從自己孩子身上發現生命的奧秘奇妙，心理生涯開始有了轉向。〔註33〕加上親眼目睹珍珠港事變的抗日遊行，更喚起他強烈的同情心，深感廿世紀的社會充滿兇殘、殺戮之氣、否定價值的通病導致人們終日茫然無從，而當時心理學界過度效法自然科學卻否定價值或不能正視價值的思潮，不僅無助於解決問題，反而使問題變本加厲，因此他決心奉獻一生，試圖建立一種「和平餐桌」的心理學，並證明人類能超越戰爭、偏見、仇恨等而臻於更完善、更高超的境界。他就這樣進入了「人本心理學」研究的軌道，〔註34〕極力批評「行爲科學」的機械決定論和古典精神分析的「生物還原論」，批判行爲主義爲「幼稚心理學」，而斥佛洛伊德爲「殘疾心理學」。認爲他們自限於狹窄及刻版的典範，把人的感知、靈性屏斥在心理學領域之外，使得「平常」、「正常」或「一般」人格，成爲理想狀態，眞正超乎尋常的特殊境界反而普遍受到質疑，甚至被貶抑爲一種退化到母胎的「先自我」之境。〔註35〕他強調「價值」早已存在於人，只待人自行去發掘，而且只有充分去滿足這些價值的需求，人才會感受到幸福，否則將造成身心的痛苦。因此馬斯洛認爲人雖有人性和物性的層次，然人的最大價值就在於發展成爲最完美的人。〔註36〕故而提出：研究動物和患者固然有其價值，卻只提供了人的某些片面，不足以突顯人之所以爲人的價值，必須補充健全的另一半才是人的全面。〔註37〕而且，研究一般人也不能解決問題，他曾以跑步爲喻：

> 假如你想知道一個人一英里能跑多快，你將不會去研究一般的跑步者，你研究的應是更爲出色的跑步者，因爲只有這樣的人才能使你知道人在更快地跑完一英里上所具有的潛力。〔註38〕

因此主張研究充分發展的「不平常的平常人」，才不會因爲「潛心研究精神錯

〔註33〕馬斯洛曾說：「我第一個孩子的降生改變了我心理學的方向，他使我所熱衷的行爲學派顯得愚不可及，……我望著這小小的奧秘生命，感到自己的魯鈍，……那奧秘以及無法掌握的感覺令我手足無措，……我必須說，凡有過嬰兒的人不可能成爲行爲學派的學者。」參見彭運石《走向生命的巔峰——馬斯洛的人本心理學》，台北：貓頭鷹，2001，頁37；李安德前揭書，同註22，頁43。

〔註34〕參見彭運石前揭書，同註33，頁34。

〔註35〕佛洛伊德對神秘經驗便是如此解讀，參見李安德前揭書，同註22，頁209。

〔註36〕參見呂漁亭前揭文，同註24，頁1126。

〔註37〕參見李安德前揭書，同註22，頁24。

〔註38〕轉引自車文博前揭書，同註5，頁5。

亂者、神經患者、心理變態者、罪犯、越軌者和精神耗弱者」而減低對人的信心。〔註39〕也惟有透過精神健全者的瞭解才能眞正瞭解精神不健全的人。馬斯洛曾觀察並紀錄當時他個人極崇拜的兩位指導教授——露絲‧本尼迪克特（Ruth Benedict，或譯爲潘乃德）（美國人類學家）、韋特海默（Max Wertheimer）（完型心理學倡導者）的言行，發現上述兩位教授的心理都很健康、精神也相當愉悅，常樂於助人並富有幽默感。這個發現促使他進一步探究這些受人尊敬的人物所具的特徵。於是他從自己的學生、親友、平日所交往者及歷史人物中能發揮其潛能者，做詳細研究，結果四十八人中，「充分發展」者十二人，部分「充分發展」者十人，可能成爲「充分發展」者二十六人。他還列舉十五項充分發展者所具有的特質供做檢視。

1、對現實有正確、完全的知覺。

2、較能悅納自己、他人和一般自然現象。

3、行爲有自發性、單純而自然。

4、傾向於注意問題，而不太注意自己。

5、具有脫俗的品質和獨處的需要。

6、具自主性、傾向於不依賴自己的文化和環境。

7、對於生活中的事物能保持歷久彌新的欣賞態度。

8、不時有高峰體驗。〔註40〕

9、認同整個人類。

10、接受民主的價值。

11、只和少數人建立深厚的人際關係。

12、有很強的倫理觀。

13、具有完美而不傷人的幽默感。

14、具創造性。

15、能抵擋文化潮流的感染。

〔註39〕引自車文博前揭書，同註5，頁5。

〔註40〕高峰體驗（或高峰經驗）（peak experience）是馬斯洛1962年首創的人本主義自我實現心理學中一個重要的概念。他既是自我實現者的重要特徵，又是自我實現的重要途徑。馬斯洛認爲高峰體驗有五個主要特點：突如其來的方式自然產生；有認知的深度和體驗的強度幾乎達到忘我與超越的境界；具感受的完美性使人猶如進入天堂一般；其時間短暫卻具永恆的普遍性。參見車文博前揭書，同註5，頁143～4。

　　這十五項人格特質正爲馬斯洛「五大需求階層」中的最高階層——「自我充分實現」理論做最好的印證。馬斯洛將人的需求分成「基本需求」和「成長需求」兩個層次。前者如生理的需求、安全的需求、愛與認同的需求、自我尊嚴的需求，這些都是屬於物質層次的部分，是人存在的基本需要，活著的必要條件，沒有這些，生存會有危機。但有了生存的必要條件未必能使人充分活出來，人若只是爲滿足這四種需要而活，生活可以無虞，但沒有自由感和價值尊嚴，所以人們尚有一種需求，那是屬於精神層次的「成長需求」，馬斯洛稱之爲「自我實現」的需求。發現這些充分發展的人都是能從「基本需求」更進一步有「成長的需求」動機、意願而登乎個體成長中最高目標和境界——「自我實現」的人，他們都在追求他們「身體以外」的東西，實現眞、善、美有價值意義的人生。〔註41〕

　　美國著名心理學家羅傑斯（Carl Ransom Rogers，1902～1987）也提倡「自我實現」論，把自我實現看作人類有機體的「中心能源」，爲自我實現注入了「自我選擇」的思想。開創了「以人爲中心」的及「會心團體治療法」，至今仍爲廣泛的運用在醫療、教育、管理、商業和司法等諸多領域上。他認爲人的內在有一核心能源，這種能源並非只有部分可信，而是全體可信，且都有「實現傾向」，這種傾向最能體現生命的本質，也就是朝著「充分發揮機能」的方向前進，所謂充分發揮機能就是有機體要求讓本身所具備的潛在機能發揮作用，使之由潛在的型態向實現型態轉變以提昇個人的境界。羅傑斯這種說法其實是受馬斯洛「自我實現」的概念影響，其「充分發揮機能」好比馬斯洛所說的「充分的自我實現」，如同畫家便會要求畫畫，詩人就想做詩，音樂家就需要演奏音樂一樣。〔註42〕依照羅傑斯的分類，每個人都有現實我和理想我，兩者之間雖然有鉅大的鴻溝，但他主張「人格並非固定的，……人格是不斷變化和發展的歷程」。〔註43〕羅傑斯心目中理想的人格模式是「充分發揮機能者」，其人格特徵和奧爾波特、馬斯洛有些相同。如：

　　1、能夠以開放的態度對待經驗，不以某種固定的價值條件否定歪曲經驗。
　　2、自我與經驗和諧一致，具有不斷的應變能力，可以同化新經驗而富存

〔註41〕參見馬斯洛著，結構群編譯《動機與人格》（台北：結構群文化，1991），頁109～48及呂漁亭前揭文，同註24，頁1126。
〔註42〕參見江光榮《人性的迷失與復歸》（台北：貓頭鷹，2001），頁81。
〔註43〕參見 Tony Merry 著，鄭玄藏譯《人本心理學入門——眞誠關懷》（台北：心理出版社，1997），頁42。

在感的生活品質。

3、信任自己做出的決定，而對一切強加於世人的價值觀不屑一顧。

4、富自由感，能察覺在生活中巨大的選擇自由，充分活出眞正的自我。

5、富創造力，而不因循舊俗。〔註44〕

以上三位人本心理學家，馬斯洛從菁英份子的行爲觀察所得的「自我實現者」與奧爾波特的成熟人格和羅傑斯的「充分發揮機能者」皆有異曲同工之妙。所不同的是，馬斯洛從「需求論」出發，奧爾波特以「統我論」爲基準，而羅傑斯主張機能說。三者對人格的剖析和人格型態的觀察已不同於將人動物化、機械化的「行爲學派」，和過度強調生理的基本需求的「佛洛伊德心理分析學派」，直能透析到人的精神層次。

上述的人本心理學家，後來不是成了「超個人心理學」的先驅人物，便是倡導者。「以人爲中心」的人本心理學固然將人的心靈引進來了，但仍停留在個人的自我實現上，而非從人類發展的高度去觀察和審視人的成長，仍難以說明人類的高度精神需求。而且這樣的思潮落在美國強調「個體自由」的特殊文化中，復經普及大眾化後，便隨之庸俗化、扭曲化爲「以自我爲中心」的「自我表現」，甚而流於「自私自利」的人格傾向。在這樣的背景下，晚年的馬斯洛深感痛心，以是，他在六○年代後期，和幾位志趣相投的心理學者在加州舉辦一系列非正式會議，在會中發起「超個人心理學」（transpersonal psychology）的新運動。〔註45〕其中還包括曾受德國人迫害，在劫後餘生創造出「意義治療法」（logotherapy）的猶太籍心理醫師弗蘭克（Victor Frankl，1905～1997）。他們共同指出：傳統心理學忽略人類某種層次的經驗，這種經驗是超越個體或個人的感覺，並認爲個體的自我實現不能成爲人的終極目標，心理學的思潮有超越「自我實現」，「再度靈性化」的必要。1969 年，也就是馬斯洛過世的前一年，他提出「Z 理論」（Theory Z），文中重新反省他的需求理論並對其需求理論提出修正，增加了第六個層次，即靈性（或說超越性）需求，並將之歸納爲三個理論，即「X 理論」、「Y 理論」和「Z 理論」。「X 理論」是指基本需求的「生理需要」和「安全與保障的需要」部分；「Y 理論」則指

〔註44〕參見車文博前揭書，同註 5，頁 184～5，及江光榮前揭書，同註 42，頁 84～9。

〔註45〕參見羅素・蕭圖著，易之新譯《聖徒與瘋子》（台北：張老師，2001），頁 84～5。

「愛與歸屬的需要」和「受人尊重的需求」以及「自我實現的需求」；而所謂的「Z 理論」則是「自我超越的需求」。馬斯洛在這樣的基礎上提出「超個人心理學」（Transpersonal Psychology）的概念，開創了心理學第四勢力，以彌補人本心理學從個人出發追求人的價值的動機的不足。他曾在他的著作《Toward a Psychology of Being》的再版序中〔註46〕說：

> 我視第三勢力心理學的人本思潮只是過渡性的，為更高的心理學，即超個人心理學鋪路，它是以宇宙為中心，而不只注意人性需求或興趣而已，他超越人性、自我、自我實現等觀念……這一新發展趨勢很可能會為日漸消沉的人們，尤其是年輕的一代受挫的理想主義者，提供一個具體有用又有效的答覆。

由馬斯洛這段論述可知，超個人心理學有意對講究價值中立、力求實證性的科學典範再度神聖化和靈性化。〔註47〕不僅注重身心的發展更強調靈性潛能的發揮。希望藉由自我中心意識的消除，打開我和非我之間的界限，從而跨越個人，邁向人與人、人與社會甚至和整個宇宙的合一。馬斯洛曾試用不同的字眼來描述所謂的最高需求，例如：超個人、超越、靈性、超人性、超越自我、神秘的、有道的、超人本和天人合一等。〔註48〕在這樣的觀念主導下，馬斯洛對人有番新的認識，故而賦予人新的形象，將人的「自我實現」又劃分為兩種類型：〔註49〕

1、健康型自我實現：此類型者除了有一般自我實現的特徵外，很少有超越的體驗，其以實用的態度待人接物和處理問題。他們往往是實踐家而非思想家。此如杜魯門和艾森豪威爾。

2、超越型自我實現：此類型者除具有一般自我實現的特徵外，還有超自我或出世者的特徵。也就是重視所謂的「存有價值」（B 價值），〔註50〕如更重視高峰（原）經驗；能從永恆意義觀察理解人事；具真善美統

〔註46〕轉引自王文波〈超個人心理學：心理學整合的新趨向〉《晉陽學刊》2002.6，頁 55。

〔註47〕參見李安德前揭書，同註 22，頁 172 及傅佩榮前揭書，同註 14，頁 181～3。

〔註48〕見李安德前揭書，同註 22，頁 172。

〔註49〕見車文博前揭書，同註 5，頁 132。

〔註50〕馬斯洛曾為「存有價值」（Being-Values）列了一張表，約有十四項：完整、完善、完成、正義、活躍、豐富、單純、美、善、獨特、輕鬆、樂觀詼諧、真實誠懇、自發自律。參見呂明・陳紅雯譯《第三思潮：馬斯洛心理學》（台北：師大書苑，1992），頁 58～9。

一的動機；重視整體論的世界觀；有強烈的協同傾向；能超越人我之間的分歧；更重視創新、創造和發現；關心人類的命運；尊重平等的對待他人；更重視精神生活。

馬斯洛這個「超越型自我實現」特別強調「自我超越」的高峰經驗，亦即所謂的「重新神聖化」（Resacralizing），重新再見到人性屬於神聖、永恆、象徵和精神的靈性面向。一般看到「靈性」往往會和「宗教」劃上等號。依馬斯洛所述，所謂的「靈性」，是人自然的本質，「靈性價值」並非要透過宗教信仰才有；「高峰神秘經驗」也不必然要和宗教信仰的神秘經驗產生聯想。不過他也常從「宗教經驗」上來印證人的靈性發展，認為「我們所描述的已經自我實現者的具體特徵，在許多方面和宗教所鼓吹的理想相通。」〔註51〕並將天堂、天國或西天等視為超級自我實現的最終依歸。〔註52〕

同樣是超個人心理學的弗蘭克，也提出「超越的自我」，內涵雖有別於馬斯洛提出的「超越型自我實現」的人格，兩者所追求的都是有意義的理想人格模式。〔註53〕弗蘭克（Victor Frankl，1905～1997），曾受過德國納粹迫害，〔註54〕經由慘無人道、暗無天日，苦中求生的經驗，更深刻體悟出人有身、心、靈三個層面，且是互相整合，不能忽略任一層次的，尤其是人的高度潛意識——靈性更能凸顯人的核心意義，他在《生存的理由》（The Doctor and the Soul）一書中提到：「人是生存於三次元的結構空間中：肉體的、心理的及靈性的。我們切不可忽視靈性的層面，因為它是構成人的要素。」〔註55〕弗蘭克即此把心理治療焦點放在「人存在的意義」及「人對此存在意義和存在責任的追尋」上，堅信人類行為最基本的問題就是「意義問題」。就弗蘭克的信念，人的基本意義既非如佛洛伊德所說的快樂，亦非阿德勒所說的權力，而是超越自己。唯有活出自我超越的一面，才能成為他真正的自己，得到真正的快樂。〔註56〕至於快樂、體能、或自我實現等衝力，只是實現人生意義所

〔註51〕轉引自李安德前揭書，同註22，頁302。
〔註52〕參見呂漁亭前揭文，同註24，頁1128。
〔註53〕參見車文博前揭書，同註5，頁213。
〔註54〕有的翻成弗蘭克或傅朗克，參見傅偉勳《學問的生命與生命的學問》（台北：正中，1993）頁122。
〔註55〕參見弗蘭克著，游恆山譯《生存的理由——與心靈對話的意義治療學》（台北：遠流，1992二版），頁4。
〔註56〕參見項退結〈傅氏來臺之麟爪及其他〉，收入傅偉勳《批判的繼承與創造的發展》（台北：東大，1991），頁181。

產生的副產品或結果，不能完全解釋人的意義，〔註57〕故而批評佛洛伊德強調「快樂原則」的「本能論」和行為主義的刺激反應論不過是一種極天真的「簡化主義」，且斥之為一種變相的「低級人性論」——只研究人的生物現象，忽視了真正的「人性」。依他看來，人是擁有「求意義的意志」或實現「世界中存有」的生物，人的意義乃奠基於對於生命意義的追尋與人性價值的肯定，而人生的「意義」同馬斯洛所說的「價值」一樣，都不是「人為」創造出來的，而是與生俱有的，且不因人的拒絕而消滅。人生的任務便是去發掘意義並好好的活出來。

弗蘭克認為「超越自我」的人格可以經由自我意義的掘發而塑造出來。他曾提供三種發現人生意義的路徑：〔註58〕

1、創造價值意義——完成有價值任務之後所獲得的意義，即當我們認真投入參與一件事或一種東西的創作時。意義便會在創作過程中湧現出來。

2、經驗價值意義——此種意義均由某種經驗產生，如對真、善、美、聖的經驗皆屬之，如我們在愛中幫助對方發現自己的真面目和潛能。

3、態度價值意義——當一個人無法實現任何任務又不能經驗任何真善美聖的價值時，亦即在面對無奈的命運和悲苦的事實時，人也能透過自己的選擇，採取態度的轉換戰勝環境給人的限制並從中尋求意義。即個體經由承擔不容逃避的受苦去實現價值。

以上三種發現人生意義的途徑，尤以第三種最能突顯生命的意義。這是弗蘭克自己親身體悟出來的意義價值，〔註59〕他在《活出意義來》（Man's Search for

---

〔註57〕 參見呂漁亭前揭文，同註24，1999，頁1121，及弗蘭克前揭書，同註54，頁52～3。

〔註58〕 參見弗蘭克前揭書，同註55，頁8。

〔註59〕 弗蘭克曾回憶到自己所以能夠挨忍在集中營中地獄般的生活而不自殺，是因為他深深體驗到人存在終極意義的肯定是在生死交關的極限狀況下，足以支撐人的生存勇氣和生存試煉的最後精神支柱，如果缺乏生活的希望與積極肯定終極意義而建立起來的實存的生死觀，自己恐怕也會項多數集中營的囚伴一樣，不等納粹的屠殺先已斷棄自我的生命了。參見弗蘭克前揭書，同註55，頁40～43及傅偉勳〈弗蘭克與意義治療法〉《批判的承繼與創造的發展》（台北：東大，1991），頁173～4。

Meaning）〔註60〕曾提到：當一個人遭遇到無可避免的，不可逃脫的情境，當他必須面對一個無法改變的命運——比如罹患了絕症或開刀亦無效癌症等等——他就等於得到了一個最後的機會，去實現最高的價值與最深的意義。當其時，最重要的便是：他對苦難採取了何種態度？他用怎樣的態度來承擔他的痛苦？因此，弗蘭克認為人在闔眼的最後一刻，生命都有意義，而人只要坦然無畏的面對存在的挫折和痛苦，從中深切體悟到人生到此一遭的任務，那麼就能像尼采所說的：「了解為何，迎接任何」地迎接任何可能痛苦的煎熬。

　　和弗洛姆提出的「存有型人格」、馬斯洛的「超越自我實現」型人格一樣，弗蘭克也宣稱，其「超越自我」的人格重點在把「存在的終極意義」放在開發自己靈性的潛能，不必然要從宗教信仰去尋找其超越的根據。但弗蘭克仍點出要追求人的終極意義，人的本能和智能都無能為力，須聽命於超越於人之上的權威者，並對他負責，這權威者或許叫做「上帝」，或說是神或其他名字等等。〔註61〕言下之意，弗蘭克超越自我的人格無疑是建立在宗教信仰上的。

　　此外，創設「會心團體治療」的羅傑斯，晚年也極注重人的靈性層面，修正擴大佛洛伊德的「潛意識說」，而增添「高層潛意識」——即超越於我們意識思想之上的直觀智慧，並預測明日的世界是：「老科學家會捧著他們堅信的舊典範進入墳墓」，「對靈性的渴望將是明日人類的一大特質」，新一代人的英雄將是像「甘地、金恩、德日進」等「靈性人物」。〔註62〕至若近年來盛行歐美，普受西方人格心理學家重新肯認和發揚的「九型人格」（Enneagram）說，〔註63〕也是依行為特質區分的人格類型論。可說是西方心理學家擺脫學院派舊典範束縛，正視人的多元側面和開啟靈性價值之後的產物。

　　九型人格學說源起的時間已不可考，研究的學者都一致認為它的起源非常久遠，可能要追溯自西元前二千五百年或者更早。相傳它發源於印度的蘇菲教派，原本是該教靈性教師用來開啟教眾的靈性，數千年來一直都由阿拉伯的蘇菲（Sufi）族以口耳相傳的方式秘密傳承。西元 1920 年，哥濟也夫（G. I. Guardjieff）首先將人格九型傳入西方，並用它來闡釋人類的九種特質。由於

〔註60〕呂漁亭譯為《人生追求意義》，參見前揭文，同註24，頁1122。

〔註61〕參見呂漁亭前揭文，同註24，頁1122～3。

〔註62〕參見 Rogers「The World of Tomorrow and the Person of Tomorrow」，轉引自李安德前揭書，同註22，頁272。

〔註63〕關於人格九型說的理論請參見彭淑美譯，唐·理查·里索（Don Richard Riso）著之《瞭解人格九型》（台北：元尊文化，1997）。

它準確地濃縮及結合了在所有信仰中不同的人格歸類原則，經過現今心理學的實証，發現竟與現代的人格論述不謀而合，深受近代西方心理學家的重視。目前，這套學說在美國已成為「顯學」，中情局利用它協助幹員瞭解各國領袖的行為，有些公司拿它來協助員工解決衝突。甚至廣泛運用在管理、推行業務、及處理人際關係（包括夫妻相處、子女教養等）問題上。

「九型人格」（Enneagram）說，為人的個性特質勾畫出九種人格類型，其理論原則乃由人的三種人格組型衍生出來。這三種組型，係以人體的「腦、心、腹」比類之，代表人的基本心理特質和取向。每一組型各含三種人格組型，腦中心型者喜歡蒐集資料、講道理、思考與反省運作，故為「思考組型」（又因其心理取向取決於行動，亦可稱之為「行動組型」），第五、六、七是屬此一組型；心中心型的人，喜歡人及感受上的運作，或謂之為「情感組型」型，第二、三、四型屬之；腹中心型的人，喜歡解決問題，看重事實，往往藉本能和習慣運作，是屬「本能組型」（其心理取向決定於與外在世界的關係，亦稱為「關係組型」），第八、九、一型者歸於此一組型。

這九種人格類型都有正向和負向的內涵，而使用的術語名稱往往隨著使用者的需要而有不同的呈現，如耶穌會傳統都以較負面的觀點呈現人格類型的描述，在艾瑞卡的著述中，他的第一類型為「自我怨恨型」，而唐·理查·里索（Don Richard Riso）在《瞭解人格九型》則使用「革新者」這樣較為中性的名稱。〔註64〕究實而言，這九種人格既有正負向發展的可能，顯然是就性格型態說，應屬中性的意味，故本書採用中性的名詞來指稱這九種人格類型。第一型是 Perfectionist（至善論者／改革者），第二型是 Giver（給予者／助人者），第三型是 Performer（執行者／地位尋求者），第四型是 Romantic（浪漫空想者／藝術型），第五型稱為 Observer（觀察者／思考者），第六型是 Trooper（騎兵型／忠誠者），第七型為 Epicure（享樂者／豐富型），第八型為 Boss／Leader（上司型／領導者），第九型是 Mediator（仲裁者／和平追求者）。

在人格九型的理論框架下，沒有人有所謂純粹的類型，每個人都是他自己的基本型和其他一或二種相鄰類型的混合體，也就是要加上所謂的輔助類型（或曰側型），用術語來說就是「翅膀」（Wings）。而且這套系統的基本觀念認為，人格型態是可以改變遷移，可能朝向整合，也可能邁向解離。如果

〔註64〕參見唐·理查·里索（Don Richard Riso）前揭書，同註 63，頁 33～43 及 http://www.sos.org.tw/lesson/fs/lesson6_1.htm。

人的基本型朝向正向、健康的人格特質發展就稱作往「整合的方向」走；反之若朝負向、退化的人格特質發展就稱爲從「瓦解的方向」走。其人格層次上至健康整合的理想層次，下達病態的人格層級。〔註65〕因此雖然每個人自幼年發展的基本型只有一種，但經過時間的演變，人可能整合其他類型的健康層面而不斷的從個性的負面中脫離出來，而由個性移向本質，並深化自己的生命，活出更多元、豐富的自我。當然也可能順著瓦解的方向而變成負面的性格，生命日益退化而致心理不健康甚至病態。

　　唐・理查・里索曾將此九種人格與榮格的八種心理類型對應比類，而得出：第一型的「改革者」理性、客觀、公正，好比榮格所謂的「外傾思考」型；第二型的「助人者」情感外露、熱情利他，屬於榮格所描述的「外傾感受型」；第五型的「思考型」有深銳的洞察力、熱衷於思想和心智世界，相當於「內傾思考型」；第七型的「享樂型」傾其所能的投入自身以外的經驗世界、盡情享受人生，可對應於「外傾感覺型」；第八型的「領導者」，具領導、決斷力，相當於「外傾直觀型」。〔註66〕此外吾人細繹比觀，發現第四型的「藝術型」，整個人格方向是向內的，常自我冥思，實類於榮格指的「內傾直觀型」。

第三節　西方人格類型論的折射

　　綜觀上述諸多心理學家所歸納出來的人格類型，有的侷限在人的生理特質，有的強調心理品質，也有從社會地位和行爲傾向入手者。事實上，所有人格類型的分析都和學者研究人格所運用的方法典範關係至鉅，而其所援用的方法，一則受到時代環境的影響，一則與心理學家對人的核心意義看法有關，而其不同的觀點又在某個程度上反映學者自身的人格。易言之，心理學者所提出的人格類型理論，所使用的方法和選取的觀點往往受研究者不同的生活經歷、文化傳統、時代精神影響而異。普汶便曾指出：

> 人格理論會受到學者個人因素、當時風氣、所在文化的學科發展等等影響。因此在心理學的各分支學科中，往往同一時期內會特別強調一種理論觀點的人格理論取向。〔註67〕

〔註65〕參見 Don Richard Riso 著，吳振能、傅世良、陳營生譯《性格型態》（台北：遠流，2000二版），頁9。
〔註66〕參見 Don Richard Riso 前揭書，同註65，頁8。
〔註67〕如有一時期強調人格的生物基礎（內驅力、需求），最近一個時期又強調認知

　　循此而論，我們從上面一節西方心理學者的人格類型理論中，約可歸納出四種思潮，用的典範約可大分爲四類。其一爲以實驗、測量、統計等物理科學方法爲研究範式。此如本章第二節所提到的按生理特質區分人格，及依病態的行爲模式去界定生理和人格關係者。其二爲通過早期經驗內省的「還原法」，此如佛洛伊德一人格三我所區分的正常、病態人格說。以上二者皆根據十九世紀牛頓的機械論及決定論的典範來解釋宇宙和人的現象，所觸及的是人的生物原理和反應，對於人的價值層次則視而不見、存而不論；由於典範的侷限，加上運用這兩種典範研究的學者多半兼具心理治療師、精神醫師的身分，研究觀察的對象多數爲病患，其職業訓練遂使他們處處尋找病徵，自然多偏負面觀點呈現人格的描述；因此即使是健康的人，他們都能找出毛病來。有人就曾統計過佛洛伊德的研究論文集索引，發現「神經病」一詞就出現了四百多次，「健康」一詞卻一次也沒有出現過。〔註68〕

　　以上這兩種「唯物論」和「化約論」式的典範一直是傳統心理學者的主流，後來陸續有心理學家提出質疑，他們與當時通行的典範背道而馳，逆主流心理學而行，公開撻伐這類過度以物理作用和性驅力來解釋說明一切心理現象的學說，並以歐陸的「現象學」、「存在主義」哲學爲基礎發展出心理學的第三勢力——人本主義心理學派的聯盟，這一派的心理學家，都反對以動物與幼兒的簡單行爲爲研究對象的行爲主義，也反對以患者爲研究對象的精神分析論者，更不贊同用物理學的方法把人當白老鼠一樣實驗或只從人的早期經驗的因果分析決定人格傾向。他們毅然掙脫了「非人性化」的典範，主張心理學研究應該突出「以人爲中心」的「全人」和「整體人」的視角來研究人，強調人性的完整以及存在的本質在於這完整性的把握和洞見，研究的方法也訴諸直接經驗的描述和意向性，強調人的主體意識，注重個體具體感受的主體經驗、獨特性及每個人不可貶抑的尊嚴。這樣的宣示已經觸及人的主體性、本質和精神價值層次，把曾被上述舊典範所剔除的感受、想像、意識、思想、創造、心智等等和人的存在意義有關的部分重新引回心理學中，形成了一股新的不可抑止的思潮和趨勢。〔註69〕本章第二節按心理特質分析

的重要性。參見黃希庭前揭書，同註4，頁50。
〔註68〕參見李安德前揭書，同註22，頁23。
〔註69〕關於人本主義心理學與現象學、存在主義的關係，請參見車文博前揭書，同註5，頁8～16，及雷登・貝克等著，葉玄譯之《存在主義與心理分析》（台北：巨流，1979）。

的榮格八種心理人格類型和埃里克森內、外向人格；按照社會興趣區分的阿德勒人格四型，弗洛姆五型、奧爾波特五型都是以正常人爲對象，馬斯洛的「自我實現」人格還以精英份子爲觀察對象，他們各人所提出的人格類型容或不同，卻無一不將人放在一個不斷發展的動態歷程中來看，所看到的人不再只是低等的潛意識和機械化的生物性，而具有充分發展的可能性，像阿德勒的社會服務型、弗洛姆的生產性性格、馬斯洛的自我實現型、奧爾波特的統整型人格和羅傑斯的充分機能發展型等都可看到人積極創發的自我。

隨著「人本心理學」的大眾化和過度引申，使得第三勢力思潮逐漸受到誤解扭曲，變成所謂的「自我崇拜的宗教」，自愛變成自私，自由變得不負責任，自我肯定變成不顧他人。爲了化解這股自我發展的危機，人本心理學之父馬斯洛遂從第三勢力人本主義心理學逐漸過渡給著眼於超越性經驗和價值的第四思潮。第四思潮的發展其實是人本心理學的升級，再將人予以神聖化和靈性化而已。幾乎人本心理學的學者同時是超人本心理學思潮運動的推手。他們所建立的典範更宏闊，對於第一、二勢力過度運用解釋物理現象的科學方法作爲斟定人的典範有更深刻的反省，並指出死守舊典範的現代心理學家所塑造的人之形象過於簡單和低俗化，使得人的高等靈感只不過是性驅力的昇華和由本能衍生的副產品，人幾無自由意志可言，這樣的人格形象無疑是助長了個人主義、自我中心、競爭、強者生存等趨勢，也促進了現代人的自我疏離和存在虛無感。[註70] 因爲當人不再有自由意志可言，人便不必爲自己的行爲負責，一切動作云爲皆可說成是順著本能去做的事。如此一來，我們將無法區別行動與行動之間的差異所在，因爲所有的行動都被貶低壓平，變成只是滿足享樂原則或祛除不愉快感而已。而如果將享樂視爲生命的全部意義，則人的生命在我們看來也將變得虛無、沒有意義，那麼，人還成其爲人嗎？準此觀點的偏蔽，超個人心理學家把人的核心意義放在更高的自我潛能上。他們由此所觀察到的人格型態除了性格、氣質和能力的層面外，也伸延到人的靈性層次和高度的自我。人不再獨顯寡頭式的霸道，而和宇宙保持密切相連、互通生息的合一關係。本章第二節馬斯洛的「超越自我實現型人格」和弗蘭克的「超越自我人格」即在掘發「人之爲人」的最大實現可能價值。

綜觀上述的各種心理思潮，因著不同典範的運用，所映照出來的諸多人格現象和人格類型也互有殊異。典範的選取又關涉到不同學者對人核心意義

〔註70〕參見李安德前揭書，同註22，頁84～7。

的掌握，誠如普汶所說：每一個人格定義均反映出學者關心的行爲類別，及探討這些行爲的研究方法。〔註 71〕然而處在同一社會文化背景下的不同個體，對同樣的議題討論、概念詮釋及解決問題的方法所以殊異，大體不外乎個人的生理特質、性格、才情、身世背景、學經歷等等因素。是以近年來即有學者通過生命史傳的追溯試圖找出學者理論和學者個人的關係線索，結果發現：人格理論的產生和研究者的生命歷史密不可分，研究者的人格思想往往由自身的生活展示出來，浸染了人格心理學家對生活的感悟。甚至有論者指出：人格理論就是人格理論家在闡述他自己。〔註 72〕易言之，學者們的理論，也是他們人格的表現。〔註 73〕

是以，佛洛伊德和榮格兩人雖都屬於心理分析學派的學者，但兩人的觀點和方法卻有相當大的歧異。這和他們成長的經驗、家庭背景及工作環境不無關係，如佛洛伊德的理論，大部分是自傳性的，反映出他童年時期的經驗和衝突。〔註 74〕佛洛伊德因從小生長在父親嚴厲專權、母親溫柔寵溺的家庭環境，使他對父親充滿敵意，而對母親有性欲的依附，加上佛洛伊德處在充滿矯揉造作風氣的「維多利亞」時代，人的內心壓抑而呈現出既拘謹又壓抑的性格，因此佛洛伊德將個人童年的「戀母情結經驗」投射在全人類身上，發展出「戀母情結」（或曰「伊底帕斯情結」Oedipus complex）的驚世之論〔註 75〕及用性欲和補償作用來解釋人性。又因他個人是精神醫師，所接觸和臨床研究的對象都是精神患者——人格大都趨於分裂的現象，故而有「三我」的人格理論，並提出「精神分析」的研究方法，非常強調回省過去早期幽暗意識的「生物還原法」。

其學生榮格的成長背景與他適好相反，榮格父親相當慈祥而且有包容力，母親卻是一個強悍且有情緒障礙的女人，自小和父親關係親近而與母親疏離，根本無所謂的「戀母情結」，所以他拒絕佛洛伊德關於「每一個男孩子都曾經對其母親出現性欲」的說法。加上他個人特殊的體驗，從小就常有無意識的高峰經驗，很喜歡畫圓，每當遇到問題時就開始畫圓圈，圓圈必然有一個核心，每

〔註 71〕普汶前揭書，同註 1，頁 2。
〔註 72〕見黃希庭前揭書，同註 4，頁 50。
〔註 73〕黃堅厚前揭書，同註 15，頁 38。
〔註 74〕參見 Duane Schultz，Sydney Ellen Schultz 著，丁興祥校閱，陳正文等譯《人格理論》（台北：揚智文化，1997），頁 84。
〔註 75〕佛洛伊德從他自己童年的經驗裡引出他的伊底帕斯情結的假設，他寫到，「我在自己的例子中，也發現到對母親的愛意和對父親的嫉妒」（Freud，1954，頁 223）另外參見李安德前揭書，同註 22，頁 20～3。

次畫到最後就覺得生命統合起來，據稱他常畫大小不等的橢圓圖形，藉以觀察他內心隱微無名的意緒，這樣的特殊經驗使他一接觸中國易經中的「太極」和佛教的「曼荼羅」思想（二者都是以圓形象徵永恆生命及宇宙觀）就非常契應，並盛讚東方思想是探討精神的方法和直觀的智慧，〔註76〕尤其是認識浸潤中國風土人情甚深並精研中國經典的德國傳教士衛禮賢（Richard Wilhelm，1873～1930）後，中國的思想更逐日加深的介入其思想體系，榮格的一生可說是一個與東方思想不斷對話故事。〔註77〕故而其「人格原型」說和「集體潛意識」就有不少東方思想的影子。〔註78〕

　　至於阿德勒，因為自身是老二的關係，加上自幼身體孱弱，罹患痀瘻病，行動不便，從小就在天光屢現的長兄陰影籠罩下成長，深深體會到自卑到超越之路的辛苦與成長的必然性，所以對佛洛伊德「還原論」深感不滿，而提出「自卑感是人類努力的來源」的獨到觀點。〔註79〕而且不論在治療中還是日常生活中，對人的能力、目的和尊嚴都給予肯定的關注。〔註80〕

　　埃里克森社會發展論的核心概念是「自我認定的形象」，他認為一個人若無法有明確的自我認定的形象，將會引起「角色混淆」，造成適應不良的後果，這個理論很明顯的和埃氏的身世有密切關係。原來埃氏父親本是丹麥人，在他出生前與其母離異。三年後，母親改嫁同是猶太人的繼父，他隨而跟著繼父的姓，並在猶太人社會中成長，卻因其北歐血統所外顯的體格，被同儕視為「外邦人」，在幼年即真切感受到「角色混淆」的壓力，其成為學者後特別重視自我認定的問題，應非偶然。〔註81〕

　　而屬於現象學心理學派的奧爾波特，其童年多為正向經驗的成長，且未具有精神醫生或心理治療師的經歷，研究的對象也多為正常人，研究歸納出來的人格類型則是是否充分發展和實現的區別。加上他和佛洛伊德會面的經

〔註76〕　參見拉德米拉·莫阿卡寧著，江亦麗、羅照輝譯之《榮格心理學與西藏佛教》，頁134～5。

〔註77〕　參見榮格著，楊儒賓譯《東洋冥契的心理學──從易經到禪》（台北：商鼎文化，1992），頁1～5。

〔註78〕　參見榮格著，劉國彬、楊德友合譯之《榮格自傳》（台北：張老師，1997）；黃希庭前揭書，同註4，頁110～20及丁興祥校閱，陳正文等譯之《人格理論》，頁93～125。

〔註79〕　黃希庭前揭書，同註4，頁130～158。

〔註80〕　參見車文博前揭書，同註5，頁34。

〔註81〕　參見黃堅厚前揭書，同註15，頁38。

歷，發現佛洛伊德竟然直從他簡短敘述車程中所見的情景就斷言奧爾波特的過去，讓他深感這種「因果分析論」由果推因的荒謬，於是漸漸遠離流行於當時的行為主義學派和精神分析學派的思潮，而把研究的重點放在人本主義的方向上，把人格視為一種發展的歷程，認為人格的成長是一個永不終止的歷程。

當然，原生家庭的教育和時代環境也未必然是其人格發展的陰影和制約，人本心理學派的馬斯洛就是個例子，馬氏係於1908年出生於紐約，父母為猶太教徒，由蘇俄移民來美國，幼年家庭生活也很不愉快，父母對他的照顧大多是負面的態度。母親更是個精神分裂者，他不喜歡母親，對母親充滿憎恨和根深固柢的敵意，認為她是個殘忍、無知、滿懷敵意和會將子女逼瘋的人。加上他是當地社區唯一的猶太兒童，很少朋友，童、少年代都非常孤獨和苦悶。大部分時間都躲在圖書館裡與書為伍，他曾說自己沒得精神病，乃是一項奇蹟。這樣的生命奇蹟，套句他的理論用語，係因他已從生理、安全、隸屬和愛以及尊重的「基本需求」所構成的「匱乏的動機」轉化成「成長需求」的「生長的動機」。顯然，馬斯洛的體驗是：個人自覺的體驗才是他不斷成長而自我實現並創造生命奇蹟的關鍵。所以他因為對孩子的愛扭轉他原來信奉不移的「行為主義」，因為珍珠港的事件和目睹抗日遊行的經歷激發他的「人本心理學」人格理論，逐漸走出精神分析學派和行為主義學派的理路框架，而以健康的、有期望的、自我實現的傑出人物做為研究的對象，故其所觀察到的人格類型不再從天生形成的氣質、性格來論，而是由個人自我的覺察能力和生長動機鑄就而成。

弗蘭克是猶太人，曾經困處於集中營裡，每天過著隨時會被毒害、屠殺，朝不保夕的日子，身心飽受折磨、凌虐之苦，但他仍然活下去了！這種獨特的生活經歷本身就是生命意義的見證。依他的體驗和觀察，他發現維繫這股生存的力量不是體力的強弱，而是精神力量的充足與否，而精神力量的泉源又來自於意義的發現，而人生的意義不是別人所賦予的，正是能在任何的環境中超越自我而使「自己變成另外一個人」。如人可通過創作、體驗、態度這三個路徑來發現生命的意義，找到活下去的力量，像他就是在集中營無望的情境中，藉著對妻子家人的愛的體驗和轉換心態面對痛苦的磨難發現超越痛苦的意義。〔註82〕弗蘭克難能可貴的體悟讓他不僅在痛苦中找到意義也有了

〔註82〕參見弗蘭克前揭書，同註55，頁40～3及劉翔平《尋找生命的意義——弗蘭

「意義治療」（logotherapy）的新發現！

　　以上我們從心理學家的家庭、經歷和他們所建構出來的人格理論加以比觀，果然發現兩者之間有著不可分割的因果關係。

第四節　結　語

　　綜合本章，吾人出心理學家不同的觀點探析出上述諸多不同的人格類型，在這些不同的人格類型理論中可以獲得下列幾個結論：首先，不同思潮下的典範會影響對人的視角和對人格類型的判分，如從上述西方心理學思潮的發展來看，心理學家先是信奉以科學典範為主流的第一、二勢力，因而將人物性化、非人化；繼之由自然科學轉向人文科學，由非人性的「物化心理學」向以人為本的「人本心理學」轉化，因而看到人自我實現的面向，接著再由此派生出「超個人心理學」的第四勢力，進而看到的是人高度靈性發展的可能。其次，不同的人格理論適度反映出心理學家們不同的生活背景、人生經歷、性格特點和人格特質。

　　再者，人格是非常複雜的現象，按理來說根本無法完全類化，也沒有人是完全純綷的典型。若以為人格類型為「非此即彼」，「全有或全無」的現象，不免有將人對號入座、刻板化的偏見，因此所有的人格類型都是一些概略的模型，較完整的人格類型理論理當要有足夠的概括性，以便同一類型的所有個人都能在其中找到自己。此好比區辨色彩，當我們說「紅色」時，可以有蘋果紅、深紅、磚紅、猩紅、粉紅等，甚至還有許多其他的紅色，但是當我們說「紅色」時，即使我們不能確切知道紅的程度，我們仍然知道他和其他顏色的區別。〔註83〕而依照本章所論，愈宏觀的典範，概括性愈高，可以提供比較多層次的「人格色盤」和人格系譜。西方人格心理學家的「人格類型」已如上述，但他們所提出的觀人之道和人格類型是否已能完全概括所有的人？還是像馬斯洛所說的：「如果你只有槌子這一種工具，自然地你會把一切外物都當成釘子來對待」？〔註84〕

　　從近代人本心理學和超個人心理學的發展潮流看來，西方的心理學家對

　　　　克的意義治療學說》，台北：貓頭鷹，2001，頁25～66。
〔註83〕以顏色來說明人格類型的明確性和概括性的說法，參見唐‧理查‧里索前揭書，同註63，頁30～1。
〔註84〕轉引自李安德前揭書，同註22，頁12。

人的探討已從自我轉到超自我，從身心的層面提升到到靈性的精神層次，可見他們已走出過去舊典範的偏弊，對人的視野已經源清江闊。根據吾人的研究，西方目前極力開顯的新典範和人格類型，正是我們先秦古代先哲的擅場。下文且將視角轉到中國先秦時代，吾人將透過先秦諸子對人格類型的觀察，以瞭解人更多其他可能的側面。

第三章　先秦諸子的觀人之道

　　先秦春秋戰國時期正值激烈震盪的時局，西周時代原本以上御下的金字塔統治結構逐漸解體崩潰。天下不再定於一尊，天子的權力早已於旁落諸侯、大夫身上，而衣被萬民的宗法和禮教制度也失去維繫人心的力量。於是「禮樂征伐」不再「自天子出」，各國諸侯各自爲政，彼此互相攻伐、爭戰不已。在這樣的情勢下，各國諸侯們無不爲了鞏固政權，擴大版圖或延續國祚而「尊賢尚功」。舉凡國家的政權繼承人的選擇、執事臣工的任用皆以人才爲上。因此，如何觀人、知人以做爲拔舉人才的依據，便爲當時政要人物們的重要課題。加上此一時期，官學失修，私學漸興，知識逐漸普及，平民可以由布衣卿相，士人周遊各國但求得遇英主，如何擇良主而棲，也是一種選擇。

　　要之，在上者如何選好繼承人和賢才，影響著國家的存亡絕續，在下位者如何找對主人關係著個人的吉凶順逆。究竟怎樣選擇，國家才能永續經營，個人才能飛黃騰達？吾人從先秦的史料和典籍來看，「相人術」應是當時選才、擇主普遍流行的參考依據。不過，這一套方法並不爲當時代表菁英文化的「先秦諸子」所接受，他們自行發展出一套異乎俗情的觀人方法，遂形成先秦兩種不同的觀人系統。後來這兩種系統雖有互相交流滲透的情形，[註1]但基本上，兩種系統在看人的觀點和方法上都不同，以下先就相人術做爲討論的起點和背景，再說明先秦諸子的觀人之道。

〔註 1〕關於通俗文化和菁英文化觀人方法互相滲透、交流的情形，可參見祝平一《漢代的相人術》（台北：學生，1990），頁 5～6。

第一節　先秦兩種觀人系統

一、世俗的「相人」系統

　　先秦時代，在官方、民間普遍盛行的觀人方法，乃是所謂的「相人術」。即依據個人的形體容貌、精神氣色來推斷人的性格、智力、健康和命運的吉凶禍福的預測術。〔註2〕此在《左傳》、〔註3〕《國語》、〔註4〕《戰國策》〔註5〕等史書上有很多相關記載。其扮演的社會功能很大，舉凡國君選擇繼嗣、權貴養士擇士、臣下擇主入仕等攸關國家和個人命運的問題，無不引之爲參考的指標；如《左傳・文公元年》載叔服爲公孫敖的兩個兒子看相，目的就是要選擇合適的繼承人：

　　　　王使內史叔服來會葬。公孫敖聞其能相人也，見其二子焉。叔服曰：
　　　　「穀也食子，難也收子。穀也豐下，必有後於魯國。」

　　據竹添光鴻的說法，這是「相人」之始見於經典者。〔註6〕而伍子胥亡楚如吳之際，在途中遇到專諸，即以相人的方法，看出「碓顙深目，虎膺而熊背」的專諸是個勇士，故「陰而結之，欲以爲用」。〔註7〕趙國的平原君也是憑著這套方法考察門下的食客。在《史記・平原君列傳》中，平原君曾經自豪的說：「勝相士多者千人，寡者百數，自以爲不失天下士」。至於范蠡何以向勾踐求去，並勸文種要功成身退：「越王爲人長頸鳥喙，可與共患難，不可以共樂，子何不去？」，〔註8〕靠的也是「相人法」。此外，相人術更是士人在讀書多年，一事無成、失意落拓時的鼓舞、安慰劑。像蔡澤本是燕國人，游學以干諸侯，始終不遇，於是請相士唐舉看相，唐舉說他可以富貴壽考，從今以往四十三年。蔡澤笑謝而去。〔註9〕這就是從相人術得到慰藉的典型例證。

　　由上面的論述，可知「相人術」在當時普遍風行和應用的情形，是以諸如：「人中深長，其裔永昌；目秀而長，必近君王；口角如弓，位至王公；鼻

〔註2〕　參見沈志安《中華相術》（台北：文津，1995），頁19。
〔註3〕　如《左傳・文公元年》、《左傳・宣公四年》、《左傳・昭公廿八年》。
〔註4〕　如《國語・晉語》八、《國語・楚語》下。
〔註5〕　如《戰國策・齊策》。
〔註6〕　參見《左傳會箋》第八卷（台北：鳳凰，1978），頁2。
〔註7〕　相關事蹟參見《吳越春秋・王僚使公子光傳》（台北：商務印書館，1978）。
〔註8〕　事見《史記・越世家》。
〔註9〕　事見《史記・范雎蔡澤列傳》。

如鷹嘴，取人腦髓；眼如三角，其心如梟」等等這些相人術的口訣便爲時俗奉行不輟，萬古不移的金科玉律。然而，這種缺乏理性依據的相人術，其信度與效度都有待考驗，過度依賴而出錯的情形時有所聞。且流風所及，容易造成「以貌取人」、「由果推因」的弊病。舉例來說，戰國四公子之一的平原君嘗以「善相士」自詡，〔註10〕結果他那一套「以貌取士」的相人術，〔註11〕竟然看走眼，沒有相準爲趙國立下大功的「毛遂」而砸了自己的招牌！原來毛遂在平原君使楚求援的使者團隊中，本來沒有獲得平原君的青睞，毛遂以自薦方式出使楚並脫穎而出，憑其三寸不爛之舌成功達成趙國、楚國合縱制秦的計畫。返回趙國之後，平原君感慨的說：「勝不敢復相士」，〔註12〕平原君犯的正是「以貌取人」的毛病！

　　而「以貌取人」導致其貌不揚或身殘體缺者遭人取笑或嘲諷的事件更是層出不窮。較著名的例子有：晉文公駢脅（肋骨並排），流亡至曹時，遭曹共公窺浴之辱；〔註13〕晉郤克跛足，使齊之際，齊頃公設帷幕使婦人觀之。〔註14〕又，齊國晏嬰身材五短，奉派出使楚國，竟受楚國以小門相迎；〔註15〕而孟嘗君也曾被趙人譏笑爲「渺小丈夫」。〔註16〕甚至還有因爲長得畸形遭到殺害者，《左傳・僖公廿一年》記載到一位「尪」因爲突胸、其面朝天，生有畸形異相，竟要揹起旱災的責任，被焚而死：

　　　　夏，大旱。公欲焚巫、尪。〔註17〕
其實要紓困化解旱災的本務，應該像臧文仲說的：「脩城郭、貶食省用、務穡勸分。」，旱災干「尪何爲」？（《左傳・僖公廿一年》）竟要用他的生命來消災！

　　更荒謬的是所謂的「動物相法」，用動物的形態來類比人的德行。像「狼子野心」是當時「相人術」流行的諺語，聲如豺狼的人往往被認定爲心如虎狼。

〔註10〕參見《史記・平原君列傳》。
〔註11〕平原君相人的標準，也是從容貌入手。其相士的方法見於《史記》逸文中：平原君對趙王曰：「澠池之會，臣察武安君之爲人。小頭銳上，瞳子白黑分明……。小頭銳上，斷敢行也；瞳子白黑分明者，見事明也」。參見《太平御覽》，冊三，〈方術部・相〉上，頁3232。
〔註12〕參見《史記・平原君列傳》。
〔註13〕事見《左傳・僖公廿八年》。
〔註14〕參見《左傳・宣公十七年》、《國語・晉語五》。
〔註15〕參見《晏子春秋》。
〔註16〕參見《史記・孟嘗君列傳》。
〔註17〕鄭玄〈檀弓〉注：「尪者，面向天，覬天哀而雨之。」杜預本此引申曰：「瘠病之人，其面向上。俗謂天哀其雨，恐雨入其鼻，故爲之旱。是以公欲焚之」。

這樣的論斷雖可舉出史實為證，例如楚子欲立「商臣」為太子之前曾拜訪令尹子上，子上說商臣「蜂目而豺聲」，是個殘忍之人，不是國君的適任人選，楚子不聽，仍立商臣為太子，繼而悔之，欲廢商臣，結果引來商臣的殺機：

> 初，楚子將以商臣為大子，訪諸令尹子上，子上曰：「君之齒未也，而又多愛，黜乃亂也。楚國之舉恆在少者，且是人也，蜂目而豺聲，忍人也，不可立也。弗聽。又欲立王子職，而黜大子商臣，商臣聞之而未察，……冬十月，（商臣）以宮甲圍成王，王請食熊蹯而死，弗聽。丁未，王縊。（《左傳·文公元年》）

商臣的確沒有人性，為了保衛自己的權力而逆倫弒父，用「狼心」形容他並不為過。不過，商臣所以有如此大逆不道的行為，未必純因其有「豺聲」，若因此以偏概全認定：生來具「豺狼之聲」的人就有「狼心」，從此貼上「厭惡」、「滅族」的標籤，委實不公平。《左傳·昭公廿八年》和《國語·晉語八》就記載這類的事：

> 伯石始生，子容之母走謁諸姑，曰：長叔姒生男。姑視之，及堂，聞其聲而還。曰：「是豺狼之聲也，狼子野心，非是，莫喪羊舌氏矣。」遂弗視。（《左傳·昭公廿八年》）

> 叔魚生，其母視之，曰：「是虎目而豕喙，鳶肩而牛腹，谿壑可盈，是不可饜也，必以賄死。」遂不視。楊食我生，叔向之母聞之，往，及堂，聞其號也，乃還，曰：「其聲，豺狼之聲，終滅羊舌氏之宗者，必是子也？」（《國語·晉語八》）

套句臧文仲的話：「天欲殺之，則如勿生。」（《左傳·僖公廿一年》）既然生之，就要養之、教之，怎麼可以一生下來就給他一個「罪惡」的鑄記呢？然而「相人術」在過度應用的情況下，將人「非人化」、「動物化」、「矮化」的情形所在多有，凡此都是「相人術」所帶來的後遺症。

二、學者的「非相」系統

鑒於上述所生的俗弊，先秦時期的「相人術」雖是通行的主流，卻不為當時的學者認同，荀子的〈非相〉篇就道出這樣的現象。甚且說：「相人，古之人無有也，學者不道也。」荀子如此的說法看似昧於歷史事實，實則是為了區辨「學者」和「世俗」之見的不同，他說：

> 古者有姑布子卿，今之世梁有唐舉，相人之形狀顏色，而知其吉凶

　　　　妖祥，世俗稱之，古之人無有也，學者不道也。

依荀子之見，「相人術」乃專由人的形狀顏色論人吉凶妖祥，而不管人的道德學問，是虛誕不經的，宜劃歸於通俗文化，不當是學者論人的取徑。荀子在〈非相〉篇雖沒有明謂「學者」是誰，然而，通觀先秦諸子典籍，其中有關評量人的標準幾乎都屬於學者「非相」的觀人系統，此可由原典一一得到印證。

　　早在孔子的時代，《論語・雍也》就記載當時以言貌取人的弊病：

　　　　不有祝鮀之佞，而有宋朝之美，難乎免於今之世矣。

祝鮀是衛國的大夫，以能言善辯受到衛靈公重用。宋朝是宋國貴族，因生得美而受到衛靈公及其夫人南子的寵溺。孔子曾用非常質疑的語氣說：

　　　　論篤是與，君子者乎？色莊者乎？（〈先進〉）

孔子於此表明了只看人言論篤實與外表莊重，無法分辨出此人是否為真正的君子。而就司馬遷《史記・孔子世家》的記載也提到，曾有鄭人向子貢形容孔子：「其顙似堯，其項類皋陶，其肩類子產，自要以下，不及禹三寸，纍纍若喪家之狗。」孔子的回答是：「形狀末也，而謂喪家之狗，然哉、然哉。」言下之意，孔子認為形狀相貌並不可靠，此也可以做為孔子非相的輔證。

　　《孟子・離婁》也提到：有一天齊王派一個善相者來替孟子看相：「王使人瞷夫子，果有以異於人乎？」，孟子知道了就說：

　　　　何以異於人哉？堯舜與人同耳。（〈離婁〉）

意謂著聖凡相貌平等，容貌的美醜無關乎人格的聖凡，全然否定相人術的功能。

　　而老子雖無言例表明其對「相人術」的看法，但《老子》極力批駁俗情世間定出的美醜對立標準，而有言曰：

　　　　天下皆知美之為美，斯惡已。（二章）

《老子》認為所有的概念都不是絕對的，具有變動性，純依外在形貌來判斷，易流於主觀、專斷而形成絕對的偏執，從而產生對事物真相的誤判。順此意以推，《老子》觀人自是迥異於流俗「相人術」的「皮相」之見。

　　《莊子・齊物論》也曾借寓言托喻來顛覆一般俗情的審美標準：

　　　　毛嬙、西施，人之所美也；魚見之深入，鳥見之高飛，麋鹿見之決
　　　　驟。四者孰知天下之正色哉？（〈齊物論〉）

世間認定的絕世大美女毛嬙、西施顛倒眾生，但天上的飛禽、地上的走獸、水中的池魚見了，並沒有所謂的「六馬仰秣」或「游魚出聽」，反而紛紛

走避。故以天地一體的宏觀角度，此何天下「正色」之有？天下既然沒有絕
對的審美標準，如何據此定出人格的審美標準？《莊子‧列禦寇》曾以「重
言」的方式假托孔子之口說明人不可貌相：

> 孔子曰：「凡人心險於山川，難於知天；天猶有春、秋、冬、夏、旦、
> 暮之期，人者厚貌深情。故有貌愿而益，有長若不肖，有順懷而達，
> 有堅而縵，有緩而釬。故其就義若渴者，其去義若熱。」

依《莊子》，人厚貌深情，人心險於山川，要「知人」還難於「知天」。有人
面貌謹愿，內心卻驕溢；有人外表俊俏，其實不肖；有人貌似急躁，但心靈
達理；有人外表堅剛，卻是紆緩散漫；有人外型寬緩，內心躁急；順此文路
可知人格的美惡是無法光由外表直斷的。〔註18〕再徵諸〈德充符〉裡的得道
者，無一不是殘疾或貌惡之人；反倒是那些外表健全的「全人」〔註19〕各個
都有心靈的盲點。《莊子》這樣的觀點對「相人術」無疑是最大的反擊。

　　最明顯的例子是：在〈應帝王〉所舉的「壺子四門示相」的寓言裡，能
「知人之死生、禍福、壽夭」，人視之為神的神巫「季咸」最後的下場竟然落
荒而逃，莊子用「立未定，自失而走」來形容他。這故事中的人物雖是虛構
的，卻真實反映了莊子對「相人術」的諷刺和調侃，同樣的看法，在〈徐无
鬼〉中也看得到：

> 子綦有八子，陳諸前，召九方歅曰：「為我相吾子，孰為祥？」九方
> 歅曰：「梱也為祥。」子綦瞿然喜曰：「奚若？」曰：「梱也將與國君
> 同食以終其身。」子綦索然出涕曰：「吾子何為以至於是極也？」九
> 方歅曰：「夫與國君同食，澤及三族，而況父母乎？今夫子聞之而泣，
> 是禦福也。子則祥矣，父則不祥。」子綦曰：「歅，汝何足以識之？
> 而梱祥邪，盡於酒肉入於鼻口矣，而何足以知其所自來？吾未嘗為牧
> 而牂生於奧；未嘗好田，而鶉生於宎。若勿怪，何邪？吾所與吾子遊
> 者，遊於天地。吾與之邀樂於天，吾與之邀食於地；吾不與之為事，
> 不與之為謀，不與之為怪；吾與之乘天地之誠而不以物與之相攖；吾
> 與之一委蛇而不與之為事所宜。今也然有世俗之償焉！凡有怪徵者，

〔註18〕《莊子‧列禦寇》：「孔子曰：『故有貌愿而益，有長若不肖，有順懷而達，有
　　　　堅而縵，有緩而釬。』」此節文字雖標明為孔子之言，實為《莊子》重言的表
　　　　達方式，故仍是《莊子》的觀念。
〔註19〕《莊子‧德充符》所講的「全人」意謂「整個人」，四肢健全的人，非現代教
　　　　育學者所說的「全人」。

必有怪行。殆乎！非我與吾子之罪，幾天與之也！吾是以泣也。」

從上節引文，反映出〈徐无鬼〉的作者對當時盛行的相人術顯然有涉獵，但態度上也是「非相」的，所以當相者九方歅跟子綦說他的八子中梱將與君同食，最有福氣時，子綦竟和常人的反應完全不同，索然出涕而且還感慨說：為何弄到這樣的絕境呢？於此可見子綦雖然請九方歅看相，其嚮往「邀樂於天，邀食於地，順任自然生活」的幸福原則卻和相人術傳統所崇尚的「與國君同食以終其身」為富厚福澤的價值觀有很大的落差，這也透露出《莊子》「非相」的立場。

墨子對於當時人重視容貌，以貌取人的現象也屢有批判：

　　且夫王公大人有所愛其色而使之，其心不察其知而與其愛，是故不能治百人者，使處乎千人之官，不能治千人者，使處乎萬人之官。

　　此其故何也？曰：「處若官者爵高而祿厚，故愛其色而使之焉！」（〈尚賢中〉）

從墨子的敘述，可以看到當時諸侯盛行「以色取人」的風氣，容貌出色者即使毫無才能也能爵高祿厚。故而墨子明白揭示要打破當時「愛其色而使之」的歪風：

　　古者聖王，甚尊尚賢而任使能，不黨父兄，不偏富貴，不嬖顏色。（〈尚賢中〉）

「尚賢使能，不嬖顏色」著實道出墨子「非相」觀人的態度。

至於韓非嘗以肯定的口吻，引用孔子「以容取人，失之子羽」的例子說明「知人」之難，以致連賢智如孔子者「觀容服，聽辭言」也無法判斷人才的真偽：

　　澹臺子羽，君子之容也，仲尼幾而取之，與處久，而行不稱其貌。……

　　故孔子曰：「以容取人乎？失之子羽；以言取人乎？失之宰予。」故以仲尼之智而有失實之聲。（〈顯學〉）

無庸置疑，韓非當然是擁護「非相」的「學者」。

由上面所羅列的原典資料，可略見先秦諸子「非相」的觀點。

第二節　先秦諸子觀人方法

依上述，先秦諸子都認為人的形貌不可靠，無法據此判斷人的真相。至

於怎樣才能看到人的眞相？孔子說：「視其所以，觀其所由，察其所安。人焉廋哉？人焉廋哉？」（〈爲政〉）又說要「聽其言、觀其行」（〈公冶長〉），孟子則主張：「聽其言也，觀其眸子，人焉廋哉？」（〈離婁〉）。荀子在〈非相篇〉提出以「心術」作爲判準：「相形不如論心，論心不如擇術」，而人的心術形著乎言行，故荀子乃以人的道德「言行」爲觀人標準，此其曰：

> 形不勝心，心不勝術；術正而心順之，則形相雖惡而心術善，無害爲君子也。形相雖善而心術惡，無害爲小人也。君子之謂吉，小人之謂凶。故長短小大，善惡形相，非吉凶也。古之人無有也，學者不道也。
>
> （〈非相〉）

荀子認爲人格的高度由心術的正邪決定，不由形相的善惡；吉凶禍福是由德行自召，和身高的長短大小無關。爲了破解「相人術」的迷思，荀子特別舉出歷史人物加以說明：堯長舜短、文王長周公短、仲尼長仲弓短，都不礙其成爲聖賢；而仲尼之聖，面如蒙倛（戴面具），周公之賢，身如斷菑（枯木），都是「形相雖惡而心術善」的典型。相對的，桀紂「長巨姣美，天下之傑也」可說是集形相優點於一身，「然而身死國亡，爲天下大僇」（〈非相〉）。所以荀子說：

> 故事（士）不揣長，不揳大，不權輕重，亦將志乎爾。（〈非相〉）
>
> 故聖人所以異而過眾者，僞也。（〈性惡〉）

荀子明白揭舉出：要以後天的修爲、言行作爲評定人格高下的方法。這樣的主張在其他諸子的典籍中也看得到，如墨子曾謂其選拔人才的三個標準是：「厚乎德行，辯乎言談，博乎道術者」。（〈尚賢上〉）以下分別從「知言」、「觀行」說明。

一、知　言

孔子很強調「知言」的工夫，認爲「知言」乃是打開人們心靈世界的敲門磚，通過一個人的談吐，我們可窺探對方的內在心靈，子曰：「不知言，無以知人也」（〈堯曰〉）。孔子就是用這樣的方法來推敲人的內心世界，依他的經驗考察歸納的結果是：「巧言令色，鮮矣仁」。（〈學而〉）「剛毅木訥，近仁」。（〈泰伯〉）

如前述所言，孟子也認爲從一個人的說話態度，可以瞭解其內心的誠僞。此孟子曰：

> 聽其言也，觀其眸子，人焉廋哉！（〈離婁〉）

孟子所說的方法，就是我們現代人說的：「察言觀色」，這和他私淑的老師孔子一致。

一個人的真誠與否，常不經意間流露在言談、臉上的表情神色和眼神上。孟子見過梁襄王，出來之後對別人說：梁襄王「望之不似人君」的斷語。就是從梁襄王問話的辭氣態度和所問的內容兩部分來觀察的：

就之而不見所畏焉。卒然問曰：「天下惡乎定？」（〈梁惠王〉）

孟子更且提出知言之道：

詖辭知其所蔽，淫辭知其所陷，邪辭知其所離，遁辭知其所窮。（〈公孫丑〉）

所謂「言為心聲」，蓋言無虛發，皆由心生。言語所以不如實，而有偏頗、誇張、邪說、虛妄之情，都是心中有障蔽、陷溺、虛歉和逃避的毛病，孟子認為「言語是德行的載體」，從言語可以判讀出人的修養層次。此所以他反對告子所說的「不得於言，勿求於心」的見解。

荀子重視辯說的功能，認為辯說的任務在於「明道」，故曰：

辯說也者，心之象道也。（〈正名〉）

在荀子看來，人會將自己心理的傾向自然流露在言語上：

凡人莫不好言其所善。（〈非相〉）

因此荀子分判人格等第，具體呈現在人的「辯說」上。荀子遂以言語辯說的內容來判斷人格高下，故而有聖人之辯、士君子之辯、小人之辯：

是以小人辯言險，而君子辯言仁也。言而非仁之中也，則其言不若其默也，其辯不若其吶也。言而仁之中也，則好言者上矣，不好言者下也。（〈非相〉）

言而當、知也，默而當，亦知也，故知默猶知言也。故多言而類，聖人也；少言而法，君子也；多言無法，而流湎然，雖辯，小人也。故勞力而不當民務，謂之姦事，勞知而不律先王，謂之姦心；辯說譬諭，齊給便利，而不順禮義，謂之姦說。（〈非十二子〉）

墨子的學說向來以重邏輯推理著稱，其後學尚且形成「墨辯學派」，其重視辯說自不待言。墨子嘗言其立說標準，謂之曰「三表」：

有本之者，有原之者，有用之者。於何本之？上本之於古者聖王之事。於何原之？下原察百姓耳目之實。於何用之？廢（發）以為刑政，觀其中國家百姓人民之利。此所謂言有三表也。（〈非命上〉）

墨子重視言論的實用性和可徵驗性於此可見。其觀人的方法離不開「聽其言」（〈尚賢中〉）「觀其言談」（〈天志中〉）這一項目。而「善於辯說」與否也成了他選才、評量人的標準：

> 厚乎德行，辯乎言談，博乎道術者乎，此固國家之珍，而社稷之佐也，亦必且富之貴之，敬之譽之。（〈尚賢上〉）

《韓非子》則反對言談、辯說及「以言取人」的選才方式，此其曰：

> 今世之談也，皆道辯說文辭之言，人主覽其文，而忘其用。（〈外儲說左上〉）

並舉出兩個歷史事件為證說明以言辯取人將導致國家禍患的結論：

> 宰予之辭，雅而文也，仲尼幾而取之，與處，而智不充其辯。故孔子曰：「……以言取人乎，失之宰予。」故以仲尼之智而有失實之聲。今之新辯濫乎宰予；而世主之聽，眩乎仲尼。為悅其言，因任其身，則焉得無失乎！是以魏任孟卯之辯，而有華下之患；趙任馬服之辯，而有長平之禍；此二者，任辯之失也。（〈顯學〉）

據韓非的本傳，韓非生來口吃，不擅言辭，卻善於著書，〔註 20〕這和他對言語辯談的不信任應當不無關係。

《韓非子》反對因言舉人，所以主張國君要仔細「聽言」以知人，並提出聽言的方法。陳啓天曾歸納出其「聽言術」的要點有三：〔註 21〕一、要力守沉默，切忌輕加讚賞。此〈揚權〉說：「聽言之道，容若甚醉。脣乎齒乎，吾不為始乎，愈惛惛乎。彼自離之，吾因以知之。是非輻湊，上不與構。」二、觀聽必須合參眾人之言，切不可「聽有門戶」（〈內儲說上〉），若「不以眾言參驗」，「用一人為門戶者」，則國將亡矣（〈亡徵〉）。三、聽言必須以功用為目的，以免為虛言所誤。故曰：「人主之聽言也，不以功用為的，則說者多棘刺白馬之說；……是以言有纖察微難而非務也，……論有迂深閎大非用也，……言而拂難堅确非功也，……是故求其誠者，非歸餉也不可。」

依上述，孔、孟、荀、墨子和韓非子四者都在某些程度上主張人格和言語之間脫離不了關係，荀子、墨子還看重辯說的能力。所不同的是前三者偏於通過言語來探察人的存心之善惡、誠偽、道德學養；後兩者則是考察人臣

〔註 20〕 參見《史記‧老莊申韓列傳》。
〔註 21〕 參見陳啓天〈韓非及其政治學〉《韓非子校釋》附錄（台北：商務，1994），964～5。

能力的賢愚。一爲人品層次，一爲人才層次。

　　倒是《老子》、《莊子》都反對「以言知人」的觀察方法。認爲「言語」無法考察人格高下。此《老子》曰：

　　　知者不言，言者不知。（五十六章）

　　既然有智慧的人不靠言說，從一個人的言語表現當然也無法看出智慧的有無。同樣的，「善者不辯，辯者不善」（八十一章）行爲的良惡不言自辨，無須多說，何況是論辯？

　　《莊子》也不相信言語和人格的關係。所謂：

　　　言者，風波也（〈人間世〉）

　　　終身言，未嘗言；終身不言，未嘗不言。（〈知北遊〉）

上述三節文字在在說明《莊子》對言語持以消極的態度，所以他不主張「知言」，反而教人要「忘言」（〈寓言〉）。對於辯說，他更是覺得毫無意義：

　　　既使我與若辯矣，若勝我，我不若勝，若果是也，我果非也邪？我勝若，若不吾勝，我果是也，而果非也邪？其或是也，其或非也邪？其俱是也，其俱非也邪？我與若不能相知也，則人固受其黮闇，吾誰使正之？使同乎若者正之？既與若同矣，惡能正之！使同乎我者正之？既同乎我矣，惡能正之！使異乎我與若者正之？既異乎我與若矣，惡能正之！使同乎我與若者正之？既同乎我與若矣，惡能正之！然則我與若與人俱不能相知也，而待彼也邪？（〈齊物論〉）

　　所以莊子認爲聖人所以不同於凡俗的原因之一，就在於聖人不辯，而眾人好辯：

　　　聖人論而不辯。（〈齊物論〉）

　　　聖人懷之，眾人辯之以相示也。（〈齊物論〉）

　　由上述，《老子》、《莊子》都反對「以言知人」的方式，《老子》、《莊子》二者是就人的「心靈層次」來否定言語的積極義，認爲言語無法呈現心靈的蓄養深度。

二、觀　行

　　先秦諸子皆極重視行爲的觀察。依《論語‧公冶長》的記載，孔子曾說自己以前觀人向來是「聽其言信其行」，後來因爲宰予的關係，改成「聽其言

觀其行」，認為瞭解一個人，除了要知言外，還要配合行為的考察，才能看到人的真相。如何觀察人的行為？孔子提出三個重點：「觀其所以，視其所由，察其所安」（〈為政〉），即從行為是否恰如其分，行事的手段是否正當合理，再看看發心動念是否心安理得。人的心態、神情、動作是一體的，所以揚眉瞬目、舉手投足之間都是判斷人的依據。孔子研判君子、小人的不同，正是依此而來，子曰：「君子坦蕩蕩，小人長戚戚。」（〈述而〉）「君子泰而不驕，小人驕而不泰。」（〈子路〉）

　　孔子之後的其他諸子也都強調行為實踐和人格的關係。孟子以「私淑孔子」的身分自居，在觀人的方法上也主張藉人的志行來考察道德人格的高下。他還提出其中的理論根據：

　　　　形色，天性也；惟聖人然後可以踐形。（〈盡心〉）

　　　　君子所性，仁義禮智根於心；其生色也睟然，見於面，盎於背，施

　　　　於四體，四體不言而喻。（〈盡心〉）

「形色」是形上天性的具體呈現，毫無隱遁，所謂「誠中形外」，人心的誠偽虛實會自然反映在儀容、態度中，甚至流露於整個動作周旋之間。「四體不言而喻」正說明了「肢體語言就是最奧秘的德行」。準此，孟子從人的行為是否真誠無偽來評量。狂者，雖不得中行，但真情指數很高。最沒品的莫過於閱歷豐富、玲瓏八面卻虛偽做作的「鄉愿」了！此孟子曰：

　　　　閹然媚於世也者，是鄉原也。（〈盡心〉）

　　荀子、墨子雖重視言辯和人格的關係，不過依他們對人格的評比、人才的選取，顯然更重視具體實踐的行為表現：

　　　　口能言之，身能行之，國寶也。口不能言，身能行之，國器也。口

　　　　能言之，身不能行，國用也。口言善，身行惡，國妖也。治國者敬

　　　　其寶，愛其器，任其用，除其妖。（〈大略〉）

荀子視言行合一的人是值得尊敬的國寶級人才；口訥於言而能身體力行的人是可愛的國器；口雖善言而身體不能力行的人，是能為國用之人；口能善言、行為卻惡者，則是當除之而後快的國之妖孽。可見其對行為觀察的重視。再由他所提的用人、取人之道來看，其中的「行義動靜，度之以禮；知慮取捨，稽之以成；日月積久，校之以功」也是以具體的行為舉止觀人。

　　　　取人之道，參之以禮；用人之法，禁之以等。行義動靜，度之以禮；

　　　　知慮取捨，稽之以成；日月積久，校之以功，故卑不得以臨尊，輕

不得以縣重，愚不得以謀知，是以萬舉而不過也。故校之以禮，而
觀其能安敬也；與之舉措遷移，而觀其能應變也；與之安燕，而觀
其能無流慆也；接之以聲色、權利、忿怒、患險，而觀其能無離守
也。彼誠有之者，與誠無之者，若白黑然，可詘邪哉！（〈君道〉）

是以〈哀公〉篇提及魯哀公跟孔子問到選取治國之士，荀子藉孔子的話說：「生
今之世，志古之道；居今之俗，服古之服；舍此而爲非者，不亦鮮乎！」（〈哀
公〉）此段文字中的「服古之服」，並非指說一定要穿著古服，而是指志於古
道的行爲模式，言下之意，能不惑於流俗之見，而以古人的志行自處的人應
當可以選取。用此觀之，荀子的觀人標準離不開「行爲模式」這一項。

墨子察賢、薦賢、任賢的考核方式也在「聽言」之餘，要進一步觀察行
爲以瞭解能力是否適任，眞正的士不由學問判斷，而由德行決定：

聖人聽其言，迹其行，察其所能，而愼予官，此謂事能。（〈尚賢中〉）

士雖有學，而行爲本焉。（〈親士〉）

而且當時的儒者公孟子穿著儒服來見墨子，並說到君子一定要「古言古
服然後仁」時，墨子的回答是：商紂的卿士費仲、關士是天下暴人的代表，
箕子、微子、周公是天下聖人的代表。他們雖然說同樣的語言，但人格「一
仁一暴」，可見人格的高下、聖暴、仁不仁，不由言語、服飾來認定，而依具
體行爲的實踐來論定：

昔者，商王紂，卿士費仲，爲天下之暴人，箕子、微子爲天下之聖
人，此同言而或仁不仁也。周公旦爲天下之聖人，關叔爲天下之暴
人，此同服或仁或不仁。然則不在古服與古言矣。（〈公孟〉）

在行爲的考核上，墨子特別注重行爲的動機和效果，因此當魯國的國君爲了
立王儲，不知兩個兒子中哪個比較合適而請教墨子時，墨子的回答是：

吾願主君之合其志功而觀焉。（〈魯問〉）

「志」是行事的動機，「功」是行爲的功效。墨子之意是希望魯君把兩個兒子
的「行爲動機」和「行爲的功效」合起來一起觀察，再來決定何者適合當王
儲人選。於此可見墨子對行爲觀察的重視。

至於反對「以言知人」的《老子》、《莊子》、《韓非子》則是有志一同的
主張藉助行爲實踐的程度判斷人格的等第。

《老子》曾以第一人稱的口吻道出他對「道之不行」的慨嘆：「吾言甚易
知，甚易行。天下莫能知，莫能行。」（七十章）《老子》所謂的「道」不是

用來言詮表義的概念，而是照察、體會、實踐的生命內涵。因此《老子‧四十一章》明白的指出他品評人物的標準在具體的行爲實踐上，並依實踐的程度分成上士、中士、下士三等：

> 上士聞道，勤而行之；中士聞道，若存若亡；下士聞道，大笑之。
> 不笑不足以爲道。（四一章）

《莊子‧列禦寇》提出「九徵」的觀人方法：

> 遠使之而觀其忠，近使之而觀其敬，煩使之而觀其能，猝然問之而觀其智；急與之期而觀其信，委之以財而觀其仁；告之以急而觀其節，醉之以酒而觀其則；雜之以處而觀其色。

「遠使之」、「近使之」、「煩使之」、「猝然問之」、「急與之期」、「委之以財」、「急與之期」、「告之以急」、「醉之以酒」、「雜之以處」這九種方法都是給對方一個行動、任務，觀察其行爲舉止以窺探出對方的忠、敬、能、智、信、仁、節、則、色等等內涵。故《莊子》也是依照不同的行道層次來分判人格的高下，此如〈大宗師〉的女偊因能「聞道」復能「守道」所以臻於「與天爲徒」的眞人境界。

《韓非子》：「明主聽其言必責其用，觀其行必求其功。」（〈六反〉）明確指出用行爲實踐的現實功效察核人才的觀點。所以〈顯學篇〉以劍的利鈍、馬的駑良爲喻，說明只有讓劍在水中「擊鵠雁」在陸地「斷駒馬」才是利劍；讓馬套上車輛拉著車奔馳看看是否能跑到終點方能斷出是良馬。同理，唯有經過實地長期的行爲觀察、考核，方可判定人才的賢愚利鈍。

綜合上述，先秦諸子共同的觀人方式就是「觀行」，其中孔子、孟子、荀子、墨子還配合「知言」和「聽言」的方法；《老子》、《莊子》、《韓非子》三者則強調「觀行」以知人。不過這七位諸子觀察的角度和內涵不盡相同，大抵觀之，孔、孟、荀側重在道德的人格的觀察；《老子》、《莊子》所要瞭解的人格內涵著重心靈涵養的部分，墨子、《韓非子》則偏向才能賢愚的考察上。

第三節　結　語

如前文述論，荀子的「非相」，顯然是爲了對抗當時流行的「相術」傳統，以避免錯誤的類比和由果推因的「皮相」之見所帶來的弊病。而先秦諸子所提出來的「觀人」之道和時俗崇尚的「相人」之術相異其趣，尤其是在目的

上完全不同，這其實反映出先秦時期世俗傳統和學者傳統在價值觀、人生態度甚至是對人性的不同的觀點。

概括言之，當時世俗之見以趨利避害為念，將價值物量化，關心的是人生中的吉凶、禍福、順逆、壽夭，而且相信「死生有命、富貴在天」，所以相信一切天命注定，人可貌相。反觀先秦諸子，孔子「人能弘道」的人本精神，孟子、荀子、墨子都力言人禽之辨，將人置諸於物之上，突出人在宇宙中萬物的主體地位。而面對人生，不管是孔子的「知命」、孟子的「正命」「立命」（〈盡心〉）、荀子的「制天命」（〈天論〉）、《老子》的「死而不亡謂之壽」（〈三三章〉）、《莊子》的「知其不可奈何而安之若命」（〈人間世〉）、乃至《墨子》的「非命」（〈非命〉）、《韓非子》「謹脩所事，待命於天」（〈揚摧〉）等人生態度雖有不同，卻無不強調人的能動性，這明白與代表流俗文化的「命定」之說相對而立，準此以觀的「人格」當然不由天定，相人術自然不是他們關懷的重點。甚至對於當時膚淺的皮相之見動搖、混淆了人應盡的本分和為人之道，紛紛站出來表明「非相」立場。這套「非相」的系統後來還滲融到世俗的相術傳統，發展出所謂的「聖人不相」之說，亦即一旦相形失靈，就察於心跡，這樣看來，似乎給「相術」挖了防空洞，〔註 22〕使後來的相術家們有空子可鑽，因為只要相不準就可以搬出「聖人不相」的道理來自圓其說，其實從另一個角度，也正反映出相術的大漏洞，不能令人取憑迷信。

不過，先秦諸子通過「知言」、「觀行」以檢核人格的方式，如果用西方人格心理學的觀點來看，既不經過實驗，也不用量表，更沒有客觀的數據，哪有效度和信度可言？具有西方心理學背景的人可能會這樣問。在此，先秦諸子雖然不能復起？吾人尋繹諸子相關文本，可以推出下列的答案。

孔子應言之曰：

　予欲無言……天何言哉！四時行焉，百物生焉；天何言哉？（〈陽貨〉）

孟子可能會說：

　我知言，我善養吾浩然正氣。（〈公孫丑〉）

莊子也許這麼回答：

　有真人而後有真知（〈大宗師〉）

換言之，這一套方法的信度、效度決定於觀人者、批評者的智慧和修養實踐

〔註22〕此說乃蕭艾之見，參見氏著之《中國古代相術研究與批判》（湖南：岳麓，1996），頁 44。

的功力，因此如果人的識見不夠宏闊，踐行的功力不夠深厚，就無法看到人的真相，這如同〈秋水〉篇北海若所說的一樣：

> 井蠅不可以語於海者，拘於虛也；夏蟲不可以語於冰者，篤於時也；
> 曲士不可以語於道者，束於教也。今爾出於崖涘，觀於大海，乃知
> 爾醜，爾將可與語大理矣。

此所以孔子雖稱自己的言行是毫無保留、隱晦的：

> 吾無隱乎爾！吾無行而不與二三子者，是丘也。〈述而〉）

然而當時，能契應孔子之道的人恐怕只有顏回吧！無怪乎夫子要感慨說：「莫我知也夫！」（〈憲問〉）。而從顏回對孔子的讚嘆：「仰之彌高，鑽之彌堅，瞻之在前，忽焉在後！」（〈子罕〉）也大抵知道顏回對老師的瞭解是隨著自己道德實踐的體驗而起落。荀子也提到聖人的睿智如「深井之泉」，知識短淺的人「不可與及聖人之言」（〈榮辱〉）也是這樣的意思。

如果是《老子》，他乾脆告訴你：

> 修之於身，其德乃真；修之於家，其德乃餘；修之於鄉，其德乃長；
> 修之於邦，其德乃豐；修之於天下，其德乃普。故以身觀身，以家
> 觀家，以鄉觀鄉，以邦觀邦，以天下觀天下。吾何以知天下然哉？
> 以此。

心靈的修養培蓄出一種洞悉人心、透達世事的能力，有如水漲船高一般，當你學養愈深厚、心靈境界越高深時，你就更能接近人的真相。

先秦諸子這樣經由具體的直覺所體察出來的方法，雖沒有西方傳統心理學從自然科學方法借鑑來的「定量研究」所觀察、測量、控制等方法分析歸納的精準數據，卻具有歸納分析無法提供的實感和人味。事實上，誠如第二章所述，西方心理學肇始之初，心理學家們便將科學的典範運用在人的心理研究領域上，孜孜於內在經驗的量化，充其量只能看到人可見可量化的部分，但人性的內涵複雜多元，人格的發展瞬息萬變，尤其是最深刻最豐富的部分根本無法測量，近代有名的物理學家大衛‧玻姆（David Bohm，1917～1992）即說：「不可限量的境界才是所有現實最根本且絕對性的根源……，可衡量的，只能算是次等且相對性的層面。」〔註 23〕因此一味的量化未必是深入人格內情的最佳途徑。舉例來說，西方心理學通常用五種級數：「很不喜歡、不

〔註23〕轉引自李安德著、若水譯《超個人心理學——心理學的新典範》（台北：桂冠，
1998），頁 78。

喜歡、無所謂、喜歡、很喜歡」等五級來衡量人的興趣、需要、偏好、價值觀、感受等等，然而如果我們衡量的是「愛」的話，究實言之，每個人表達對愛的感受強度不同，若不同的受試者都選4，是否意味他們的愛是等量的？再者，人的心理紛紜複雜，是否能正確無誤的表達出心中的感受？〔註24〕也是值得懷疑的。因此晚近西方心理學界已經漸漸脫離訴諸科學典範的泛科學化信仰，而開始導入不合科學的東方智慧。也就是承認人的內心世界有部分是無法通過數量檢測分析出來的，而接受所謂的直觀智慧。

　　本章所論的先秦諸子觀人之道，讓我們發現科學典範以外更接近人的事實和真相的研究路徑。而經由這樣的觀人方法所看到的人格層面，有屬於才性或德性和心靈的部分。且先秦諸子對人格的分判，除了現實人格的描寫外，也有理想人格的寄託。走入他們所構畫的人格世界，彷彿走進歷史的鏡廳，讓我們看到上自君王將相下至平民百姓的人物畫卷，同時也照見了自己的過去和未來。下面幾章我們將整合先秦諸子所看到的人格類型，探尋其內涵，並做共時性、歷時性的比較分析。進而較論其與西方人格心理學的不同與可以會通之處。

〔註24〕參見李安德前揭書，同註23，頁78～9。

第四章　按道德實踐區分的人格類型

　　孔子雖非戰國諸子之一，卻是戰國諸子歸宗折衷或相對立說的對象。先秦諸子中，孟子生當戰國中期，上距孔子之卒一百餘年，荀子生當戰國後期，二者與孔子時代遙隔，相繼在滔滔亂世中，俱以孔子後學自居，尊孔子爲師，並傳述孔子學說於後學弟子，使儒家思想蔚爲先秦時期的顯學。然而，緣於身處的歷史環境或因性格的不同，兩者的淵源雖一致，二者所遙承的孔學端緒卻各有所重，思想遂有不同，形成繼孔子之後儒家的兩大分流支脈。以下先由孔子說起。

　　孔子爲殷商之後，生在保存周禮、周文最爲完整的國家——魯國，〔註1〕劉向《說苑‧政理》即說：「魯有王者跡，仁厚也」。孔子爲貴族之後，本對上層文化有相應的瞭解，加之從小生長在禮樂文明淳厚的國度，更因曾爲「禮生」，少時即習禮。因此，孔子面對粲然周備的「周文」日益崩壞，導致價值體制日漸瓦解，及君臣之間彼此侵權等種種社會的亂象，不是一刀切斷的否定周文，而是一本「述而不作」的態度，批判的繼承。故而點出「仁」來活轉「禮」的生機，好讓過去的禮文傳統萬古常新、不斷湧現新義。在《論語》中我們看到他亟思「郁郁周文」，以承繼周文自任並自謂「斯文在茲」的使命感。簡言之，文化危機激發孔子的時代問題感，如何化解文化危機，恢復周文，重建禮樂文明，是孔子關懷的重心。孔子就在「禮樂崩壞」的時代機緣

〔註1〕西周武王時，周公旦封於魯，是爲魯公。但是周公旦沒有到魯國去，仍留在武王身邊，幫助武王治政。周公死後，子伯禽才去魯國。他「變其俗，革其禮」的作法與齊國不同。伯禽恪守他父親制訂的「周禮」，也因成王爲襃揚周公之德，給了魯國特別優待，准許這個侯國擁有天子之樂。因而魯國保有最完整的了禮制，成爲周文化在東方最重要的據點。參見徐師漢昌《先秦諸子》（台北：臺灣書店，1997），頁43～4。

下，以「志於道、據於德、依於仁、遊於藝」（〈述而〉）的「道德」實踐，樹立出「仁智合一」的人格型範，並開出仁智雙彰、仁禮並重和內聖外王的義理規模。自此中國邁向「以人爲本」的文化新紀元，而對人的看法也著重在「德行」的修養上，如其門下弟子德行、言語、政事、文學四科（〈先進〉）中，即以德行爲首。

孟子，依司馬遷的說法，生當「天下方務於合縱連橫，以攻伐爲賢」的時代（《史記‧孟荀列傳》），各國諸侯完全解脫周禮的束縛，改採更現實的法治圖強並先後實施變法運動，教育也由「以禮爲教」轉爲「以法爲教」。此如魏國、〔註2〕趙國、〔註3〕尤其秦國實行得更徹底。〔註4〕其次，諸子思想蜂湧並至，儒學遇到空前的挑戰，孟子爲了維護儒家立場，以其「泰山巖巖」之勢，力闢邪說並由孔子的仁教進一步分解與開展出性善論，挺立道德主體、開闢價值根源；再由人心善性推恩擴充到外在，開出仁政王道的政治文化論。期待政治能藉由道德的引導正本清源。故面對當時富國強兵的霸道現實，孟子仍秉持方嚴不苟的儒學立場極言「唐虞三代之德」，和當時崇尚霸道的君王全然不對味（見《史記‧孟荀列傳》）。而當時的時君世主對孟子也始終是「只尊不親」。

荀子約後於孟子五十年，正值社會變化劇烈的戰國後半期。當時的社會充滿物欲追求、急功近利的氣息，崇尚的是物力物量的工具價值。據《漢書‧貨殖傳序》載：「及周室衰，禮法墮，諸侯刻桷丹楹，大夫山節藻梲；八佾舞於庭，雍徹於堂。……至乎桓、文之後，禮儀大壞，上下相冒，國異政，家殊俗，耆欲不制，僭差亡極。」可見荀子生存的社會，比孟子的時代，變動更劇烈。諸侯各國侵伐兼併，禮法僭越，尚權謀棄仁義，重富強輕道德，西周的政教對列國已經完全失去了控制。〔註5〕

〔註2〕 戰國初魏文侯即位，任李悝爲相。李悝是戰國法家的始祖，懂得「崇法尚武」之教。強調「富國強兵」之術，按照「食有勞而祿有功」和「使有能而賞必行」的原則治理國家（《說苑‧政理》）。

〔註3〕 趙武靈王，爲了加強對夷狄作戰力量，進行軍隊改革，公開提出建立「胡服騎射」的部隊裝備。要求太傅周紹根據「崇法尚武」教育太子，也得身穿胡服，認爲「法古之學，不足以制今」。（事見《戰國策‧趙策》）。

〔註4〕 公元前316年，秦孝公爲了改變戎狄之邦的形象，下令徵召賢能之士。法家公孫鞅應募從魏入秦。本用孔子儒術，未果，改而鼓吹法家學說。主張「貴法」，強調「法必明，令必行」（《商君書‧畫策》），提倡以法爲教，主張以暴力手段達到治國安邦的目的。

〔註5〕 參見顧炎武《日知錄‧周末風俗》。

　　荀子生於趙國，平生主要的活動卻在齊國的稷下學宮。所傳承和發揚的是流行於齊一帶的儒學。而齊國較強調「尊賢尚功」（《呂氏春秋·長見》），和魯國尊周崇禮「親親上恩」的學風自有不同，〔註6〕此劉向在《說苑·政理》中即說：「齊有霸跡者，武政（教）也」。且稷下學宮是齊國的最高學府，目的在培養政治人才，荀子關懷的重心自然離不開政治的實際運作和效益的問題。以是，他不像孟子那般嚴別義利和尊王絀霸。這可從他們兩人對待君王和當政者的態度來印證瞭解。比較起來，孟子面對當權者，氣勢較凌厲、不妥協。此其有「說大人則藐之」（〈告子〉）「不與王驩言」的高姿態；而荀子入秦時面對應侯范雎問他「入秦何見」時，荀子先客套的就秦國的「自然環境與資源」、「百姓」、「政治」加以褒美一番（〈彊國〉），再由此嶄關而入，進一步推銷儒家王道理想。〔註7〕態度上顯得質樸、恭敬而不失立場，如此尊重卻堅持的態度，無怪乎荀子獲得學宮中「三爲祭酒」的學術地位，甚且贏得「至齊襄王時，孫卿最爲老師」〔註8〕的禮遇。

　　由於時代環境、學風薰染和際遇不同的影響，荀子所繼承的儒學和孟子雖然有別。不過二者都基於儒者的本懷，思索反省的重心仍不離孔子以生命爲主體和人文化成的理念，並將道德實踐的精神貫注在社會每個階層中和不同的倫理分位上。因此綜觀代表孔、孟、荀三儒的原典，反映出來的人格類型都以道德實踐爲依歸，其中有從個人道德實踐來論人格的類型，也有剋就政治人物的道德實踐分判人格層次。荀子還特別針對「儒」者的道德實踐爲他們定出格調高下。以下分從個別和特殊身分兩節論述探討。

第一節　對個別人士道德修養的人格類型

　　先秦三儒都有聖人、仁人、君子、士、小人這五種類型，論者或以前四者、〔註9〕或視「君子」做爲理想人格的典型，〔註10〕然此中仍需辨明其層次。

〔註6〕周朝開國後，封太公於齊，太公治齊的方式與魯公伯禽不同，《史記·魯世家》稱太公：「因其俗，簡其禮。通商工之業，便漁鹽之利。」。

〔註7〕關於荀子和范雎的對話所反映出來的荀子思想觀點，可參看鮑師國順〈荀子與儒效〉一文的疏解，第三屆傳統文化與現代社會學術研討會論文，1998.11.29，頁 1～16。

〔註8〕參見劉向《孫卿新書·敍錄》。

〔註9〕參見朱嵐〈君子、仁人、聖人〉《孔孟月刊》第三十五卷第八期，1997），頁19～24。

細觀諸儒的文本，聖人、仁人是每位活著的人永恆追尋的方向，人們只能不斷的趨近、奔赴，唯有走入歷史、蓋棺之後才能論定是否可以稱聖、成仁，故本文以聖人、仁人是完美的人格典型；君子則是人們一生追求的目標，是成德的象徵；至於士是入德者的代表；小人停留在現實形軀生命的層次，是缺德者的代名詞；另外孔子、孟子以「鄉愿」做為亂德的元兇；荀子以「姦人」為亂德之源。以上係為三位儒者所共有的人格層次，大體上相去不大，但由於彼此所強調的道德內涵和體道入路不同，即使類型名稱一樣，意謂的人格特質和境界也不一致。

其他尚有諸多名稱不同的人格類型，有些是異名同實，有些則呈顯思想家獨出機杼的部分。尤其是荀子，可說是先秦儒家中對人格分類著墨最多、概念最清晰的一位。侯外廬等著之《中國思想通史》就曾舉出荀子的分類七例：1、君子小人之分類；2、士之分類；3、勇之分類；4、名辯之分類；5、奸之分類；6、儒之分類；7、蔽之分類。〔註11〕這七類中大多是針對人格做分類。比起孔子、孟子，荀子的分類更細，更多元。如《荀子‧哀公》借孔子之言將人分成庸人、士、君子、賢人和大聖五等，並說明他們的人格特質，從中可知荀子在個人品行分類中還有庸人一型，既非成德、入德者，亦非缺德、亂德者，可稱之為「無德者」。是乃荀子異乎孔孟之處。

一、道德修養的極致者──聖人、仁人

（一）聖　人

「聖」甲骨文作**🜨**或**🜨**，从**🜨**从**🜨**，依《甲骨文字典》：「从耳从口，既言聽覺功能之精通，又謂其效果之明確，故其引申義訓通，訓明、訓賢乃至以精通為聖。」《說文解字》：「聖，通也，從耳呈聲。」應劭《風俗通》：「聖者，聲也，通也。言其聞聲知情，通於天地，條暢萬物也。」由此可知，聖有精通之義，「聖人」就是精通之人。一般指的是才能上的精通者。中國人的認知系統中，各個領域中的傑出人物都可以冠上「聖」的稱號，如後世人們

〔註10〕　參見蔡方鹿〈儒學傳統理想人格和價值取向及其現代意義〉《鵝湖月刊》第十九卷第十一期，1994），頁36～8。

〔註11〕　侯外廬說：此七例之分類，均是以邏輯之方法做倫理政治之分類，其概念、範疇、內容均為道德與政治之論說，而非邏輯學之推衍。(第一卷，人民，1957，頁561～2。

也把某門科學、技術、藝術領域的奠基者、創造者尊為「聖人」，如尊醫學家張仲景為「醫聖」，史學家司馬遷為「史聖」、精通茶道的陸羽為「茶聖」、書法家王羲之為「書聖」，畫家吳道子為「畫聖」，草書家張旭為「草聖」，詩人杜甫為「詩聖」等等。依此推類，當然也可以指德性精通者。不過五經中《詩經》、《尚書》中有不少「聖」字，指的都是：聰明能力強，尚無崇高無比之意。如《尚書‧洪範》：「睿作聖」。據朱義祿的考察：聖人神聖莫測，崇高無比的觀念起始於孔子。〔註12〕

1、孔子的「聖人」

在《論語》中，「聖」凡八見，「仁」出現有二百零六次，當聖、仁合稱時，指的是理想的人格境界。孔子曾揭示出其人格的梯階是：聖人、君子、善人和有恆者。不過孔子雖然標榜仁，以「仁」為首出之德，卻不認為「仁」是道德境界的極致，而將「博施濟眾」的「聖」看作更高的人格境界。故當子貢問起：「博施濟眾」算不算是「仁」者的表現時，孔子答曰：「何事於仁？必也聖乎！」並明白表示：「堯舜其猶病諸！」（〈雍也〉）聖人的境界連堯舜尚恐無法企及呢！故孔子說：「聖人，吾不得而見之矣；得見君子者，斯可矣。」（〈述而〉）至於當時已有人稱許他為「聖」，孔子敬謝不敏：「若聖與仁，則吾豈敢？」（〈述而〉）依此，有道德操守的君子是成德的目標，聖人則是君子永恆追尋的理想。

關於「聖人」的特質，孔子著墨不多，不過由他聽聞子貢和大宰對話後的反應看來，孔子顯然不認同時人偏於「才性」說「聖」的意義。故孔子心目中的「聖人」非由才情命定，而是經由具體生活躬親實踐証悟而來：

> 太宰問於子貢曰：「夫子聖者與？何其多能也？」子貢曰：「固天縱之將聖，又多能也。」子聞之曰：「大宰知我乎！吾少也賤，故多能鄙事。君子多乎哉？不多也！」（〈子罕〉）

而由〈雍也〉篇，孔子對子貢的回答，也可以知道「博施於民而能濟眾」者能超越「仁」達到「聖」的人格理想，〔註13〕準是以觀，聖人應有博施的仁愛內聖之德和濟眾的外王事功，不僅有內在的品德還要有安民、安天下的功

〔註12〕參見朱義祿《從聖賢人格到全面發展——中國理想人格探討》（陝西：人民，1992），頁26。

〔註13〕參見朱嵐〈君子、仁人、聖人〉《孔孟月刊》第三十五卷第八期，1997），頁22。

業，是內聖與外王合一的「德業兼備」者。惟孔子並未賦予「聖人」一個清晰的人格圖像，也未曾稱揚任何人爲「聖」。〔註14〕

　　雖然孔子未賦予聖人清晰的圖像，但自孔子後，「聖人」成爲富於理想象徵意義的文化代碼，對社會發展的方向起著有效的規範作用。〔註15〕繼孔子之後的兩位儒學大家，也都以「聖人」爲最高理想人格的境界和典範，此孟子說：「聖人，人倫之至也」（〈離婁〉），荀子也說聖人是「人道的極致」（〈禮論〉），兩人都對聖人有清晰的勾勒。下文分別說明。

　　2、孟子的「聖人」

　　《孟子》一書，「聖」字凡四十七見，聖人二十九見，孟子對聖人的描寫是「仁智合一」的型態。如孟子借子貢之言稱揚其私淑的老師孔子是：「學不厭，智也；教不倦，仁也；仁且智，夫子既聖也」（〈公孫丑〉）。孟子從孔子傳道施教的態度肯定孔子不斷自我學習的智慧和有仁愛普教無類的教育精神。孟子並說聖人所以優入聖域，乃因其能秉生命的至誠精思力踐。此孟子曰：「形色，天性也，唯聖人然後可以踐形」（〈盡心〉），通過人的形色肉身，將上天所與的善性四端充盡的實踐並發揮出來，是其所謂的「盡心知性知天」「存心養性以事天」（〈盡心〉）。而且這樣的聖人境界是通向每一個人的。依孟子，人人善性本具，每個人都可以存養自己本然的善端心性而到達聖境，此孟子曰：「聖人與我同類者」（〈告子〉），聖人與一般人的人性起點和潛能無異，所不同者，乃聖人能「先得我心之所同然耳」（同上），也就是說聖人在「內聖」的工夫上是個「先覺者」（同上），其能「擴充四端」以致「仁極仁、義極義、禮極禮、智極智」的境地，進而「推恩」以保四海（〈梁惠王〉）。

　　承上述，孟子的聖人實包含主體的道德實踐和客觀的社會實踐，即〈盡心上〉所說的：「正己而物正」。孟子曾評騭四種事君之人，其中最下等的是「悅君容的佞臣」——侍奉君主並討人主喜歡的人；最上等的是「大人」——「有大人者，正己而物正者也。」（同上）。此處的「大人」，是指「在位」的「聖人」，〔註16〕即當聖人端正自己時，他人他物也因而隨之端正。可見聖人注重自身主體的修養，其德高行優進而能影響週遭的人事物，使他們也變

〔註14〕孔子對於三代的堯、舜、禹給予了近理想化的評價。見〈堯曰〉、〈泰伯〉、〈衛靈公〉、〈八佾〉、〈述而〉等篇章。然從未說他們是「聖人」。

〔註15〕韓德民《荀子與儒家的社會理想》（齊魯書社，2001），頁330。

〔註16〕參見郭齊勇〈孔孟儒學的人格境界論〉，網路文章。網址：www.confucius2000.com/confucius/kmrxdrgjjl.htm。

得美好。總之，孟子所謂的理想人格包括「正己」——修身，主體的道德實踐，和「物正」——治世，客觀道德實踐兩方面。由個體的修養求道德的自我完善進而經世致用以化成天下。

這樣所揭示的理想人格並非包山納海的虛說玄思，而是落實在生活世界中具體的實踐出來，實踐重心乃放在人倫分位上。孟子有言：「規矩，方圓之至也，聖人，人倫之至也」（〈離婁〉），認為聖人能成為人上人，是能在人我關係上敦倫盡分，足為世人奉為圭臬、楷模者。又說：「欲為君，盡君道，欲為臣，盡臣道」（同上）。此言並非意謂聖人一定要有政治地位，而是舉一、二兩倫以概括其餘的倫理關係而已，此所以孟子有「禹稷顏回同道，易地而皆然」（〈離婁〉）的說法。亦即每個聖人的行止或許不同，「或遠或近，或去或不去」，本質則一——「歸潔其身而已矣」（〈萬章〉）。故若有「行一不義，殺一不辜，而得天下」，「皆不為也」（〈公孫丑〉）。一旦得天下，必「以天下自任」（〈萬章〉）且「以仁覆天下」（〈離婁〉）「使有菽粟如水火。」（〈盡心〉），「思天下之民，匹夫匹婦，有不被堯舜之澤者，若己推而內之溝中」（〈萬章〉）。質言之，不管是否得位，都不礙人可以成聖，所以「必仕為義」的伊尹；「不恥下仕」的柳下惠或「以不仕為義」的伯夷；或「可以為仕，可以不仕」的孔子，在孟子看來都是聖人之倫。

對於聖人的境界，孟子有番稱述：

> 充實之謂美，充實而有光輝之謂大，大而化之之謂聖，聖而不可知
> 謂之神。（〈盡心〉）

聖人不僅能將人人本有的四端之心，良知良能加以存養充擴，使德充於內，光華形於外，且能將這樣的德性光輝溫潤他人，澈照萬物，而讓天地萬物得到感化，自然循善，這就是中庸上所謂的「天地位，萬物育」，即聖人以道德心點化宇宙自然秩序，使天地萬物在其參贊下，各得其安，各得其位育。其生命已臻乎「萬物並育而不害，道並行而不悖」，無物不化的化境了！故孟子在「大而化之」之後又說：「聖而不可知謂之神」，此看似「聖人」之上更有「神人」一格，實際上，孟子是要強調聖人「正己而物正」的神妙不測之境。朱子注於此引程子之言加以申明：「聖不可知，謂聖之至妙，人所不能測。非聖人之上，又有一等神人也。」而孟子自己也曾以「過化存神」形容聖人德化無形的力量：

> 君子所過者化，所存者神，上下與天地同流。（〈盡心〉）

此處的「君子」，依朱注，乃「聖人之通稱也」。孟子從天人合一的角度闡釋聖人的人格美和「物正」的作用，凡聖人經過的地方，人們自然受到他人格的感召；所停留的地方，其精神感化的力量，更加神妙莫測而能與天地同時運行。〔註17〕

孔子對聖人並未提出具體的輪廓，孟子是第一個對聖人做畫像的儒者，孟子筆下的聖人有四型：像禹一般的開物成務型，堯舜、伊尹一樣的聖君賢相型、孔子的傳道佈教型，〔註18〕和伯夷、柳下惠的特立獨行型。孟子尤其表彰伯夷、伊尹、柳下惠、孔子等四聖，其說具載於〈公孫丑〉、〈萬章〉、〈盡心〉三篇中。

伯夷「目不視惡色，耳不聽惡聲」，是位潔身自好的人，生在紂王之時，不屑做暴君的臣子。所以居於北海濱，等待有朝一日，明君在世。面對混亂的時局，黑暗的現實，他寧願選擇堅持理想而不辱身降志來委屈求全。其生命如一道清流而其人可風，能教慕榮求祿，追名逐利的頑夫、儒者相形見「濁」而有所立志。所以孟子說他是「聖之清者」（〈公孫丑〉）。其清高的形象足為百世師，故曰：「聞伯夷之風者，頑夫廉，儒夫有立志。」（〈盡心〉）

柳下惠「不羞汙君，不卑小官；進不隱賢，必以其道，遺佚而不怨，阨窮而不憫」（〈公孫丑〉），他以其絕對的自信，與世俯仰相諧，不論聖君，污君，都能奉獻己力，即使見棄遺佚，阨窮困頓也無怨無悔。故曰：「爾為爾，我為我；雖袒裼裸裎於我側，爾焉能浼我哉！」（同上）他曾在魯國當小官，並三度受黜，但他不惡居下流，隨和而不失卻自己，是「和而不流」者，其「油油然與之偕而不自失焉」，走的是「降志而不枉己，辱身而不污己」（同上）的路，所以孟子稱其為「聖之和者」。並說他的人格風範亦能垂教百世，且將激勵鄙薄之人變得寬闊敦厚：「聞柳下惠之風者，鄙夫寬，薄夫敦。」（〈萬章〉）

伊尹以先覺者自居，以天下治亂興亡為己任，其心繫社會百姓的福利，若有「匹夫匹婦不被堯舜之澤」，彷彿自己也被推納諸溝中。他承擔自任若此，所以不放棄可以在政治上出仕的機會，蓋當時惟有藉諸外王事業的開發，道德意識才能濟及萬民，所以其「治亦進，亂亦進」，這是以「必仕為義」，不

〔註17〕 參見張德文〈孟子論人格美及其塑造〉《孔孟月刊》32：10，頁11～2。
〔註18〕 程潮曾將儒家理想人格分為開物成務、聖君賢相、傳道佈教三種發展模式，正好能幫助說明孟子的聖人典範人物的型態，故借用之。參見〈儒家理想人格的三種發展模式〉《孔孟月刊》三十八卷第十二期，2000，頁7。

是名利薰心；是責任的驅使，而非權力戀棧。故孟子稱伊尹爲「聖之任者」。

以上提到的三個聖人典型，是就出處進退的處世態度來論，大抵處世離不開上述所說的「任」、「清」、「和」三個態度，凡能達到理想的境界都算是聖。伯夷是爲了堅持理想，以不仕爲義，隱居遁世；柳下惠是同流而不合污，不恥下仕；伊尹爲了承擔現實，以必仕爲義，三人各自依其氣質材性發揮而成「聖」，但也各有其格局，故孟子曾說伯夷顯得拘隘，柳下惠又不夠嚴肅：「伯夷隘、柳下惠不恭」（〈公孫丑〉）。言下之意二者之聖尚未臻乎圓至之境。至於孔子，一人能兼備三者，隨處因時制宜，〔註 19〕既能堅持理想，又能承擔現實，「可以仕則仕」「可以速則速」「可以久則久」，既不偏於「必仕」也不執於「不仕」，其「無可無不可」，履道坦坦，自由無礙，所以孟子說他是「聖之時者」。

3、荀子的「聖人」

聖人、君子、士三等是荀子常用來劃分人格等第的方式。其中「聖人」是可與天地並的人道之極，乃荀子人格等第中的極致；也是爲學的最高目標和理想人格的典型。故曰：

> 天者，高之極也；地者，下之極也；無窮者，廣之極也；聖人者，
> 人道之極也。故學者，固學爲聖人也，非特學無方之民也。（〈禮論〉）

> 上爲聖人，下爲士、君子，孰禁我哉？（〈儒效〉）。

《荀子》一書中，「聖」字一百五十六見，和孔、孟兩位儒家前賢一樣，荀子將聖界定在「仁智之極」。此其曰：「血氣和平，志意廣大，行義塞於天地之間，仁智之極也」（〈君道〉）。這樣的理想人格型態有待後天的修養工夫。荀子用「積」、「隆」、「積僞」、「積靡」或「化性起僞」、「積善成德」來表示：學的工夫不同，人格境界跟著不同。荀子以智成德的實踐路數由此可見。

> 匹夫隆之則爲聖人。（〈賦篇〉）

> 聖人之所以同於眾，其不異於眾者，性也；所以異而過眾者，僞也。
> （〈性惡〉）

> 今使塗之人伏術爲學，專心一志，思索孰察，加日縣久，積善而不息，
> 則通於神明，參於天地矣。故聖人者，人之所積而致矣。（〈性惡〉）

〔註 19〕參見錢穆〈中國文化與中國人〉《歷史與文化論叢》（台北：東大，1979），頁72～3。

故聖人也者，人之所積也。……是非天性也，積靡使然也。(〈儒效〉)

積善而全盡，謂之聖人 (〈儒效〉)

堯禹者，非生而具者也，夫起於變故，成修爲，待盡而後備者也。(〈榮辱〉)

至於「積」、「隆」者爲何？「積善」的內涵是什麼？其「善德」又有哪些特質？一言以蔽之曰：禮義也。荀子很強調禮義和人格的關係，所以說：「聖人審之禮也」(〈君道〉)。詳明聖人的禮義修養已至於「明達用天地，理萬變而不疑」之境 (〈君道〉)。這樣的境界和孟子「由仁義行」、「堯舜，性之也」的盡性之道似乎很像，而「仁義」也是荀子賦予聖人的品質之一，此荀子說：

故仁者，仁此者也；義者，分此者也；節者，死生此者也；忠者，惇慎此者也；兼此而能之備矣；備而不矜，一自善也，謂之聖。(〈榮辱〉)

聖人也者，本仁義，當是非，齊言行，不失豪厘，無他道焉，已乎行之矣 (〈儒效〉)

荀子的聖人雖具「仁義」之德，但荀子所謂的「仁義」常與「禮義」參互言之，且比孟子更重視「禮義」的實踐。李滌生便指出荀子所謂的「仁義」實同於「禮義」。〔註20〕不管是持身修己還是得位安人，聖人無不以「禮」爲準繩：

禮之中焉能思索，謂之能慮，禮之中焉能勿易，謂之能固，能慮能固，加好焉者，斯聖人矣。(〈禮論〉)

始乎爲士，終乎爲聖……始乎誦經終乎讀禮。(〈勸學〉)

以上兩節引文都說明「禮」是人道的最高原則，若能審禮、積禮、隆禮以至於「能慮」、「能固」並「加好之」好禮不倦，即能成爲「方皇周挾，曲得其次序」(〈禮論〉)德行「全而粹者」(〈儒效〉)，並能從容中道，不勉而行，達到「縱其欲，兼其情，而制焉」從心所欲不踰矩的聖人境界。

如前所述，孟子主張聖人具有主客觀道德實踐的才德，其能力足能王天下，故而伯夷、伊尹，柳下惠、孔子諸聖者「以仁心爲天下，得百里之地而君之，皆能朝諸侯，有天下」(〈公孫丑〉)，不過，孟子也指出：有德無位者不礙於成聖，聖人的重心仍在內在德性的修養上。故他說完聖人可以得天下、朝諸候後，馬上又說：「殺一不辜而得天下，不爲也」(同上)。關於聖人的德

〔註20〕參見李滌生《荀子集釋》(台北：臺灣學生，1981)，頁311。

與業，孰本孰末的問題，荀子和孟子看法相同，此荀子曰：

> 無立錐之地，而王國不能與之爭名，在一大夫之位，則一君不能獨
> 畜，一國不能獨畜，成名況乎諸侯，莫不願以爲臣，是聖人之不得
> 埶者也。(〈儒效〉)

不過，比起孟子，荀子顯然更重視聖人的外王事功，所以他花不少的篇幅說明聖人得勢在位時的作爲，如在〈王制〉提及：聖人當以「三德」化民和教民，所謂「三德」者，「和調累解」、「忠信均辨」、「正己而後責人」是也。但他反對爲了行三德、除民患而「以自苦爲極」；或因「尙功用」而取消所有的人文活動洵至於「非樂」；或因主張「大儉約」而簡約到生活起居不飾不美，以至於毫無威儀可言。所以荀子主張聖人要以文化治國：

> 知夫爲人主上者，不美不飾之不足以一民也，不富不厚之不足以管
> 下也，不威不強之不足以禁暴勝悍也。(〈王制〉)

聖人的生活若沒有禮樂文化來飾美、富厚，人民將無法產生向心的作用，也沒有威儀來領導臣下和「禁暴止姦」。在荀子眼中，聖人本身既是「化性起僞」，性僞合一的實踐者，也是禮樂教化刑政的制定和施行者：

> 禮義者，聖人之所生也，人之所學而能，所事而成者也。(〈性惡〉)
>
> 聖人積思慮，習僞故，以生禮義而起法度，然則禮義法度者，是生
> 於聖人之僞，非故生於人之性也。(〈性惡〉)
>
> 故聖人化性而起僞，僞起而生禮義，禮義生而制法度；然則禮義法
> 度者，是聖人之所生也。(〈性惡〉)
>
> 禮義積僞者，是人之性，故聖人能生之也。(〈性惡〉)
>
> 夫聖人之於禮義也，辟則陶埏而生之也。(〈性惡〉)
>
> 然則聖人之於禮義積僞也，亦猶陶埏而爲之也。(〈性惡〉)

用現代的話說，聖人本身深具文化素養，且是創制主導文化的領袖。故聖人若得位天下，他將不和天爭職也不慕求天意，而是善用天地資源治國以利用厚生、福國澤民：

> 聖人清其天君，正其天官，備其天養，順其天政，養其天情，以全
> 其天功。如是，則知其所爲，知其所不爲矣；則天地官而萬物役矣。
>
> 其行曲治，其養曲適，其生不傷，夫是之謂知天。(〈天論〉)

準此，荀子即自然言天，與孔孟二者即道德說天，視天爲具有德性和「形上

理則」意義的觀點殊途，故他所謂的聖人不走「以人合德」天人合一的路數，而走天人分途，天生人成之道。在荀子看來，聖人是人中之極，其深具「明分」（別貴賤）「使群」，以「成萬物」、「養萬民」的才德，故曰：「宇中萬物生人之屬，待聖人然後分也。」（〈禮論〉）「天地生之，聖人成之。」（〈富國〉）天下百姓雖由天地生之，卻有待聖人的裁成治理。而聖人治理天下的方式無他，便是憑著禮義的創制治理天下，在聖人的人文化成下，所有的自然宇宙秩序都化爲道德秩序，宇中萬物、天下百姓，人人得其成、物物得其宜。總之，聖人是國治民享的品質保證，其「修百王之法，若辨白黑」的通禮義之統類，故能「應當時之變，若數一二」、「行禮要節而安之，若生四枝」的行禮自然中節，復能「要時立功之巧，若詔四時」的把握機會建功立業，進而施行「平正和民之善」（〈儒效〉）的德政，使億萬之眾精誠團結。

　　依上述，荀子的聖人可說是將儒家禮樂文化治國的理念發揮得淋漓盡致。此中不無寄寓荀子期待「在位者有德」且「以德化民」、「文化治國」的政治理想。而他所說的「禮樂息滅，聖人隱伏，墨術行」和孟子力闢墨子「利天下」而「無父」的心情是相若的，旨在批駁墨子爲「興民利」而「非樂」、「尚儉」的作法，其實犯了「伐本竭源而使天下焦」的錯誤，頗有譏諷墨子「倒洗澡水，連孩子都給倒掉了」的意味。

　　荀子的聖人除了具備以禮持身的修養和禮義治國的治民事功外，荀子比孟子更強調聖人的知能辯才。荀子嘗言：聖人的睿智如「深井之泉」，知識短淺的人士「不可與及聖人之言」（〈榮辱〉）。荀子曾用「齊明」形容聖人的知慮。「齊」者，智慮敏速，與「明」合成一詞，有「智慮明敏，肆應不窮」之意。此言聖人具備以今知古的推理能力，所以不爲眾惑又能肆應萬方而不窮。蓋因「古今一度」，聖人本著「類不悖，雖久同理」的一貫精神，以今人之心推度古人之心，以今人之情推度古人之情，以同類的條理推度同類的事物；以現代的言論解說去衡量古代的功業，以禮義之道觀盡天下事物之理：「以人度人，以情度情，以類度類，以說度功，以道觀盡」（〈非相〉）。所以不受邪曲不正之說迷亂，不被蕪雜的事物炫惑；此〈性惡〉曰：

　　　　多言則文而類，終日議其所以，言之千舉萬變，其統類一也：是聖
　　　　人之知也。

「明類」是荀子賦予聖人的重要特質：「多言而類，聖人也」（〈大略〉）。「類」指的是禮義之統類。言成文理而合乎統類者爲聖人之辯。聖人能明統類，所

以胸中自有成竹，無須謀慮就能應付各種突發狀況，且犁然有當，秩然成文。亦即具備「不先慮，不早謀，發之而當，成文而類，居錯遷徙，應變不窮」的能力。且其辯才也已臻乎「本分而理」——本於別異定分，而終始條理的最高境界。要言之，聖人不管是知慮或辯才都能通統類、應變自如，也就是「宗原應變」掌握根本，適應變化，而能「曲得其宜」。不過，這樣應變不窮的知慮和辯說能力旨在「得天下正」：「說行則天下正，說不行則白道而冥窮，是聖人之辨說也。」（〈正名〉）因此聖人的知辯更重要的是要用至誠的用心，否則不能感化萬民：「聖人為知矣，不誠則不能化萬民。」（〈不苟〉）

　　總體以觀，荀子的聖人也具有內聖外王的特質。正因其有「至強」、「至辨」、「至明」三至的人格特質，故能治理「至重」、「至大」、「至眾」的天下，是位「備道全美者」全盡於道，無美不備的「盡倫」者，又是「縣天下之權稱」，足以衡量天下的秤錘：

> 天下者，至重也，非至強莫之能任；至大也，非至辨莫之能分；至
> 眾也，非至明莫之能和。此三至者，非聖人莫之能盡。故非聖人莫
> 之能王。聖人備道全美者也，是縣天下之權稱也。（〈正論〉）

　　孟子的聖人是踐形、盡性以企於「大而化之」的化境，偏於仁德意義說聖。荀子的聖人則是「盡禮」，以極於「能慮」、「能固」的操守，具有「三至」的特質，乃由才能事功，智慮明達的意義說，是偏於才智意義說聖。而荀子的「聖人」表現出來的形象則是：在處事態度上「井井有理」；對自己的要求「嚴嚴能敬」；而意志能「分分兮其有終始」堅定不移始終如一；心境上「猒猒兮其能長久也」安詳寬和而能長久；思想則是愉悅自在而能「執道不殆」；智慧是「清明光耀」而有「用知之明」；行為是端正大方而能遵行綱紀；態度安泰從容又文采煥發；神情熙熙樂道人之善；對於別人行不當理時也會感到憂懼悲戚！換言之，就是具有「挾洽盡善」神功和「萬物莫傾」的固理：

> 何謂神？曰：盡善挾洽之謂神，萬物莫足以傾之之謂固，神固之謂
> 聖人。（〈儒效〉）

這等凡事都做到完善周全，而萬物莫之能傾的「神固」完美人格形象，比起孟子「過化存神」的聖人化境更形具體鮮明。

　　和孟子一樣，荀子也認為聖人未必要得勢。聖人不得勢的話，雖「無置錐之地」，而「王公不能與之爭名」。在「一大夫之位，則一君不能獨畜，一國不能獨容，成名況乎諸侯，莫不願以為臣」（〈儒效〉），荀子認為仲尼、子

弓就是典型的例子。聖人一旦得勢，則能「一天下，財萬物，長養人民，兼利天下，通達之屬莫不從服，六說者立息，十二子者遷化」（〈儒效〉），此如舜、禹是也。總之，聖人的可貴不在於坐擁天下的權貴，而是能濟民經世的化育天下。誠如〈君子〉篇所說的：「窮則必有名，達則必有功，仁厚兼覆天下而不閔。」不過，荀子所肯定讚揚的孔子、仲弓雖為未得勢的典型，仍著眼於他們的外在政治水平，而非內在的道德境界。至於得勢的聖人，荀子以「大人」加以形容讚頌，在孟子的「品人」系統中，雖也有以「大人」借代「聖人」，但大都就君子言，其德行次於「聖人」，荀子的「大人」即是聖人，名異實同，故曰：

> 大人哉舜，南面而立萬物備。舜授禹，以天下，尚得推賢不失序。
> 外不避仇，內不阿親，賢者子。（〈成相〉）

大人能「坐于室而見四海，處於今而論久遠。疏觀萬物而知其情，參稽治亂而通其度，經緯天地而材官萬物，制割大理而宇宙裏矣」（〈解蔽〉）。如此居近見遠，處今論古，以小觀大以至於可察治亂之跡，明制度優劣、經天緯地並治理宇宙，荀子用「恢恢廣廣，孰知其極？罦罦廣廣，孰知其德？涫涫紛紛，孰知其形？明參日月，大滿八極」（〈解蔽〉）來形容大人廣大無邊的明察和高深遼闊的德行，其所展現的人格光輝變化無方，直可與日月相比，而莫知其極。

比較而言，孟荀二子都高度稱頌孔子，惟孟子彰顯的是孔子「聖之時者」、「集大成」的聖德，荀子則著眼於孔子「知」、「學」的理性精神。在孔子所謂「知者不惑，仁者不憂，勇者不懼」這三德中，荀子更突出了「知者不惑」之德，及由此化成的安邦濟世之才與人文理想：

> 孔子仁知且不蔽，故學亂術足以為先王者也。一家得周道，舉而用之，
> 不蔽於成積也。故德與周公齊，名與三王竝，此不蔽之福也。（〈解蔽〉）

此節引文以周公、三王等政治領袖的德、名比之孔子，吾人再由〈仲尼〉、〈宥坐〉篇大多就其治國方面的言行描述孔子，尤其在〈宥坐〉篇中，荀子特別表彰孔子為魯攝相、為魯司寇等政績，在在證明在「內聖外王」的聖人理想中，荀子更側重於「外王」一面。

4、小結

依上述的析論，孔孟荀三儒心中的聖人，皆為人格的圓成境界，若譬之於圓，我們可以說孔子是以道德為圓心，以「仁智合一」、「仁禮」或說「才

德兼備」、「內聖外王」爲半徑，爲聖人畫出了一個圓型。到孟子，其心中的半徑，仁多於智，德重於才，內聖重於外王；荀子則智多於仁，才重於德，外王重於內聖。

（二）仁　人

「仁」爲儒家思想的中心，孔門以之爲首出之德，在《論語》中共出現二百零六次，《孟子》一百五十五見，所論遠出乎其他諸德孝、弟、義、禮等字之上，顯見孔、孟對「仁」的重視，而《荀子》也有一百三十一見，若說「仁」是儒家學說的標誌也不爲過。學者常以「仁教」或「仁學」來概括儒家的核心思想。其實「仁」的提出非始於孔子，早在《詩經》、《書經》中即已有「仁」字出現，如《詩經・齊風》：「其人美且仁」，《詩經・鄭風》：「洵美且仁」，《小雅・四月》：「先祖匪人（通仁）」，「仁」皆作「親」解；《尚書・金縢》說：「予仁若考，能多才多藝，能事鬼神。」《尚書・仲虺之誥》也說「克寬克仁」，上面兩節文字所說的「仁」，指的是「儀文美備」之意。準上所述，證明古經中的「仁」尚無「德行」的觀念，故「仁」雖非由孔子首言，而以「德行」詮釋「仁」卻由孔子首度揭出。〔註21〕

1、孔子的「仁人」

孔子所謂的「聖」是指內在的道德境界與其所外化的宏大社會功業的統一，是內外在價值的充分實現。而孔子的「仁」則爲諸德之全、之首，故孔子雖將仁與「智」、「勇」並舉爲君子三德，而言曰：「君子道者三，我無能焉：仁者不憂；知者不惑；勇者不懼。」（〈憲問〉）但比較而言，孔子認爲「仁」比「智」、「勇」更爲優先，故曰：「仁者必有勇，勇者不必有仁」（〈憲問〉），「苟志於仁，無惡矣。」（〈里仁〉），「惟仁者，能好人能惡人」（〈里仁〉），顯然「仁」涵括眾德，可通貫所有的德性，陳榮捷即指出「仁」備具諸德，爲孔子破天荒的觀念，爲我國思想上一絕大貢獻。〔註22〕

「仁」爲孔門之教的首出之德，也是孔子和學生常常討論的重心。而孔子論「仁」常因機設教，固非有一定的概念，是即所謂的「仁無達詁」。或有就人心的自覺言者，此如「人而不仁，如禮何？」「人而不仁，如樂何？」（〈學而〉）意即只有仁心的自覺，一切的外在行爲才顯發意義。而仁心存諸己，不

〔註21〕參見楊國榮〈儒家人論的原始型態〉《孔孟學報》第七十一期，1996，頁48。
〔註22〕參見陳榮捷〈仁的概念之開展與歐美之詮釋〉《王陽明與禪》（台北：學生，1984），頁7～9。

必遠求，只要一念自覺，即可當下湧現，故曰：「仁遠乎哉？我欲仁，斯仁至矣！」（〈述而〉）或有即道德工夫修養說仁者，此如「孝弟也者，其為仁之本與！」（〈學而〉）「夫仁者，己欲立而立人，己欲達而達人。」（〈雍也〉），而孔子弟子問「仁」的相關篇章〔註23〕都是就此義而言，這部分的言例最多，吾人由此可窺探孔子因材施教的具體內容，及「仁」備具全德的內涵：

（樊遲）問仁曰：「仁者先難而後獲，可謂仁矣。」（〈雍也〉）

顏淵問「仁」。子曰：「克己復禮為仁。一日克己復禮，天下歸仁焉。為仁由己，而由人乎哉？」（〈顏淵〉）

仲弓問「仁」。子曰：「出門如見大賓；使民如承大祭；己所不欲，勿施於人；在邦無怨，在家無怨。」（〈顏淵〉）

司馬牛問「仁」。子曰：「仁者，其言也訒。」曰：「其言也訒，斯謂之仁已乎？」子曰：「為之難，言之得無訒乎？」（〈顏淵〉）

樊遲問「仁」。子曰：「愛人。」（〈顏淵〉）

樊遲問仁。子曰：「居處恭，執事敬，與人忠。雖之夷狄，不可棄也。」（〈子路〉）

知及之，仁不能守之，雖得之，必失之。（〈衛靈公〉）

子張問「仁」於孔子。孔子曰：「能行五者於天下，為仁矣。」「請問之？」曰：「恭、寬、信、敏、惠。恭則不侮，寬則得眾，信則人任焉，敏則有功，惠則足以使人。」（〈陽貨〉）

也有指謂最高的道德人格境界，如「好仁者，無以尚之」（〈里仁〉）的「好仁者」的「仁」、「若聖與仁，則吾豈敢？」（〈述而〉）、「仁以為己任，不亦重乎，死而後已，不亦遠乎」（〈泰伯〉）的「仁」。此中的「仁」已臻乎與「聖」等倫的人格境界。合而言之，孔子所謂的「仁」乃推自愛之心以愛人，其始乎主觀的真情實感而終於客觀的社會實踐。誠如蕭公權所說的「孔子言仁已冶道德、人倫、政治於一爐，致人、己、家、國於一貫。」〔註24〕依此，「仁人」即是能即一念自覺，刻刻踐道行禮而近諸取譬的發揮己立立人、己達達人的精神，直到生命終止的理想人格境界。

〔註23〕參見《論語・公冶長》。

〔註24〕參見蕭公權《中國政治思想史》第二章（台北：中國文化大學部，1985），頁58～60。

具體而言，孔子認爲「仁者」雖然仁厚善良，但絕非沒有是非或「蔽於愚」的「濫好人」，而是秉持「其理足以勝私」的公心去「好善惡惡」的人，且因其心無私無欲，故能剛直勇爲，甚而可以爲了成全更高的道德而犧牲自己的性命：「志士仁人有殺生以成仁」（〈衛靈公〉）。其慣常顯現出來的生命型態是「剛毅木訥」（〈子路〉）。不過，仁者的犧牲，旨在於成全道的理想，並非但憑熱血而做無謂的犧牲，故仁者或許會因別人「欺之以方」而受欺，但不可能因別人「以非理」而「罔之」（〈里仁〉），以致讓自己的忠厚善良被利用踐踏。孔子曾用「山」來形容「仁者安仁」（〈里仁〉）的境界：「仁者樂山」（〈雍也〉）；並用「壽者」來表彰其德相：「仁者壽」（〈雍也〉）。蓋「仁者」宅心仁厚，其心柔軟無礙，不僅自然好道且安於行道，生命如山一般厚重不遷、沉靜穩實；而其當下行仁，求仁得仁，故而呈現出無憂安和的「壽者」氣象。

綜上，仁者「立己達己」卓然自立，而且「立人達人」通向社會事功。這樣既能恭敬處世、孝弟愛人且能忠以待人，若有機會爲政天下，也會秉持恭、寬、信、敏、惠五惠澤及百姓，如此始於孝弟，終於博施濟眾，天下歸仁，兼具內外德業的道德實踐，乃是人終生努力「死而後已」（〈泰伯〉）的方向，故孔子雖亟言「仁」，但對於活著的人，孔子皆未嘗輕許爲「仁」。因此當時人、弟子問及某人是否爲仁時，孔子皆不置可否，而直就其性情、才氣、德行加以評論。在《論語》中，被孔子稱之爲「仁人」者，指的都是已經走入歷史的人物，此如：「殷之三仁」——箕子、微子、比干（〈微子〉）等。對管仲，則以「如其仁」稱之。言下之意，管仲雖未得爲仁人，然其功能澤及利於百姓，乃有「仁者」之功。因此就管仲輔桓公「九合諸侯，不以兵車」保存華夏民族文化命脈，而使「民到於今受其賜」（〈憲問〉）的社會事功，孔子予以肯定而稱其「如其仁」！但對於管仲「不儉、不知禮」的驕態易盈，則鄙其器小（〈八佾〉）。從此觀之，孔子對仁者的規定，既有盛德復有大業，但仍以「德」爲主。此所以箕子、微子、比干直顯忠諫之德而無事功表現，孔子仍謂之曰「仁人」，而管仲霸業彪炳，孔子雖大其功，卻又小其器，認爲管仲充其量只能算是「如其仁」，尚未臻乎「仁」者耳！

2、孟子的「仁人」

孟子也十分重視仁，在《孟子》裡，「仁」字共出現一百五十七次之多。「仁」是人之所以爲人的道理，孟子曰：「仁也者，人也。合而言之，道也。」

（〈盡心〉）並以「惻隱之心」解釋「仁」，「仁人」即是有仁心之人，《孟子》
書中約有八見。依孟子，一個仁人，應當具有普遍的愛心。是所謂：「仁者愛
人」（〈離婁〉），惟愛心雖周遍萬物，然施由親始，始於「親親」而「仁民愛
物」：「親親而仁民，仁民而愛物。」（〈告子〉）「仁者以其所愛及其所不愛」（〈盡
心〉）。而這樣普遍的愛需要落實日常人倫加以實踐。孟子分由「修己」和「安
人」兩方面提出他對「仁人」的看法。在修己方面，「仁人」凡事必先「反求
諸己」，反省內觀自己的問題，而非一味向外投射、遷怒，好比射箭的人當先
調整自己射箭的角度再發射，射不到目標，不能因此怨怪勝己者。所以孟子
曰：「仁者如射：射者正己而後發，發而不中，不怨勝己者，反求諸己而已矣。」
（〈公孫丑〉）在親親方面，孟子認為「未有仁者遺其親者也」（〈梁惠王〉），
仁人之愛親，乃基於不容自已的孺慕情懷和存在感受，非由外爍也。〔註25〕

　　仁者的愛具有擴散和行動的作用，仁人若在位，將即仁心發政行仁，其
一方面「省刑罰，薄稅歛，深耕易耨」，使民「養生喪死無憾」；一方面為人
民制產，使「民有恆產且有恆心」不致「放辟邪侈」而「陷乎罪」（〈滕文公〉）。
並教壯者「暇日修其孝悌忠信」，如此一來，人民平日「入孝出弟」，路無「凍
餒之老者」；戰時則「可使制梃以撻秦楚之堅甲利兵」成為捍衛國家的義勇先
鋒。此孟子言曰：

　　　　天下有善養老，則仁人以為己歸矣。五畝之宅，樹牆下以桑，匹婦
　　　　蠶之，則老者足以衣帛矣。五母雞，二母彘，無失其時，老者足以
　　　　無失肉矣。百畝之田，匹夫耕之，八口之家足以無饑矣。（〈盡心〉）

而且，由於當時的諸侯國君多講求軍功主義，常不恤民情而陷民於水火，導
致人民因「不得耕耨以養父母」，結果「父母凍餓，兄弟妻子離散」。在飽受
虐政摧殘下，人民有如「飢者為食，渴者為飲」般渴望、悅慕仁者為他們解
開倒懸之苦，一旦仁人「往而征〔註26〕之」，不僅無人為敵，甚且必樂而歸之，
根本不可能有「血流漂杵」（〈盡心〉）的殺戮戰場產生，因此孟子說：「仁者
無敵」（〈梁惠王〉）。此「仁者無敵」，實乃就仁人的發政施仁的表現和效應說。
孟子於此主張「人治德化」的色彩濃厚，透顯出他對統治者道德人格力量的
信心與期待：

〔註25〕孟子於〈滕文公〉篇詮釋人所以有「掩親」之舉，乃因仁人不忍看到自己的
　　　　父母至親身死暴於野，任由「狐狸食之，蠅蚋姑嘬之」，故而有「掩親」之舉。
〔註26〕「征」者，依朱子註：「正也，以彼暴虐其民，……往正其罪」。

惟仁者，宜在高位，不仁而在高位，是播其惡於眾也。（〈離婁〉）

易言之，仁者才有資格坐擁天下，故有「不仁而得國者，有之矣；不仁而得天下，未之有也。」（〈盡心〉）的說法。而且孟子指出：仁者若得天下，即使處大國，仍心懷寬大惻怛，廣被天下，絕不以殘殺為能，是「以大事小」而能「保天下」的「樂天者」（〈梁惠王〉）。仁者身處大國尚且能尊天懷柔若此，何況身在小國？更能做個「以小事大」不妄動干戈的「畏天者」，故仁者斷不可能為了擴張自己的領土，增強國家的力量而兵連禍結，挑釁強國：

> 公之封於魯，為方百里也；地非不足，而儉於百里。太公之封於齊也，亦為方百里也；地非不足也，而儉於百里。今魯方百里者五，子以為有王者作，則魯在所損乎？在所益乎？徒取諸彼以與此，然且仁者不為，況於殺人以求之乎？（〈告子〉）

總之，孟子的仁人是有親親之德和仁政愛民之功而內外兼備者，孟子以舜為仁者的典範人物。關於舜，孔子曾稱揚他能「舉賢臣而天下治」（〈泰伯〉、〈顏淵〉），並有「有天下而不與」（〈泰伯〉）和「無為而治」（〈衛靈公〉）的巍巍之德。到孟子，其於〈萬章〉篇提到舜對待「日以殺自己為目的」的弟弟象，不僅「不藏怒，不宿怨」而且還「親愛之」的封他到有庳，令他因而富貴，舜這樣的作法雖不因公法而傷害親恩，但是象的素行不良，舜恐其治國無方無能，遂使賢官良吏治之，此又不因私恩違害了公利，故孟子對舜夾處在親恩和公利之間，能以上述的方式兩全照應，既全其「親親」的「內聖」之仁，也保住了「外王」的「仁民」之仁，這才是既能顧全親情又能治理天下的仁人。不過，身為仁者，萬一親恩和治國不能兩全的情況之下，當如何權衡呢？上述舜所面臨的問題僅是弟弟不友且無能，舜只要不計前嫌，其親恩猶存，而象無能治國的問題也可交由賢臣管理、輔佐而得到解決。因此親親之德和外王事業並不完全對立衝突。〈盡心〉篇中，孟子的弟子桃應問他一個假設性的問題：舜的父親殺人，犯了國法，舜當如何是好？這雖是個假設問題，但從孟子的回答，可知孟子在「親親之愛」和「仁政王道」的天平上，顯然在「親親之恩」的一端加上比較多的法碼。

> （孟子）曰：「（皋陶）執之而已矣。」「然則舜不禁與？」曰：「夫舜惡得而禁之？夫有所受之也。」「然則舜如之何？」曰：「舜視棄天下，猶棄敝屣也。竊負而逃，遵海濱而處，終身欣然，樂而忘天下。」

皋陶和瞽瞍只有法官和犯人的關係，皋陶面對瞽瞍犯法，唯有扮演好執法的

角色，才是善盡職責，善盡其人倫之道。身為君主的舜對於皋陶的追捕行動沒有反對的理由，否則就有干礙司法之嫌。但舜與瞽叟的關係除了君主和人民的治與被治關係，尚有父子的親情關係，因此舜這時候面臨真正兩難的問題，必須有所抉擇，也就是所謂「義」的權衡。孟子面對這樣的問題，毫不猶豫的替舜做了「捨位取義」的選擇，此即舜當棄天下如敝屣地放棄帝王的冠冕，背著父親奔走天之涯、海之濱，從此退出政壇，終身欣然、樂以忘天下的和父親享天倫之樂。孟子於此要突顯的是「仁者未遺其親者也」和「親親為大」的親親之愛，是知當內聖之德和外王理想不能兩全兼得時，孟子認為仁人當以內聖為本，外王為末。

由上面的論析，孟子心目中的仁者與聖人雖都具有「內聖外王」德業兼備的理想。不過孟子的仁人、聖人都不必然要具備王者身分，且都以內聖之德為其「根抵大本」。

3、荀子的「仁人」

《荀子》書中「仁」出現一百三十一次，荀子的「仁人」，二十五見，或說「仁者」十八見，常與「聖者」並稱，指的都是以道養心、治心，使心歸乎虛靜而致心化於道，知行合一之境的人格類型。仁者不管處己接物都以端愨為本，忠信為質，此荀子說：「忠信端愨，而不害傷，無接而不然」（〈臣道〉）「仁者必敬人」（〈臣道〉）。而此等人格境界乃日常工夫積累而成，故其朝夕戒懼，不敢懈怠，卻也無絲毫勉強，無所不樂：

> 忠信以為質，端愨以為統，禮義以為文，倫類以為理，喘而言，臑
> 而動，而一可以為法則（〈臣道〉）

仁人用「禮義」修治言行，以禮義之統為根據，推知萬物之理，其一動一言無不合禮亦無處不然，故足為人楷式。此與聖人以禮義持身，而辯說能臻於應變不疑的「神固」之境相類。

仁者以忠信、禮義持身修己、待人接物，在內聖的德性涵養上和「聖人」一樣。至於外在的能力、事功表現，荀子特別指出仁人的人格魅力和感染力，即使身為布衣，居於窮閻陋巷，聲名也會超越當朝的王公。他說：

> 仁人之用國，將修志意，正身行，伉隆高，致忠信，期文理。布衣
> 紃屨之士誠是，則雖在窮閻漏屋，而王公不能與之爭名。（〈富國〉）

若為人臣則為「賢相」，可使國君身佚國治，功大名美，上可稱王，下可稱霸天下：

故君人者，立隆政本朝而當，所使要百事者誠仁人也，則身佚而國治，功大而名美，上可以王，下可以霸。（〈王霸〉）

這裡所說的「仁人」，按照上下文脈，是「賢相」的意思。荀子有時會將「仁人」、「明王」並稱，如〈王霸〉篇有言：「明主之所謹擇也，仁人之所務白也」（〈王霸〉），此中的「仁人」也是「賢相」的意思。意即：仁人若爲人君治國，則將「上法舜禹之制，下法仲尼子弓之義」，以除天下的邪說姦言爲務，而使聖王之跡顯要，聲光遠被，天下無人不知無人不曉，此荀子曰：

仁人……以國載之，則天下莫之能隱匿也。（〈王霸〉）

今夫仁人也，將何務哉？上則法舜禹之制，下則法仲尼子弓之義，以務息十二子之說。如是則天下之害除，仁人之事畢，聖王之跡著矣。（〈非十二子〉）

綜合起來，仁者爲政的話，不僅爲民除害，而且善養萬民、治天下，讓社會上百工行業的人，各盡所能，各得其宜；使國家變成「至平」的社會；此荀子說：

故仁人在上，則農以力盡田，賈以察盡財，百工以巧盡械器，士大夫以上至於公侯，莫不以仁厚知能盡官職。夫是之謂至平。（〈榮辱〉）

養民之外，仁人也善於教民、開導人，其以禮義之道告訴人民、教導百姓；或急、或緩、或以溫語撫循、或以盛情感動，皆能讓人思想開通、胸襟寬大、心智聰明。因此仁人在上，將發揮教化作用，移易民風，故曰：

仁者好告示人。告之、示之、靡之、儇之、鈆之、重之，則夫塞者俄且通也，陋者俄且僩也，愚者俄且知也。（〈榮辱〉）

仁者便是以其「知慮」、「仁厚」、「德音」治理、安定、化成並「兼利天下」，〔註 27〕故人民能深刻且親切的感受到個中的利益和幸福，所以奉之爲神明，視若「天帝」一般崇仰；又如父母一般親近，甚至願意爲他出生入死：

治萬變，材萬物，養萬民，兼制（利）天下者，爲莫若仁人之善也夫（〈富國〉）

故仁人在上，百姓貴之如帝，親之如父母，爲之出死斷亡而愉者，無它故焉，其所是焉誠美，其所得焉誠大，其所利焉誠多（〈富國〉）

孟子的仁者治國可以「無敵天下」，並懂得「以大事小」的「敬天」之道

〔註 27〕王先謙以爲「兼制天下」應做「兼利天下」。

和「以小事大」的「畏天」之道；荀子的仁者治國亦然。不僅軍民上下精誠團結，且「將修大小強弱之義，以持慎之」（〈富國〉）善以小事大、以弱事強之道，故能「人皆亂，我獨治；人皆危，我獨安；人皆喪失之，我按起而治（制）〔註28〕之」（〈富國〉）。以上所述皆與孟子的仁者治國績效無二。所不同的是，荀子的仁人治國，不僅保持己有的，也將兼併人之所有者：

> 故仁人之用國，非特將持其有而已也，又將兼人。（〈富國〉）

然荀子的仁者所以能兼併別人所有者，非如一般崇尚軍功的諸侯國君以兵取國。荀子雖也主張用兵，其用兵卻非如陳囂（荀子弟子）所認定的「凡所為有兵者，為爭奪也」（〈議兵〉），而仍本著「仁者愛人，義者循理」（〈議兵〉）和「仁者愛人，愛人故惡人之害之也」（〈議兵〉）的王道精神，不以詐術用兵。一反當時諸侯以「權謀勢力」為貴和行「攻奪變詐」之術：

> 臣之所道，仁者之兵，王者之志也。（〈議兵〉）

> 仁人之兵，不可詐也。（〈議兵〉）

荀子甚且說：「殺一無罪，而得天下，仁者不為也。」（〈王霸〉）這和孟子說的話幾乎相同，只是把孟子的聖人改成「仁人」。所以荀子所謂的「仁者」和孟子所講的仁人皆是通過王者之政，治國以禮、齊民以德而使人民親而附之，精誠團結地達到「仁人上下，百將一心，三軍同力」的效果（〈議兵〉）。這樣的用兵之道除了得到國內軍民上下的同心同德外，也遠及他國，使其他國家的人民甘心作耳目探聽消息：

> 仁人之用十里之國，則將有百里之聽；用百里之國，則將有千里之聽；

> 用千里之國，則將有四海之聽，必將聰明警戒和傳而一。（〈議兵〉）

仁人治理的國家如此昌明，自然能使近者悅、遠者來。荀子甚至用極篤定的口吻說：

> 故仁人用國日明，諸侯先順者安，後順者危，慮敵之者削，反之者亡。（〈議兵〉）

早日順服的國家能夠國安身存，後順服者則國家傾危，而冀圖為敵者，若不是削地，就是國亡。荀子之意不僅僅是說「仁者無敵」而已，甚且還預言若不來服，或與仁者為敵的惡果。

> 故仁者之兵，所存者神，所過者化，若時雨之降，莫不說喜。（〈議兵〉）

〔註28〕「治」據梁啓雄說：按崇文本及增注本改為「制」。

要言之，仁人用兵的目的不是爲了爭土奪民，而是爲了禁暴除害，此所以堯、舜、禹、湯、文王、武王等四帝兩王，皆以「仁義之兵，行於天下也」而使「近者親其善，遠方慕其德，兵不血刃，遠邇來服，德盛于此，施及四極」。因此荀子指出：仁人若在位，用兵將會「所存者神，所過者化」（〈議兵〉）。反之，仁人若受黜失勢，暴戾恣睢的勢力就會上來，若凶暴的人當道專權則「禮義不行，教化不成」（〈堯問〉）、「忠臣危殆」（〈賦篇〉），天下就幽暗凶險了（〈賦篇〉）！孟子嘗用「存神過化」形容聖人化民於無形的神明莫測之德，而此處荀子則用之形容仁者用兵就像及時雨降臨，民無不喜悅的情狀。一則強調化民於無形；一則強調用兵之妙，用此觀之，荀子的仁人在德化治民的過程中，已經不能避免論及用兵和「強兵富國」的問題了！

4、小結

孔子的「仁人」有「己立己達」的內在品格修養和自覺「立人達人」的社會責任承擔，是以對管仲維護華夏文化的功業稱之爲「如其仁」，但大多數的情況，仁主要指的是個體內在的道德意識、精神境界，一般可不包括社會功業。至孟子，將「仁」先內收再外轉。仁，內在根於善性再外轉出「仁政王道」，其「仁」已涵括政治的意涵。荀子的「仁人」以忠信端慤爲質、修治禮義，無接不然，不論身爲布衣、爲人臣子、爲人君王都是人上人，故而荀子在〈非相〉篇提到人有「三必窮」，其中一窮就是不能推崇「仁人」。荀子對聖人、仁者的人格設計，雖都賦予內聖外王的理想，內聖部分，也都以禮義爲持身接物的準繩。然言及治國的外王部分，聖人多就其智慮、辯才和肆應不窮、曲得其宜的效果和境界說；仁者則就其行王政、用兵治國之道說。故荀子從人文理想說聖人，從用兵治國的王政理想說仁人。此外，值得注意的是孟子、荀子的「仁人」，在內聖修養方面，孟子以「反求諸己」爲主，荀子以「禮義」持己；但外王方面都強調養民、教民，以德齊民的治國之道，一致彰明仁者在位才能得天下、治天下的理想。是以孔孟荀三者的「仁人」，亦皆有「內聖外王」全體大用的意涵。

雖然孟、荀二子的「仁人」，同他們所說的「聖人」一樣，都不必具有政治地位。但荀子所舉的仁者中，堯、舜、禹、湯、文、武四帝二王等皆偏就具政治地位的身分說，吾人以孟、荀兩位儒者共同提到的「舜」來比較，孟子突出了舜「親親而仁民」的形象；荀子則著重「兵不血刃，遠邇來服」的王者之風。

二、道德修養的成德者——君子

「君子」是先秦儒家最著意去描寫的人格類型。據魏元珪的考察,「君子」一詞早在西周與春秋前期即有,本指貴族在位者,其見於《周書》者五十六次,而見於《詩經》國風、二雅者百五十餘次,《易經》卦爻辭中,「君子」凡二十見,《尚書》中,君子出現八次,皆就身分言之。是見在《詩》、《書》中所言之君子,悉指社會地位,而不指個人之品行,即或間指品行者,亦兼地位言之。〔註29〕故「君子」雖非孔子所創,卻因孔子創造性的詮釋才打開平民和貴族的限隔,不再以身分地位來決定人的貴賤,而開出以德性來界定君子的尊貴之義。自此,「君子」所象徵的道德理想與他的社會身分不再有必然的關係。甚至於其「德」的普遍性可以超越「位」的特殊性。〔註30〕有人從宏觀的角度,認為孔子將「君子」的立足點從「位」向「德」轉移,所反映的正是中國文化從外在的制度面向觀念性的精神層面躍遷的過程。〔註31〕

(一)孔子的「君子」

《論語》一書,君子一○七見,其中意指「在位」的僅十二處。〔註32〕其道德修養的境界介乎「聖人」和「士」之間。子曰:「聖人吾不得見之,得見君子者,斯可矣。」(〈述而〉)是見君子的道德修養次於聖人。孔子對君子的寄意最多,並以「君子」做為有德者修為的基本典範,所以他的教學重點都集中在敦勉弟子踐仁修德以成為君子上。

孔子認為君子在求道,以道作為人生追求的理想,是所謂「朝聞道,夕死可也。」(〈里仁〉)故君子的生命方向是「上達」(〈憲問〉),即讓自我的精神生命「不舍晝夜」地不斷向上提升,不再安於生理機能的動物性需求,順俗地日趨下流。故其生命意義不在現實衣食飽暖及物質的追求上,而是道德責任的完成與淑世善群的理想:

> 君子懷德。(〈里仁〉)
>
> 君子謀道不謀食。(〈衛靈公〉)
>
> (君子)憂道不憂貧。(同上)

〔註29〕 參見魏元珪《孟荀道德哲學》,谷風,1987,頁21。
〔註30〕 參見余英時《中國傳統的現代詮釋》(江蘇人民,1989),頁160。
〔註31〕 參見韓德民前揭書,同註15,頁354。
〔註32〕 參見趙紀彬《論語新探》(人民,1976),頁108~9。

> 君子食無求飽,居無求安。(〈學而〉)

　　君子志在道德生命的完成,道德人格的自我實現故而其價值觀不在自己的利益計慮上或感性層次的好惡上,而是能超越己私,篤志於公義:「君子喻於義」(〈里仁〉),所謂的公義並非彌天漫地的將天下所有人事物都考慮進來,而是依照具體的理分,將當下與自己相關的人事物納到自己仁心的感通中做整體的權衡、考量,以做出合理合宜的價值判斷;此孔子曰:

> 君子思不出其位。(〈憲問〉)

> 君子無適也,無莫也,義之與比。(〈里仁〉)

　　唯其如此,君子能秉其道德自覺,不僅不受制於環境而迷失自我,甚至能自作主宰的超越環境,直道而行,並開創無限深廣的價值生命。此所以孔子認為「富而好禮」、「貧而樂道」優於「富而無驕」、「貧而無諂」(〈學而〉)。而當子路為「在陳絕糧,從者病,莫能興」的困窮憤憤不平時,孔子也樂易如常的告訴子路說:「君子固窮,小人窮斯濫矣。」(〈衛靈公〉)人的一生不可能永遠順適如意,富貴、名利也非「求可必得」,遭遇貧窮、挫折在所難免,君子之所以為君子就是因為能夠「知命盡義」,在生命的有限性上從事道德實踐並積極的開拓道德的自我,貧窮的時候如此,終食、造次之間、顛沛之時亦然。此孔子曰:

> 不知命,無以為君子。(〈堯曰〉)

> 君子去仁,惡乎成名?君子無終食之間違仁,造次必於是,顛沛必
> 於是。(〈里仁〉)

道德修養是一輩子的事,切不可須臾舍棄,否則算不得是有德的君子。即使在「終食」這麼生活口常或「造次」利害交關的倉卒時,甚或「顛沛」長期的磨難時仍然要持守不懈(〈里仁〉)。

　　在行道的態度上,隨時都要虔敬寅畏、戒慎敬畏:「君子有三畏、畏天命、畏大人,畏聖人之言。」(〈季氏〉)。但敬畏並非憂讒畏譏,更無「人之不己知」之患(〈憲問〉)。而是尊重生命中每一個階段的艱難,這種敬畏的心情落到具體的生命歷程中,就是恪守生活的戒律,是所謂「君子三戒」的原則:

> 君子有三戒;少之時,血氣未定,戒之在色;及其壯也,血氣方剛,
> 戒之在鬥;及其老也,血氣既衰,戒之在得。(季氏)。

人生的每一個階段部有其發展的任務和危機,君子面對生命現實所加諸的限制、挫折及種種可能的試煉,都要加以正視,覿命承擔並甘捨生命的旁枝,

以回歸生命的主流，善盡做人的責任和意義。

孔子認為君子道德實踐方向約有兩端，即所謂的「修己」和「安人」：

> 子路問「君子」。子曰：「修己以敬。」曰：「如斯而已乎？」曰：「修己以安人。」曰：「如斯而已乎？」曰：「脩己以安百姓。脩己以安百姓，堯舜其猶病諸。」（〈憲問〉）

一個君子先誠敬的修養自己，當自己的內在修養精進、人格有所提升後，君子更進一步要積極用世。在實踐的理序上，孔子主張先「修己」，其次才「安百姓」，此在《論語》開宗明義即加以點明：

> 學而時習之，不亦說乎？有朋自遠方來，不亦樂乎？人不知而不慍，不亦君子乎？（〈學而〉）

「學而時習之」乃就內在立己、成己之學而言，「有朋自遠方來」則指外在及物潤物的感通之道。故君子會因「沒世而名不稱」而憂，因「有朋自遠方來」而樂（〈學而〉），都是基於期待與人共學適道和相諧相樂的社會關懷，但大本重心仍在「學而時習之」的自悅自得。此所以說：「人不知而不慍，不亦君子乎？」（〈學而〉）由此可知，孔子雖然強調君子積極入世的人生和實踐，但仍要建立在自我肯定和獨立自主的人格上：「君子求諸己」（〈衛靈公〉）。

「人格獨立自主」是成為君子的基調，孔子曾用「君子不器」（〈為政〉）形容其不受氣質拘限的自由心境。君子即以其獨立的人格特質，把自我的成長當成是修德最大的回報，因此得失不介懷，得意時「泰而不驕」（〈子路〉），失意時也能「坦蕩蕩」（〈述而〉）。而呈現在人際關係上的是既不委屈賣身也不標新立異的人格風範：「和而不同」、「群而不黨」（〈子路〉），「周而不比」（〈為政〉）。在待人方面，無不在「義」的前提下，相互提攜以助人成德，絕不做有害於對方人格的事，故曰：「君子有成人之美，無成人之惡」（〈顏淵〉）。君子待人如此，處世亦然，其出處進退但憑一「義」字：「君子之仕也，行其義也」（〈微子〉）。而君子一旦得位必能綜理大局，應變制宜；居上用人，也能因材器使，使人各盡其才。此孔子曰：「君子可以大受」（〈衛靈公〉），「及其使人也，器之」（〈子路〉）。

孔子為君子的塑像是「文勝質則史，質勝文則野，文質彬彬，然後君子」（〈雍也〉）。孔子心目中的君子既非「文勝質」的矯情干俗者，亦非「質勝文」的樸露粗魯之士，而是體被文質「得乎中行」的彬彬君子，具體來說就是既有文化修養的優美儀態又有質樸的本性。而落在實踐上就是「仁」和「禮」

的貫通，在實踐禮文的同時要有內心的善意自覺。所以君子的人文之教是：「君子博學於文，約之以禮」（〈雍也〉）。而要成爲彬彬君子的具體展現是：

> 君子義以爲質，禮以行之，孫以出之，信以成之；君子哉！（〈衛靈公〉）

凡事以仁義爲本質，通過禮的文化模式，然後用謙遜的態度，信實的表現出來，這就是孔子心目中文質彬彬的君子！

在《論語》中，被孔子稱頌爲「君子」的，有子產、南宮适、宓子賤、蘧伯玉三者。子產是春秋後期的大政治家，據史書記載，他四十一歲執鄭國的國政，爲政三年，國人誦之曰：「我有子弟，子產誨之，我有四疇，子產殖之；子產而死，誰其嗣之。」（《史記・鄭世家》）孔子所讚揚的子產，頗合這樣的歷史形象。

> 子謂子產，有君子之道四焉：其行己也恭，其事上也敬，其養民也惠，其使民也義。（〈公冶長〉）

子產「恭敬」修己，「惠義」治人，尤其是「惠民」之德更博得孔子在〈憲問〉篇中以「惠人也」稱譽之。而《左傳・昭公廿年》也記載，當子產去世的消息傳到魯國時，孔子流著淚說：「古之遺愛也。」子產重德惠民的形象深得孔子肯定，於此可見。

蘧伯玉，衛國的大夫，〈衛靈公〉篇中孔子讚許他有「君子之德」：

> 君子哉蘧伯玉！邦有道，則仕；邦無道，則可卷而懷之。（〈衛靈公〉）

蘧伯玉出處進退得宜，有爲有守，深明去就之道，和孔子所謂「用行舍藏」的處世態度相合。而蘧伯玉這樣出處得宜的用世態度，實來自於嚴於自省的修己工夫，此由蘧伯玉的使者口中可以印證得知他「自省克己，常若不及」（朱註語）的道德日進工夫：

> 蘧伯玉使人於孔子，孔子與之坐而問焉。曰：「夫子何爲？」對曰：「夫子欲寡其過而未能也。」（〈憲問〉）

在孔子心目中的君子，子產和蘧伯玉都是當時的賢臣大夫，而其弟子中被他直呼爲君子的，則有宓子賤和南宮适：

> 子謂子賤：「君子哉若人！魯無君子者，斯焉取斯？」（〈公冶長〉）

> 南宮适問於孔子曰：「羿善射，奡盪舟，俱不得其死然。禹稷躬稼而有天下。」夫子不答。南宮适出，子曰：「君子哉若人！尚德哉若人！」（〈憲問〉）

　　孔子雖言子賤的人格已經到達君子的高度，但孔子於此未明其德爲何，據〈仲尼弟子列傳〉所載：

　　　　子賤爲單父宰，反命於孔子曰：「此同有賢不肖五人，教不齊所以治

　　　　者。孔子曰：「惜哉！不齊所治者小！所治者大，則庶幾矣！」

若依上述之言，加上司馬遷所說的「子賤治單父，民不忍欺」和《呂氏春秋・察賢》之言子賤「談鳴琴，身不下堂而單父治。」等等說法，可見子賤以德治單父，其君子之德主要是體現在政績上。而南宮适，即南容。孔子除了讚許他「尚德」外，更對他能謹言愼行，出處進退得宜肯定有加，並且把自己的姪女嫁給他：

　　　　子謂南容，「邦有道，不廢；邦無道，免於刑戮。」以其兄之子妻之。

　　　　（〈公冶長〉）

　　　　南容三復白圭，孔子以其兄之子妻之。（〈先進〉）

　　綜合上述三位君子的德行，都是兼具內外之德者，即內以修己，外以治人，惟二者之間仍以修己爲要。依此標準而言，顏回「用行舍藏」〔註33〕進退得宜的修養之境，與蘧伯玉甚至孔子一致，孔子雖未明言其爲「君子」，然其德配君子，當無疑義。而與顏淵同屬孔門「四科十哲」中「德行」科的「閔子騫、冉伯牛、仲弓」（〈先進〉），雖和顏回一樣未被孔子稱爲君子，但就「蘊謂」而言，亦當同登「君子」成德之門。〔註34〕

　　後於孔子的孟子、荀子都承續發揚「君子」之德，二人對君子的操守，舉凡君子的本質、心境、學行、待人接物，用世等都加以闡釋。

（二）孟子的「君子」

　　孟子一書，「君子」凡八十二見。孟子對「君子」的概念，雖也有來自傳統一般「在位者」的意義，如：

　　　　苟爲善，後世子孫必有王者矣。君子創業垂統，爲可繼也。若夫成

　　　　功，則天也。君如彼何哉？彊爲善而已矣。（〈梁惠王〉）

　　　　君子之德，風也；小人之德，草也；草尚之風必偃。（〈滕文公〉）

　　　　將爲君子焉，將爲野人焉無君子，莫治野人；無野人，莫養君子。（〈滕

　　

　　〔註33〕孔子曾向顏淵說：「用之則行，舍之則藏，惟我與爾有是夫」。（〈述而〉）。

　　〔註34〕關於孔子對「君子」的分析，可參見拙著〈先秦儒家的道德人格世界〉《文藻學報》第八期，1994 年 3 月，頁 15～6。

文公〉）

其君子，實玄黃于匪以迎其君子，其小人，簞食壺漿以迎其小人。（〈滕
文公〉）

君子犯義，小人犯刑。（〈離婁〉）

君子平其政；行辟人可也，焉得人人而濟之。故爲政者，每人而悅
之，日亦不足矣。（〈離婁〉）

或有時特指「聖人」者，如孟子曰：

君子所過者化，所存者神，上下與天地同流，豈曰小補之哉？（〈盡
心上〉）

「君子」義同於「聖人」，此朱註曰：「君子，聖人之通稱也」。另外在〈告
子〉篇有一章說：

孔子爲魯司寇，不用。從而祭，燔肉不至，不稅冕而行。不知者以
爲爲肉也。其知者以爲爲無禮也。乃孔子則欲以微罪行，不欲爲苟
去。君子之所爲，眾人固不識也。（〈告子〉）

此章的「君子」指孔子，亦就「聖人」義說。

不過，大抵說來，孟子的「君子」，偏就德性意義說，乃指以道德自我期
許，期以爲聖的道德人格。孟子本人亦常以「君子」自期，與人對話時，若
欲表達自己的看法或觀念時，常借「君子」之言帶出來，甚至認爲君子之道
是人間常理常道，若恃才妄作而不聞君子之道如盆成括者，便有取禍見殺的
可能。（〈盡心〉）〔註35〕

孟子認爲君子和小人一樣都有物性和人性的部分，但君子不受形軀之
限、只安於口體之養；而能盡性立命，將人的特殊全面性完全發揮出來，使
其「生色也，睟然見於面，盎於背，施於四體，四體不言而喻」，即讓耳目口
鼻四肢通體洋溢著仁義禮智聖的德性光輝：

口之於味也，目之於色也，耳之於聲也，鼻之於臭也，四肢之於安
佚也，性也，有命焉，君子不謂性也。仁之於父子也，義之於君臣
也，禮之於賓主也，智之於賢者也，聖人之於天道也，命也，有性
焉，君子不謂命也。（〈盡心〉）

〔註35〕盆成括仕於齊。孟子曰：「死矣盆成括！」盆成括見殺。門人問曰：「夫子
何以知其將見殺？」曰：「其爲人也小有才，未聞君子之大道也，則足以殺
其軀而已矣。」（《孟子・盡心》）。

這樣的人格境界與「從其大體」的大人一般，皆能挺立大體，讓人的精神主體「心官」自作主宰，而完全擺脫生理欲望的束縛。「大人」一詞屢見於《周易》卦爻辭，其他在《詩經》中出現過兩次。在《論語》中，「大人」僅僅一見，即〈季氏〉篇所謂的「畏大人」。指的是有德的在位者，此朱順孫《四書纂疏》據語錄說：「大人不止有位者，有齒、有德者皆謂之大人。大人乃『有德位者之稱』」。而孟子的「大人」，雖也有剋就「在位者」言，如其曰：「有大人之事，有小人之事。」（〈滕文公〉）「說大人，則藐之」（〈盡心〉）「大人之事備矣。」（〈盡心〉）等都是就「在位者」言。然而「從其大體」「先立其大」的大人則是就德性意義說。〔註36〕

準上所述，孟子的「大人」意同於保有幾希之性的「君子」。而「從其小體」的「小人」乃相對於「大人」而言，指的是不能保有幾希之性的「庶民」：〔註37〕

> 人之所以異於禽獸者幾希；庶民去之，君子存之。舜明於庶物，察於人倫，由仁義行，非行仁義也。（〈離婁〉）

依孟子，仁義之性是人之所以為人的特質所在，一般庶民不知而去之，其形雖為人，實無異於禽獸。君子深知仁義之性乃人之所以為人的價值尊嚴，故存之、養之，而終能全其所受之正。是以君子是以仁義為美而後勉強行之的「行仁義」者，至於如舜一般的聖人則是所行皆能「安而行之」、「由仁義行」者。〔註38〕由上述的分析，也可印證上一節所說的，聖人是人格最高境界，君子次之，而小人則尚未入德。

承上述，孟子認為君子所以異於他人，最大的區別就在於「存心」的不同。君子就是「以仁存心、以禮存心」者，此孟子曰：「君子所以異於人者，以其存心也」。君子「以仁存心，以禮存心」（〈離婁〉）簡言之，「君子亦仁而已矣」（〈告子〉）。君子無限的仁惻之心可以胸懷萬物並溥化萬物，故君子能去己存人而「不以其所以養人者害人」（〈梁惠王〉）。其善與人同，並樂「與人為善」（〈公孫丑〉），且具有愛物之心，故曰：「君子於禽獸也，見其生，不忍見其死；聞其聲，不忍食其肉」（〈梁惠王〉）。不過，原則上君子雖泛愛天下萬物，但就實踐程序言，則與仁人一樣，當正視人的有限性而將愛逐步推

〔註36〕朱子註：「大人」，大德之人。
〔註37〕潘小慧〈儒家的人觀〉《人的意義》（台北：五南，2001）頁122。
〔註38〕參見朱註語。

擴出去。此孟子曰：

> 君子之於物也，愛之而弗仁；於民也，仁之而弗親。親親而仁民，
> 仁民而愛物。（〈盡心〉）

孟子的君子雖優游於聖人之門，以聖人爲法，卻也和孔子的君子一樣都懂得
循序以進的修養道理，不躐等、不躁進。此孟子曰：「流水之爲物也，不盈科
不行；君子之志於道也，不成章不達。」（〈盡心〉）

　　孟子的大人君子胸懷仁惻，純摯如「赤子之心」〔註 39〕（〈離婁〉），凡
事以義爲依歸。在價值觀方面，是孔子「君子義以爲質」的同調者，其「言
不必信，行不必果；惟義所在」（〈離婁〉）「非禮之禮，非義之義，大人弗爲」
（〈離婁〉）。而孟子所謂「義」者，合乎中道者也，故君子行事自由通達，
不偏執一端：「君子不亮，惡乎執？」（〈告子〉）以是，孟子指出：楊朱偏於
自我、墨子執於天下、子莫取二者之中卻執中無權，三者都顯得偏執而不知
變通，君子不取。孟子甚至認爲連臻於聖人的伯夷、柳下惠，一個蔽於狹陋、
一個蔽於「簡慢」，各有所偏，君子若要學道也不宜自他們兩人入門，否則
易走偏鋒。此其口：「伯夷隘，柳下惠不恭，隘與不恭，君子不由也。」（〈公
孫丑〉）

　　孟子的君子修業進德不貳，直道而行，在修德的心態上，和孔子「懷德
憂道」卻不「懷土憂貧」的君子無二致。此其曰：

> 君子行法以俟命。（〈盡心〉）

> 君子所性，雖大行不加焉，雖窮居不損焉，分定故也。（〈盡心〉）

君子能正視人的良心善性而將「可以爲善」的善性潛能充盡發揮，並把道德
修養當成是自己一生的本分，絕不因個體地位的貴賤或環境的貧富而有所改
變。且「君子深造之以道」「欲其自得之也」（〈離婁〉），君子明白「進德」是
爲了深造自得，而非炫己揚人，故對於「聲聞過情」的人，「君子恥之」（〈離
婁〉），此說亦同於孔子所謂的「君子去仁，惡乎成名」的道德精進。

　　在人我關係上，君子以「自反」態度持己待人，將生命重心引歸自己。
若有人「待以橫逆」，則「君子必自反」（〈離婁〉）反省的重點乃在自己的身

〔註39〕　孟子此所云之大人，當與易傳中所云之大人同其旨趣，亦即大德之人矣。趙
　　　　岐注孟子以此大人爲君，認國君親民當如赤子不失民心之謂，且引尚書康誥
　　　　「如保赤子」之說爲証，此恐其別解，而非孟子此處之本義矣。參見魏元珪
　　　　前揭書，同註29，頁 179。

上：「若夫君子所患，則亡矣。非仁無爲也，非禮無行也。」意即如果所爲所行不違仁背禮，對方仍待之以橫逆，則可認定「此亦妄人也已矣！如此則與禽獸奚擇哉！於禽獸又何難焉！」依孟子，人人心中有一畝田，每個人都應該好好回到自己的心田中好好耕耘，才能種出屬於自己芳香，君子即能時時「反經」，不似一般人「舍其田而芸人之田，所求於人者重，所以自任者輕」（〈盡心〉），因此能心安理得，如理作意，如理而行，而不致因一時的橫逆遭遇，從此失去道德實踐的信心。是曰：「君子有終身之憂，無一朝之患也。……如有一朝之患。則君子不患矣。」（〈離婁〉）

　　在用世上，孟子承孔子「以仕爲義」卻「以道入仕」的原則，認爲「今居中國，去人倫，無君子，如之何其可也？」（〈告子〉）孟子深信「不耕而食」的大人君子入仕絕「不素餐」，對社會國家定有其正面的影響力。因爲君子所言皆爲「言近旨遠」的「善言」，所行皆是「守約施博」的「善道」，是以「君子之言也，不下帶而道存焉。君子之守，修其身而天下平」（〈盡心〉）。故君子若居官輔政必能「格君心之非」（〈離婁〉）、「正君而國定」（〈離婁〉），且「君子居是國也，其君用之，則安富尊榮；其子弟從之，則孝弟忠信」。不過，君子雖「不欲潔身以亂倫」的「以仕爲義」，然「君子爲仕，志在行道而非求食」（〈滕文公〉），故「仕必有道」、「不可貨取」（〈公孫丑〉）的姿態是君子的堅持，此所以周霄問：「古之君子仕乎？」孟子曰：「仕」，然而當周霄進一步問說：「君子之難仕，何也」時，孟子便說：「古之人未嘗不欲仕也，又惡不由其道；不由其道而往者，與鑽穴隙之類也。」（〈滕文公〉）孟子即曾於〈萬章〉篇舉孔子出仕爲例，說明君子「不可虛居」（〈盡心〉）的爲仕之道。而〈告子〉篇提到古之君子三就三去之道，其去就之間就在於爲人君者是否能以禮相待。故君子出處進退之道，簡言之，禮義之道也：「夫義、路也，禮、門也；惟君子能由是路，出入是門也。」（〈萬章〉）是以「君子之事君也，務引其君以當道，志於仁而已」，如果無法以道入仕、引其君以當道，君子便退而修身自省。故孟子認爲，對君子而言，人生的至樂不在於追求富貴或擁天下廣土眾民，而在於能善盡人倫本分，對父母兄弟皆能孝悌、俯仰無愧於天地，並讓自己的志業得到實現，苟如此，樂莫大焉！此孟子曰：

> 君子有三樂，而王天下不與存焉。父母俱存，兄弟無故，一樂也。
> 仰不愧於天，俯不怍於人，二樂也。得天下英才而教育之，三樂也。
> 君子有三樂，而王天下不與存焉。（〈盡心〉）

這段引言透露出：君子雖以仕爲義，然君子眞正的志業則是以「先覺覺後覺」的教育事業。

　　依上述，孟子心目中的君子，不管在生命方向、價值觀、心態、和學行、人際關係及用世等各方面都和孔子大同。所不同的是兩者所勾勒的君子畫像不同，隨著時代轉變，君權不斷擴張之下，孟子除了承孔子的學脈道統，希望人人都能成德外，更強調要以道德的天爵來反抗強權的人爵。所以他塑造出來的君子形象是「富貴不能淫，貧賤不能移，威武不能屈」（〈滕文公〉）的大人、大丈夫。以是，當有人說公孫衍、張儀之流，得志取勢而橫行天下的行徑是「大丈夫」時。孟子嚴詞糾正說：他們「一怒而諸侯懼，安居而天下熄」的作爲僅僅是順從君主，「以順爲正」的妾婦之道，毫無獨立的人格、高尚的節操可言，實非眞正的大丈夫。孟子隨即明白揭示出：「居天下之廣居，立天下之正位，行天下之大道，得志與民由之，不得志則獨行其道」者才是眞正「富貴不能淫，貧賤不能移，威武不能屈」的大丈夫。換言之，眞正的大丈夫「處心於仁，立身以禮，行事以義」〔註40〕而不受「富貴、貧賤、威武」的影響以致惑亂、變節、屈服者，其具有獨立的人格、剛正不阿的氣節，整個生命已達「不動心」之境。孟子的君子充滿「沛然莫知能禦」、「至大至剛」的「浩然之氣」，和孔子文質彬彬的君子簡直判若兩人，大抵孔子文質彬彬的君子已經無法應付孟子時代「世衰道微，邪說又作」的濁流吧？！

（三）荀子的「君子」

　　《荀子》一書中「君子」約二百九十四見，翁惠美認爲《荀子》書中所記的君子和《論語》、《孟子》一樣，有純指地位、品性者，亦有兼指地位和品性者三種。〔註41〕此說頗爲的論，惟翁氏對此三者尚未精詳分析。在荀子的君子三義中，純指地位者佔全書極少的比例，此如下面引文所列：

　　蘭槐之根是爲芷，其漸之滫，君子不近，庶人不服。（〈勸學〉）

　　馬駭輿，則君子不安輿；庶人駭政，則君子不安位。（〈王制〉）

　　庶人安政，然後君子安位。傳曰：「君者、舟也，庶人者、水也；水則載舟，水則覆舟。」此之謂也。故君人者，欲安、則莫若平政愛民矣；欲榮、則莫若隆禮敬士矣；欲立功名、則莫若尚賢使能矣。（〈王

〔註40〕此爲朱註語。
〔註41〕參見翁惠美《荀子論人研究》（台北：正中，1988），頁35。

制〉）

> 君子以德，小人以力；力者，德之役也。百姓之力，待之而後功；
> 百姓之群，待之而後和；百姓之財，待之而後聚；百姓之埶，待之
> 而後安；百姓之壽，待之而後長。（〈富國〉）

> 若夫貫日而治平，權物而稱用，使衣服有制，宮室有度，人徒有數，
> 喪祭械用皆有等宜，以是用挾於萬物，尺寸尋丈，莫得不循乎制度
> 數量然後行，則是官人使吏之事也，不足數於大君子之前。（〈王霸〉）

> 故君子以爲文，而百姓以爲神。以爲文則吉，以爲神則凶也。（〈天
> 論〉）

上述乃就地位說君子，指的是爲政的在位者。然荀子和孟子一樣，在大方向
上已把君子從「位」的專指意義上解放出來，以德性意義論君子才是主要的
核心。荀子即使就政治地位指謂「君子」，也多賦予其德性意義。此將在下節
討論。本節集中討論君子德性的人格層次。

荀子依德性修養的程度將人分成：聖人、君子、士、涂之人四等（〈儒效〉），
而君子是介乎「聖人」和「士」之間的人格境界：上爲聖人，下爲士（〈儒效〉）。
「聖人」是君子修身進德、望風慕想的典型，君子如能踐行禮義並不斷精進
到掌握事物根本，適應變化而事事各得其宜，就能邁向聖域了。

> 敦慕焉，君子也。（〈儒效〉）

> 彼君子則不然：佚而不惰，勞而不僈，宗原應變，曲得其宜，如是
> 然後聖人也。（〈非十二子〉）

在荀子看來，君子所修的德性程度是：

> 行法至堅，好脩正其所聞，以橋飾其情性；其言多當矣，而未諭也；
> 其行多當矣，而未安也；其知慮多當矣，而未周密也；上則能大其
> 所隆，下則能開道不己若者：如是，則可謂篤厚君子矣。（〈儒效〉）

君子實踐禮法的意志堅定並善用所學來修飾自己的情性，其言行智慮大抵得
當，然尚未能從容中道、盡善盡美。此處荀子以「志」、「智」、「言」、「行」
四者當作君子人格修養的要目。君子所志、所智、所言、所行要皆以「禮法
（義）」爲依歸。依荀子之意，聖人是「積善之全」者，君子則是「善假於物」
（〈勸學〉）者，故曰：「積禮義而爲君子」（〈儒效〉），君子乃是善於藉外在的
禮義之道來隆積以起僞化性的有德者。整體來看，君子「上則能大其所隆，

下則能開道不己若者」（〈儒效〉）。不過君子的修養雖使其言語忠信，身行忠義而且思慮明通，但君子謙恭自牧，其「心不德」、「色不伐」、「辭不爭」甚至看起來無什精采：

> 言忠信而心不德，仁義在身而色不伐，思慮明通而辭不爭，故猶然
> 如將可及者，君子也。（〈哀公〉）

不過荀了的君子行誼看似平常，其實是「殊於世」超乎流俗之上的：

> 君子易知而難狎，易懼而難脅，畏患而不避義死，欲利而不爲所非，
> 交親而不比，言辯而不辭，蕩蕩乎其有以殊於世也。（〈不苟〉）

「易知」、「易懼」、「畏患」、「欲利」、「交親」和「言辯」等心態和行爲，使君子看起來似乎與常人無異，然而「難狎」、「難脅」、「不避義死」、「不爲所非」、「不比」和「不辭」才是君子的人格眞相。君子積善成德若此，故而凡是「無德」而「傷疾、墮功、滅苦（善）」〔註42〕者，皆「君子不爲也」（〈君道〉）。

　　要言之，君子已經煉就成「權利不能傾，群眾不能移，天下不能蕩，生乎由是，死乎由是」的「德操」，此荀子用「成人」來稱之：

> 德操然後能定，能定然後能應。能定能應，夫是之謂成人。〈勸學〉

此處的「成人」不是從年齡意義說，而由人文教養來界定，荀子於此大大發揮了孔子的「成人」之道。荀子認爲「君子知夫不全不粹之不足以爲美也」，故指出「君子貴其全也」。言下有「知識要全」、「德行要粹」才是成熟的人格的表徵。正因君子在眞善美各方面都能得到發展，以致能置死生於度外，不受外力脅迫而朝著理想勇往直前，並能應乎一切時局的變化。這和孟子「大丈夫」的大人君子形象似乎相類，其實荀子對君子操守的界定，與孔、孟的君子相去不遠，以下分就五點論之：

　　（1）在價值觀上，君子「重義輕利，義之所在，不傾於權，不顧其利……重死持義而不撓」（〈榮辱〉），他們利不苟趨，害不苟避，公義當前，必能勇於奔赴，「以公義勝私欲」（〈修身〉）。權貴當前，守道不二，所以「君子立志如窮，雖天子三公問正，以是非對。」（〈大略〉）而且環境愈惡劣，愈能呈顯君子的價值觀，荀子說：

> 君子隘窮而不失，勞倦而不苟，臨患難而不忘細席之言。歲不寒無
> 以知松柏，事不難無以知君子，無日不在是。（〈大略〉）

────────────

〔註42〕「苦」，王念孫謂「善」字之誤。

此言君子懷道處世，雖在窮困中也不失道；勞倦之時，亦不苟免；臨難之際仍不忘平生之言，德性一如歲寒松柏般不凋。

（2）君子之學在於榮身自貴，不在於炫人，其價值觀自貞自定，不由人定：

> 君子能為可貴，而不能使人必貴己；能為可信，而不能使人必信己；能為可用，而不能使人必用己。故君子恥不修，不恥見汙；恥不信，不恥不見信；恥不能，不恥不見用。（〈非十二子〉）

君子能確立生命的原點在於自己，故「務修其內，而讓之於外；務積德於身，而處之以遵道」。但內修積德，旨在修成「可貴、可信、可用」的人，而非突出個人、表現自我以獻媚求寵，故而外行辭讓、處以謙下，寧受「勢辱」而不願「義辱」（〈正論〉）。然而誠如孔子所說的「德不孤，必有鄰」，君子修己不貳，志意相投的人就會不召自來；此好比馬鳴馬應之，牛鳴牛應之一樣：

> 君子絜其（辯）身而同焉者合矣，善其言而類焉者應矣。故馬鳴而馬應之，牛鳴而牛應之，非知也，其埶然也（〈不苟〉）

同理，正因君子有「義榮」——尊貴的名聲，故「勢榮」跟著如響斯應，如日月之昇：

> 如是，則貴名起如日月，天下應之如雷霆。故曰：君子隱而顯，微而明，辭讓而勝。詩曰：「鶴鳴於九皋，聲聞于天。」此之謂也。（〈儒效〉）

> 義榮埶榮，唯君子然後兼有之。（〈正論〉）

荀子的君子以德相召，兼有義榮、勢榮，與孟子之謂「修其天爵，人爵從之」之義有同工之妙。

（3）君子守道不為物役，窮通自在：君子著意於修養德性，重視內心精神，對外物如富貴、功名自然不加重視，就好比「良農不為水旱不耕，良賈不為折閱不市」，士君子也不會因為貧窮失志而「怠乎道」（〈修身〉），職是之故，君子守道不二，既「不誘於譽」，也「不恐於誹」，純然「率道而行，端然正己，不為物傾倒」（〈非十二子〉）。準此，君子尊德樂道、無入不自得而達到「至尊、至富、至重、至嚴」的「四至」境界：

> 君子無爵而貴，無祿而富，不言而信，不怒而威，窮處而榮，獨居而樂！豈不至尊、至富、至重、至嚴之情舉積此哉！（〈儒效〉）

蓋君子深知人生的富貴貧賤不過是偶然的遭遇：「楚王后車千乘，非知

也；君子啜菽飲水，非愚也；是節然也。」(〈天論〉)且君子即使「博學深謀」，不遇的情形世上多有(〈宥坐〉)，故君子用世進退趨舍有時，能屈伸自如：「君子時詘則詘，時伸則伸」(〈非十二子〉)，其窮通自在：「通則文而明，窮則約而詳」(〈不苟〉)。質言之，人只要用心去修，真正把道理實踐出來，一定會產生力量，對周遭的人、事都發生好的影響，君子便是如此，不管得位與否，皆能「修正治辨」，是故「窮則不隱，通則大明，身死而名彌白。」(〈榮辱〉)

（4）君子在待人接物上，寬闊能容：君子律己甚嚴「度己以繩」；待人卻「用挾寬厚」(〈非相〉)。君子所以為君子不在於他是否有才能，而在於他一方面具備自律的反省能力：「見善，修然必以自存也；見不善，愀然必以自省也。善在身，介然必以自好也；不善在身，菑然必以自惡也。」另一方面則是因其包容性很大：「賢而容罷，知而容愚，博而容淺，粹而容雜」(〈非相〉)。故而君子能與世相諧，君子若有能，人皆以向他學習為榮；若無能，人也樂於指導他。是以荀子曰：

> 君子能則人榮學焉，不能則人樂告之。(〈不苟〉)

君子為人雖包納能容，卻非愛之以姑息，而是愛之以德，是以「君子崇人之德，揚人之美，非諂諛也；正義直指，舉人之過，非毀疵也；言己之光美，擬于舜禹，參於天地，非誇誕也」(〈不苟〉)。他揚人善，舉人過都基於公心，非諛人亦非毀人，所以能周流萬方，天下人應之如響(〈不苟〉)。

綜合上述，荀子的君子具有「隆仁」──尊崇仁德、「殺勢」──卑視權勢、「好交（文）」──愛好禮文、「束理」──依理而行、「法（公）勝私」──以公去私等等德性，故其「求利也略，其遠害也早，其避辱也懼，其行道理也勇」(〈修身〉)。〈不苟〉篇也說君子「公生明，端愨生通，誠信生神」，言其存心公正、言行端愨而誠信之至，所呈現出來的人格是「貧窮而志廣，富貴而體恭，安燕而血氣不惰，勞倦而容貌不枯，怒不過奪，喜不過予」的德象(〈修身〉)。

上述係就與孔、孟的君子大同處說荀子心目中的君子操守，但荀子的君子，與孔孟最大的差異還在於荀子認為君子當學以成德、有禮義、禮法的素養、和以誠治心的修養和辯才，下列就這四方面來說：

1、學以成德

《荀子》書中開宗明義就點出「學」的重要性，言人求學為道不可終止。並強調君子為學須有所憑藉，學習的環境很重要，故曰：「君子居必擇鄉，遊

必就士，所以防邪辟而近中正也」。（〈勸學〉）君子唯有選擇風俗醇厚的鄉里，親近學博行潔的賢士，才能有好的薰染。

而君子爲學的目的不在於充實客觀外在的抽象知識，而是藉由「始乎誦經，終乎讀禮」的經書之道，察驗自己的言行，使「知明而行無過」（〈勸學〉）以成就人格的美好，此荀子曰：「君子之學也以美其身」。（〈勸學〉）君子行處坐臥、顏色辭氣之間無往而不學，聞善言就行，有疑就問，因此「無留善」、「無宿問」（〈大略〉）。且君子深知言行是榮辱之主，立身行己十分謹慎，不論爲學治事，其心就像尸鳩般堅固專一（〈勸學〉），故而學以成德。荀子用「蟬蛻」爲喻，形容君子經過學習之後，轉智成德，有如蟬蛻變重生一般：「君子之學如蛻，翻然遷之。」（〈勸學〉）

上述有關君子成德的內涵正透顯荀子「以智成德」，知識即道德的思想性格。套句荀子的話說：「君子以修」（〈賦篇〉），君子運用智慮修養成德。而其實踐已能「入乎耳，著乎心，布乎四體，形乎動靜」，故君子小小的一言一動，都足以爲人楷模：「端而言，蝡而動，一可以爲法則。」（〈勸學〉）

2、隆禮師法

孟子以君子爲「居仁由義」者，荀子則以「禮義」爲君子修德的依據：「篤志而體，君子也。」（〈修身〉）荀子認爲「人之性惡，必將待師法然後正，得禮義然後治」，師法和禮義是君子修身養性兩個重要手段。〔註43〕其中「禮者，所以正身」（〈修身〉），禮是端正品行的準繩，而「師者，所以正禮也。」（同上）師長能幫助人們眞正認識瞭解禮，故君子要借助良師益友的力量砥礪德行，而且荀子認爲「禮樂法而不說，詩書故而不切，春秋約而不速。」（〈勸學〉）經書的義理不易掌握，君子如能親近賢師，「方（倣）其人之習君子之說」（〈勸學〉），則能通於禮樂詩書春秋之義，進而養成尊貴的人格與廣博的學識，以此應世，行無不周。故曰「尊以遍矣，周於世矣」（〈勸學〉）。總之，君子學禮要「誦數以貫之，思索以通之」，將所學加以融貫，使之「全粹」，所學若「不全不粹」就不算到家（〈勸學〉）。

荀子和孔子一樣，都主張身爲一個君子，要兼具仁義禮三種德性：

> 君子處仁以義，然後仁也；行義以禮，然後義也；制禮反本成末，然後禮也。（〈大略〉）

〔註43〕參見韓石萍〈荀子對君子人格的界定〉《齊魯學刊》第 2 期，1998，頁 82。

　　但荀子主要還是以禮爲核心。「禮」指的是「禮義」或「禮法」。此曰：「君子者，治禮義也」（〈不苟〉），「君子者，法之原也」（〈君道〉）。「類是而幾，君子也」（〈解蔽〉）。按荀子，「禮」是人道最高指導原則，「禮者，人道之極也」（〈禮論〉）。「禮」是君子生活的領域，君子的步驟馳騁總離不開禮，一旦離開禮，就不能成其爲君子了：

　　　　故君子上致其隆，下盡其殺，而中處其中。步驟馳騁厲騖不外是矣。
　　　　是君子之壇宇宮廷也。人有是，士君子也；外是，民也。（〈禮論〉）
　　　　士君子安行之。（〈禮論〉）

君子上自治國下至個人立身處世都要「審於禮」，「禮義」是行爲的規矩方圓，君子的舉措行止若能安禮合義而行無過；用世也能貫通以爲治術而參贊天地，便能「治天下若使一人」（〈王制〉）。故凡不合禮義的行爲、言論和聲名，即使艱難、明察且傳乎後世，君子也不會重視。此所以殷時的申徒狄因恨道不行，憤而自殺的行徑，在荀子的觀點，便是難能而不可貴、不合禮義的「苟行」，君子不爲：

　　　　君子行不貴苟難，說不貴苟察，名不貴苟傳，唯其當之爲貴。故懷
　　　　負石而投河，是行之難爲者也，而申徒狄能之；然而君子不貴者，
　　　　非禮義之中也。（〈不苟〉）

而名家惠施鄧析說的「山淵平」、「天地比」、「齊秦襲」、「鉤有須」、「卵有毛」等學說，說得再有邏輯，如果「說之難持者也」、「言非禮義之中也」（〈不苟〉），君子亦不貴。由此可見，荀子雖重視邏輯，也說「君子必辯」，卻十分注意「小人辯，言險；而君子辯，言仁也」（〈非相〉）的區別，重點還是以禮義爲衡量的價値座標。

　　至於惡名如盜跖，其名聲雖「若日月，與舜禹俱傳而不息」；君子亦不貴，蓋其名「非禮義之中也」（〈不苟〉）因此篤於行禮的君子，其言論、行爲、道術皆有一定的範圍和標準，這標準就是後王的禮法——周文：

　　　　君子言有壇宇，行有防表，道有一隆。言政治之求，不下於安存；
　　　　言志意之求，不下於士；言道德之求，不二後王。道過三代謂之蕩，
　　　　法二後王謂之不雅。高之下之，小之巨之，不外是矣。是君子之所
　　　　以騁志意於壇宇宮廷也。（〈儒效〉）

　　荀子不斷強調「禮法」、「法後王」是君子言行的壇宇、行爲的防表、道術的專重所在，若「疏知而不法，辨察而操僻，勇果而無禮，君子之所憎惡

也」（〈大略〉）。準此，對於「上則能大其所隆，下則能開道不己若者」的君子，當「諸侯問政，不及安存」時，則不告也；「匹夫問學，不及爲士」時，則不教也；「百家之說，不及後王」時，則不聽也。

君子既以禮法爲言行道術的準則，君子便是道法的樞紐，而國家待道法而治，道法待君子而舉，君子待人君隆禮義而後歸之，故君子若治國也是以禮義治國，荀子以爲，君子之治乃爲有禮義的治國，而非無禮義的亂國。

> 君子治治，非治亂也。曷謂邪？曰：禮義之謂治，非禮義之謂亂也。
>
> 故君子者，治禮義者也，非治非禮義者也。（〈不苟〉）
>
> 治之爲名，猶曰君子爲治而不爲亂，爲修而不爲汙也。（〈不苟〉）
>
> 隆禮貴義者，其國治，簡禮賤義者其國亂。（〈議兵〉）

君子以禮義治國，人君若用之爲相，則可一統天下，使人民心悅誠服，即使面對像秦楚那樣的強國也能制服（〈富國〉）。

由上面的論述看來，君子所篤守的禮，並不是拘守表面形式的禮儀規範，而是有內發於義之理和外合於禮之規，是內在精神和外在形式的和諧統一之「禮」。且由荀子的君子凡事皆衡之以禮義看來，似乎任何思想只要不中禮義而與內聖外王、安邦定國沒有聯繫者，便是無益而有害的。〔註44〕

3、重辯才

荀子指出，君子「無埶以臨之，無刑以禁之」，惟能以辨說正名實（〈正名〉）。所以主張「君子之于言無厭」，「君子必辯」（〈非相〉），特別強調君子的辯才。並以「言語有文」爲君子的特質，認爲這是君子和庸俗的腐儒最大的不同。因此君子的辯才並非「辯人之所辯」（〈儒效〉），而當有所止。其所止者何？止乎禮義者也：「曷謂中？曰：禮義是也，道者，非天之道，非地之道，人之所以道也，君子之所道也‧言中禮義」（〈儒效〉）。凡「言不合先王，不順禮義」，謂之「奸言」；其言「雖辯，君子不聽」（〈非相〉），唯有合於先王順禮義之言，君子才加以辯說：

> 先慮之，早謀之，斯須之言而足聽，文而致實，博而黨正，是士君
>
> 子之辯者也。（〈非相〉）

那麼，君子的辯才當如何表現？荀子指出君子當基於公心「以公心辯」，而內容當「文而致實，博而黨正」。易言之，即言語切實、中道、及義，其目

〔註44〕參見趙士林《荀子》（台北：東大，1999）內容提要頁2。

的則在於「起於上所以道於下，政令是也，起於下所以忠於上，謀救是也」（〈非相〉），都是用來匡正人心，以濟治道者。是以君子表達言語的內容須合於先王之制，和有益於治道人心，且可以被檢驗並可行者，否則雖「析辭而爲察，言物而爲辨」，「博聞強志」，君子賤之（〈解蔽〉）。故荀子言曰：「無稽之言，不見之行，不聞之謀，君子愼之」（〈正名〉）。君子所樂言者，必是其志所好、其行所安，且皆能謹守禮法者。荀子認爲君子既然是以言化人，其表達的方式當詞淺意精、深入淺出：

> 少言而法，君子也。（〈非十二子〉）（〈大略〉）

> 少言則徑而省，論而法，若佚之以繩：是士君子之知也。（〈性惡〉）

> 涉然而辭精，俛然而類，差差然而齊。（〈正名〉）

施教態度則是「謹順其身」，順著求教者的態度，或言或不言，不急躁、不隱私、不盲目而能如響之應聲一般：

> 君子疑則不言，未問則不言，道遠日益矣。（〈大略〉）

> 不問而告謂之傲，問一而告二謂之囋。傲、非也，囋、非也；君子如嚮矣。（〈勸學〉）

> 故君子不傲、不隱、不瞽，謹順其身。詩曰：「匪交匪舒，天子所予。」此之謂也。（〈勸學〉）

總之，君子對於言論辯說旨在表明心中的志義，不在玩弄文字。以是，荀子雖注重辯說，卻反對名家者流的「怪說琦辭」，以爲這些都是徒聘口舌之能、言過其實的「姦言」（〈正名〉）。無益於世道人心，「不可以爲治綱紀」（〈非十二子〉）。

4、以誠養心

荀子的君子修養在於「以心知道」，強調養心和解蔽之道。而「誠」是君子養心之要，同時也是爲政治國的根本：

> 君子養心莫善於誠。（〈不苟〉）

> 夫誠者，君子之所守也，而政事之本也。（〈不苟〉）

君子致誠之道無他，唯有守仁守義。君子眞誠守仁則德無不實，德實則形著於外；形著於外，則人望之如神明而自遷於善。同理，君子眞誠行義，則行爲合乎事理，合乎事理則是非分明；是非分明，則人不敢欺，而自改其惡。君子就是憑著這樣「至誠之德，愼其獨」的精神加以化人（〈不苟〉）。前

面提及聖人的心已達致「清明內景」之境。至於君子以誠養心，守仁守義，能化能變，應變自如的操守，荀子則用「天德」加以比擬：

> 致誠則無它事矣。惟仁之爲守，惟義之爲行。誠心守仁則形，形則神，神則能化矣。誠心行義則理，理則明，明則能變矣。變化代興，謂之天德。（〈不苟〉）

至此，君子養心的層次已經純熟精微到不受障蔽的境界：

> 故道經曰：「人心之危，道心之微。」危微之幾，惟明君子而後能知之。（〈解蔽〉）

孟子雖也講養心，但孟子之心乃爲「仁義禮智」四端的道德主體，人的「心官」「操則存捨則亡」，若心官不思而縱小體之欲、耳目之官，便淪爲小人，故孟子的養心強調的是寡欲。要寡欲才能避免外在物慾激擾而挺立大體、存養四端之心。相反的，荀子之心爲「生而有知」的認知主體，同時有「藏」（儲存記憶）和「兩」（兼知）的作用，淵博的知識可成，但也因此容易蔽於一曲，所以荀子的君子要致誠專一才不會心生障蔽。我們由上述孟、荀之君子不同的養心之道，看出兩人不同的「心」聲。

荀子所謂的君子，除上述的人格特質外，荀子也賦予君子外王事功的能力。故荀子雖說君子爲學的目的不在於做官，然運用所學澤及下民，教化百姓也是君子責無旁貸的事：「學者非必爲仕，而仕者必如學」（〈大略〉）」、「君子之學，非爲通也」（〈宥坐〉）。「故君子博學深謀，修身端行，以俟其時。」（〈宥坐〉）而且荀子認爲君子若不得勢以監臨小民，人民就沒有機會受到開導成爲文化人，將僅止於追求口腹之欲的自然人：

> 君子非得埶以臨之，則無由得開內焉。今是人之口腹，安知禮義？
>
> 安知辭讓？安知廉恥隅積？亦呥呥而嚼，鄉鄉而飽已矣（〈榮辱〉）

依荀子，爲官者若無能爲力而尸其位，就是欺君誣上；若無法裨益國家而受封祿，便形同盜竊公庫（〈大略〉）。然而荀子十分篤定的說：君子一旦入仕爲官，必不負所學，進則「益上之譽，而損下之憂」（〈大略〉）。

孔子爲君子形塑成一個文質彬彬的樣子；孟子的君子則有望之儼然的大人氣象。那麼，荀子呢？荀子在〈不苟〉篇提到：

> 君子至德，嘿然而喻，未施而親，不怒而威。（〈不苟〉）
>
> 君子寬而不僈，廉而不劌，辯而不爭，察而不激、直立而不勝，堅強而不暴，柔從而不流，恭敬謹愼而容，夫是之謂至文。（〈不苟〉）

這裏浮凸出來的是一個謹守禮法，有爲有守，溫文有禮，剛柔並濟，屈伸應變的文化巨人。

（四）小結

綜合比較孔子、孟子和荀子對君子人格的塑造，三人雖然在價值觀、待人接物、用世態度和學行修養上的觀點大抵一致，也都注重後天修養工夫並以仁義禮做爲修身的三綱，然孟子秉承孔子仁端，多言仁義，荀子接續禮之緒，亟稱禮義、禮法。且孟子的君子以仁成德，不重視外在禮義的學習，而荀子雖說君子既仁且知（〈子道〉）實則以智成德，故強調隆禮義師法、重視辯才。

總之，先秦儒者孔子心中的君子奉仁義禮爲行爲的三綱，體被文質。孟子的君子居仁由義，凸顯君子內在的德輝。荀子之君子循禮門、蹈義路，呈現的是君子外在的禮義文治氣質。一重質，一重文，但都是人格世界中粲溢古今，卓然不群的龍鳳。

三、道德修養的入德者——士

「士」爲四民之首，是傳統中國社會的共識。但關於「士」的觀念，隨著時代的變遷不斷的蛻變，也反映了「士」在封建社會的角色。「士」從字源上看，據甲骨文〔註45〕觀之，當係指未婚青年男子，故古代經傳每以「士女」對稱，「士女」即指「男女」之意。《說文解字》曰：「士，事也，數始於一，終於十，從一十」。段注：「士、事，疊韻引申之，凡能事其事者稱士。」所以「士」有指處事任能者或特指某種特定身分或泛指一般人，後來又被引申爲天子諸侯之臣的官銜，其位階在卿大夫之下，掌管各部門的基層事務，爲有職之人。所謂天子、諸侯、卿、大夫、士、庶人，可見「士」的地位，比「庶人」階級高些，一爲貴族，一爲平民，兩者有不可跨越的階級。

若就歷史意義和地位的考察，春秋時代，由於社會急遽變動，「士」也產生明顯的變化。自春秋末葉，周王室政權衰弱，封建階級制度崩潰，王官失守，世族多降爲平民，如欒、郤、胥、原、狐、續、慶、伯（杜預云：此八姓，晉之舊族。）降在皂隸，（《左傳》昭三年叔向語）《論語‧微子》就曾記載周天子宮廷中掌管禮樂的官吏紛紛出走的情況。〔註46〕於是本來有固定爵

〔註45〕見李孝定《甲骨文字集釋一》（台北市：中央研究院歷史語言研究所，1974），頁159～61。

〔註46〕大樂師摯到了齊國、二樂師干到了楚國、三樂師繚到蔡國、四樂師缺到了秦

祿與專司職務的「士」，逐漸成爲遊走社會的「游士」。其身分與庶人無異，故常與「庶人」合稱爲「士庶人」。〔註47〕

而庶人亦因私學興起，學術風氣大開，布衣可因戰功或學術成就，上升爲士，甚至爲卿相。「朝爲布衣，夕爲卿相」的「布衣卿相」格局遂開啓了各階級之間有流動的現象。據余英時的研究，春秋時代的士已經從固定的封建關係中游離出來，進入「士無定主」的狀態。此時，社會上出現了大批有學問、知識的士人，他們以「仕」爲專業，然而社會上卻沒有固定的職位等待他們，於是便有所謂如何入仕的問題。〔註48〕而儒家所講的道德實踐大都是針對這個「士階層」來說的，但先秦儒者賦予「士」，不僅只是「待仕」的形象，更多是如何「待仕」和「入仕」的道德理想色彩。

（一）孔子的「士」

在《論語》中，「士」出現十九次。偶而會看到孔子的學生十分關切「仕」和「何如斯可謂之士矣？」的問題。而孔子弟子子夏也曾說：「學而優則仕。」（〈子張〉），顯見當時由學入仕是自然的現象。孔子雖未否定「入仕」的政治價值，但孔子基於道德本懷，明白的揭示：就個人行仁這個實踐方向來說，「道德價值」更優先於「政治價值」。〔註49〕因此「士」除了上述「處事任能」和「有官階級」這兩個意義外，孔子更賦予他德性上的意義。冀望能爲學生開啓不同於流俗的新士人生機，使學生擺落狹窄的入仕心胸，而爲「知識份子啓發更崇高的理想，揭示更崇高的人格。」〔註50〕換言之，孔子希望士人從事政治實踐時能注入道德價值的「道」。關於「士」這樣德性意義的方向揭示，我們從子張問：「士何如斯可謂之達矣？」這一章可看到。當子張以「在鄉必聞，在家必聞」爲士之達時，孔子卻答以「是聞也，非達也」。是見孔子心中的「士」不是傳統世俗意義下的「聞達之士」，而是具有「質直而好義，察言而觀色，慮以下人」（〈衛靈公〉）的道德自覺之士。

在道德人格的層次上，孔子的君子是「志於道，據於德，依於仁，游於

國、打鼓的方叔流落到黃河之濱、搖小鼓的武人居漢水之涯、少師陽和擊磬的襄移居於海邊。

〔註47〕《孟子·離婁》：「士庶人不仁，不保四體。」顯然可見的是「士」已無任何的封爵祿位，而孑然一「身」。

〔註48〕參見余英時《中國知識階層史論》（台北：聯經，1980）頁22。

〔註49〕參見蔡英文《韓非的法治思想及其歷史意義》（台北：文史哲，1986），頁12。

〔註50〕參見杜正勝《周代城邦》（台北：聯經，1975），頁89。

藝」的彬彬文質者;「士」則是有道德理想,但工夫尚未純備者。故孔子說:
「士志於道,而恥惡衣惡食者未足與議也。」(〈里仁〉)「士而懷居,不足以
爲士也」(〈憲問〉),順此意以推,「士」的道德境界和「善人」一樣,皆是道
德層次低於君子且「質美而未學者」。〔註51〕

　　孔子認爲士要效法前賢的前言往行循序漸進的修養和自處,否則不能成
德。故眞正的士人,不當把生命的重心安放在生理形軀的居安求飽上,而應
在其內在精神的陶養上。曾子承孔子之意續加發揮:「士不可不弘毅,……仁
以爲己任」(〈泰伯〉)。士人要肩負發揚仁道的社會責任,志氣不可不恢弘堅
毅,其性情胸襟當拔乎流俗之上,獨行其是。且爲了奔赴理想,士人可以奮
不顧身,赴湯蹈火,直有「見危致命」(〈子張〉)、「殺身成仁」(〈衛靈公〉)
的氣概。而其慷慨豪情,雍容大度,眞實流瀉在人間世,最具體的呈現便是
「朋友切切偲偲,兄弟怡怡」(〈子路〉),和朋友結肝膽,相期於道;和兄弟
交心腹,相悅以情!

　　孔子「不得中行而與之,必也狂狷乎!」(〈子路〉)的「狂簡之士」(〈盡心〉)
則是「士」的最佳典型。依孔子的標準,他們的人格形象雖不合中道,或太過,
或不及,卻都是志大而事略、不忘其修德初心的人。難怪孔子會把自己的餘生
致力於「狂簡小子」的教育上,而言曰:「歸與!歸與!吾黨之小子狂簡,斐然
成章,不知所以裁之」(〈公冶長〉)。這些狂簡之士按照氣質的傾向,可分爲「進
取」的「狂者」和「有所不爲」的「狷者」,此如智力過人的子貢、勇氣過人的
子路、思辨力過人的宰我和理想太過的子張皆屬於「狂者」;而理想不及的子夏、
勇氣不足的冉求等則屬於有所不爲的「狷者」。〔註52〕他們雖尚未達材成德,要
皆已入德、成器、並各有所長。是以子路雖有「喭」(粗俗魯莽)、「野」(粗野
無文)、「暴虎馮河」、「好勇」等缺點,孔子仍不忘肯定他已達致「升堂」的道
德境域。而孔子在以器物說人物時,也直稱子貢爲「瑚璉」之才(〈公冶長〉)。
孔子爲門下諸生分設「德行、言語、政事、文學」四科,更是當時諸侯國君爭

〔註51〕依孔子所說「聖人,吾不得而見之矣;得見君子者,斯可矣。」又説「善人,
　　　　吾不得而見之矣;得見有恆者,斯可矣。亡而爲有,虛而爲盈,約而爲泰,
　　　　難乎有恆矣。」(〈述而〉),見「善人」的道德層次低於「君子」,且朱注曰:
　　　　善人,質美而未學者。依此可知「善人」的道德修養境界與「士」同屬「入
　　　　德者」。
〔註52〕關於這些狂狷之士的分析,可參見拙著〈先秦儒家的道德人格世界〉《文藻學
　　　　報》第八期,1994年3月,頁16~8。

相網羅的政治能才。〔註53〕總之，孔子所謂的「士」，既是脫離現實政治利益，不爲稻梁謀而朝向君子人格進階的有德之士；也是站在客觀立場批判和指導現實政治運作的知識分子。徐復觀即稱這種兼具道德修養和知識學養的士人爲「政治的預備軍」。〔註54〕

降自戰國，政治宗法等級體制進一步解體，士人階層不再具有堅實的經濟和社會實力，爲謀生路需憑靠個人的學識才幹去投身政治，加上戰國形勢較西周、春秋社會的動亂紛爭更爲劇烈，戰國七雄都面臨著生存競爭的問題，而生存競爭關係到人才競爭，所謂「賢人在而天下服，一大用而天下從。」（《戰國策‧秦策》）「得地千里，不若得一聖人。」（《呂氏春秋‧智能》）要皆表明當時諸侯國君重視人才的共識。〔註55〕士人和君主在這樣互相需求的情勢下，君主以顯耀的名位、豐厚的利祿作爲吸引士人的誘因，而士人或因個人的抱負或爲生計，也無不使出渾身解數，希望自己能成爲政治新貴。如此一來，「士」與現實政治的關係變得愈加密切，想要保持客觀的距離，著實不易，這就逐漸造就出戰國士林追逐名利與政治投機的心態。

在這個士人爭相登上政治舞台紛紛成爲政治新寵的同時，能承繼孔子，以道德理念界定士人並加以宏揚、深化者，就屬孟子、荀子了！

（二）孟子的「士」

「士」在《孟子》一書中出現九十三次。孟子所指的「士」，有時特指武士，如「王興甲兵，危士臣」之「士」（〈梁惠王〉）；或專指「典獄之官」，如「士師不能治士」（〈梁惠王〉）、「皋陶爲士」（〈盡心〉）的「士」。有時指有位之士，如與卿大夫一同提及的：「前以士，後以大夫」（〈梁惠王〉）、「夫士也，亦無王命而私受之於子」（〈公孫丑〉）等，都是指有官階級的有位之士。另一種則是無位的士，指讀書明道而未入仕的人。孟子主要發揚的是「無位之士」的道德形象。承孔子之說，孟子雖知士已無世襲的封田和爵祿可保，出路就在「出仕」一途，若得仕則有「圭田」，失位不仕則無「圭田」，由學致仕、由學而仕可說是當時士人實現自我的普遍途徑，故有言：「士之仕也，猶農夫

〔註53〕《論語》中載有諸侯國君問孔子：「弟子孰爲好學？」或是「某某學生如何？」
　　　　說穿了都是在招賢納才。據史載，孔子弟子有七十二位賢人，自孔子卒後，
　　　　七十子之徒，散遊諸侯，大者爲師傅卿相，小者友教士大夫，或隱而不見。（《史
　　　　記‧儒林列傳》）。
〔註54〕參見徐復觀《周秦政治社會之研究》（台北：學生，1981），頁154。
〔註55〕參見陳桐生《天柱斷裂之後》（河北教育，2001），頁16～8。

之耕也」、「士之失位也，猶諸侯之失國家也」（〈滕文公〉），孟子認爲從政是士人的職責之一，但士人求仕，當和君子一樣當抱持「以道入仕」的原則。若士人失位不得勢時，則當好好的培養自己的心志，是即所謂的「士尙志」（〈盡心〉）。而士所志者何？志於仁義耳！孟子甚且說：「士庶人不仁，不保四體。今惡死亡而樂不仁，是猶惡醉而強酒。」（〈離婁〉）其重視仁的涵養於此可見，而士人的仁義涵養，消極言之，不殺無罪、不非其有而取之：「殺一無罪，非仁也；非其有而取之，非義也」。積極言之，則宜將仁義實現在人倫日用上：「入則孝，出則悌；守先王之道，以待後之學者。」（〈滕文公〉）

孟子以「尙志」爲「士人」的本務，這與當時普遍以勞動生產和現實利益的價值觀來衡量人，根本格格不入。王子墊、彭更「士何事」之問或言「士無事而食，不可也」（〈滕文公〉），便是反映當時人對士的印象。的確，士人不當官又無特定的職業，既不從事生產又不參與社會工作，一副無所事事的樣子，很容易讓人有這樣的誤解。孟子爲了釋疑和化解這樣的刻板印象，便從「通功易事」社會分工的角度加以解釋：士是「治人」的「勞心者」，擔任的是維繫傳統社會教化的工作。此處孟子不僅重新定位、肯定士人在分工社會裡的社會功能，〔註56〕同時表明士人「志乎仁義」的價值優先性。因此士人的職業雖在「仕」途上，心志卻在道德人格的完成。

由此以觀，孟子所謂的士，如同孔子，其職業爲等待入仕的士，修養則是志乎「大人君子」然大德未立者。孟子的士之所以爲士，在其心不在其跡，在其志不在其業。士的人格價值，不在職業上的成就，乃在其能於天下滔滔的時代，以其淋漓的生命元氣，或挺身而出，擔當世運，或捨身而去，以自求志。此孟子說：

> 故士窮不失義，達不離道。窮不失義，故士得已焉。達不離道，故
> 民不失望焉。古之人得志，澤加於民，不得志，脩身見於世，窮則
> 獨善其身，達則兼善天下。（〈盡心〉）

士人在野便修身正行，樂天知命；入朝則深自勉勵、志深意遠而樂得其位以行其道。這充分展現士人「進思盡忠，退思補過」進退得宜的人格操守。

故孟子認爲志士和凡民最大的不同，就在士有不計成敗、興替、得失的恆心：「無恆產而有恆心者，唯士爲能」（〈梁惠王〉），他們能自作主宰，不爲

〔註56〕關於孟子對士人的社會定位，可參看趙杏根〈論孟子對士人的社會定位〉一文，參見《孔孟月刊》，39：6，2000，頁 15～21。

環境所圍，不爲時勢所抑，甚至橫遭物議時，也不會因此干擾動搖其行道的決心：「無傷也。士憎茲多口」（〈盡心〉）。而孟子的士一旦自反無所餒時，不待聖人之教，就會奮然而起。此孟子說：「夫豪傑之士，雖無文王猶興。」（〈盡心〉）孟子稱陳良爲「豪傑之士」，即以其雖身處南方卻不爲時俗、地域所拘，「悅周公、仲尼之道」而「北學於中國」，故稱其爲「拔乎流俗」的「豪傑」。

（三）荀子的「士」

《荀子》談「士」共一百五十七見。其中有指丈夫之意者，如：「婦人莫不願得以爲夫，處女莫不願得以爲士」；有處事者，如「材伎之士」、「賢良知聖之士」、「爪牙之士」、「傭士」（〈王制〉）、「布衣紃屨之士」（〈富國〉）等。也有官階之意者，此如：「小儒者，諸侯、大夫、士也」（〈儒效〉）等。不過《荀子》書中的士，大多就四民之一的「無位之士」說：「農農、士士、工工、商商一也」。（〈王制〉）荀子曾對這些士人作一簡別：有些士抱著用世的理想，平時樂天知命，涵養修身，得志則奉獻所長，一展平生宿志並加惠分施與民。此荀子稱之爲「古之仕士」、「古之處士」者。也有些讀書人缺乏道德修養，居官而志意卑下，不僅貪戀權勢且危害社會；蹭蹬失志就務求不同於眾人以自我標高。荀子稱之爲「今之仕士」「今之處士」者：

> 古之所謂仕士者，厚敦者也，合羣者也，樂富貴者也，樂分施者也，遠罪過者也，務事理者也，羞獨富者也。今之所謂仕士者，汙漫者也，賊亂者也，恣睢者也，貪利者也；觸抵者也，無禮義而唯權埶之嗜者也。（〈非十二子〉）

> 古之所謂處士者，德盛者也，能靜者也，修正者也，知命者也，箸是者也。今之所謂處士者，無能而云能者也，無知而云知者也，利心無足，而佯無欲者也，行僞險穢，而強（彊）高言謹愨者也，以不俗爲俗，離縱而跂訾者也。（〈非十二子〉）

荀子心中理想的知識分子當然是古之仕士或處士者。荀子將這樣的人格列做爲學做人的第一目標。此勸學篇曰：「其義則始乎爲士，終乎爲聖人」。其道德人格等第在聖人、君子之下，而在庸人之上：

> 孔子曰：「人有五儀：有庸人，有士，有君子，有賢人，有大聖。」（〈哀公〉）

故若人有意修身，而向君子請益時，君子就用「士以上」的道德標準告訴他。

同樣的，匹夫問學，若志不及於士，君子就不教。是見荀子所強調的「士」，是有志從事道德修養之士，而爲進德修業的初階。這和《論語》中，樊遲問孔子「學稼」、「學圃」之事，孔子答以「不如老農」「不如老圃」（〈子路〉）有異曲同工之處：

> 君子言有壇宇，行有防表，道有一隆。言政治之求，不下於安存；
> 言志意之求，不下於士。（〈儒效〉）

> 匹夫問學，不及爲士，則不教也。（〈儒效〉）

荀子認爲士階層既然不再是擁有世襲封爵的「仰祿之士」（〈堯問〉），其「勢榮」便已不再，故其生命的尊榮，純然靠自己內在的修養並要求自己是「正身之士」（〈堯問〉）。士若不明此義，放棄自己可以努力的空間而「流淫汙僈，犯分亂理，驕暴貪利」，終將自招其辱。（〈正論〉）此荀子曰：

> 夫仰祿之士猶可驕也，正身之士不可驕也。彼正身之士，舍貴而爲
> 賤，舍富而爲貧，舍佚而爲勞，顏色黧（黎）黑而不失其所，是以
> 天下之紀不息，文章不廢也。（〈堯問〉）

士若深明此義而學成，即使鄉野之人也可入德：

> 子贛季路故鄙人也，被文學，服禮義，爲天下列士。（〈大略〉）

> 故隆禮，雖未明，法士也。（〈勸學〉）

甚至可以成爲君子，而與君子合稱爲「士君子」；

> 士君子不爲貧窮怠乎道。（〈修身〉）

> 有士君子之勇者。（〈不苟〉）

> 有士君子之辯者。（〈非相〉）

若因時運所濟而入仕，則稱爲「士大夫」：

> 志行修，臨官治，上則能順上，下則能保其職，是士大夫之所以取
> 田邑也。（〈榮辱〉）

> 士大夫以上至於公侯，莫不以仁厚知能盡官職。（〈榮辱〉）

> 則士大夫莫不敬節死制者矣。（〈王霸〉）

> 士大夫務節死制，然而兵勁。（〈王霸〉）

孟子之士「志乎仁義」，係以仁義做爲入德的重要品質。至於荀子所謂的「士」特質爲何？簡言之，即指能落實所學的禮義：「彼學者，行之，曰士也」（〈儒效〉）。荀子以禮法爲人應爲的本務，若想要躍上道德的門限，首先要奉行禮

法：「嚮是而務，士也」（〈解蔽〉），「好法而行，士也」（〈修身〉），「法禮，足禮，謂之有方之士」（〈禮論〉），而若其「行法至堅，不以私欲亂所聞」，就可謂之爲「勁士」了（〈儒效〉）！

除了「法禮」、「隆禮」外，荀子的「士」也和孔孟一樣有「仁」、「知」、「恕」等修養，並注重友道。在〈子道〉篇，荀子藉著孔子和子路的對話說出，士之「知」能使人知己，士之「仁」能使人愛己：

> 子路入，子曰：「由！知者若何？仁者若何？」子路對曰：「知者使人知己，仁者使人愛己。」子曰：「可謂士矣。」（〈大略〉）

士若能明白「君子三恕」之理，則可以端身入道了：

> 孔子曰：「君子有三恕：有君不能事，有臣而求其使，非恕也；有親不能報，有子而求其孝，非恕也；有兄不能敬，有弟而求其聽令，非恕也。士明於此三恕，則可以端身矣。」（〈法行〉）

還有，士之爲學不可不親師取友，故士當與「爭友爲友」，不交蔽賢的妒友：

> 士有妒友，則賢交不親；君有妒臣，則賢人不至。蔽公者謂之昧，隱賢者謂之妒，奉妒昧者謂之交譖。交譖之人，妒昧之臣，國之薉孽也。（〈大略〉）

> 士有爭友，不爲不義。（〈子道〉）

以上所述的士人修爲之道，都和孔孟的主張無大異。且荀子有言：「士信愨而後求知能焉。士不信愨而有多知能，譬之其豺狼也，不可以身尒也。」（〈哀公〉）認爲士的德性比智能的表現更優先，這一點也與孔孟同調。然孔孟強調的是在心不在跡的「士之志」，極端重視士的精神面，而荀子的「士」具有「仁知」恕道並「篤行禮法」，則多就行爲的篤實、效應來稱「士」，顯然已從抽象的理想色彩蛻化出來，並以此爲進入修養之門的初階。荀子還指出：士亦當好言且具有辯才「法先王，順禮義，黨學者，然而不好言，不樂言，則必非誠士也。」（〈非相〉）但「若夫充虛之相施易也，『堅白』『同異』之分隔」等名家之說乃「無益於理」「不中禮義」的姦說，則是「是聰耳之所不能聽也，明目之所不能見也，辯士之所不能言也。」（〈儒效〉）

如前所述，士以「仕」爲業，士當「以德稱位」奉獻所學，發揮己長。荀子認爲「士」是天府寶藏，對社會國家是正面提升的力量，關係著國家的強弱。故人主待士不宜像一般庶民般「以法數制之」，而當以禮修服之：

> 學問不厭，好士不倦，是天府也。(〈大略〉)
>
> 好士者強，不好士者弱。(〈議兵〉)
>
> 德必稱位，位必稱祿，祿必稱用，由士以上則必以禮樂節之，眾庶
> 百姓則必以法數制之。(〈富國〉)

人君若能「凝士以禮」(〈議兵〉)，好而用士，將使國家「以守則固，以征則強」而稱霸天下：

> 與端誠信全之士為之則霸。(〈王霸〉)

荀子在〈不苟〉將為官的士按照品格分成五等：

> 有通士者，有公士者，有直士者，有慤士者，有小人者。上則能尊君，
> 下則能愛民，物至而應，事起而辨，若是則可謂通士矣。不下比以闇
> 上，不上同以疾下，分爭於中，不以私害之，若是則可謂公士矣。身
> 之所長，上雖不知，不以悖君；身之所短，上雖不知，不以取賞；長
> 短不飾，以情自竭，若是則可謂直士矣。庸言必信之，庸行必慎之，
> 畏法流俗，而不敢以其所獨甚，若是則可謂慤士矣。言無常信，行無
> 常貞，唯利所在，無所不傾，若是則可謂小人矣。(〈不苟〉)

第一等的士，能尊君愛民，於物無不能肆應，於事無所疑惑；即所謂通達大體，無滯於小見的「通士」。其次為不結黨於下以蔽上，不苟合於上以害下，處理紛爭不以私意害公的「公士」。再其次是為「直士」，不矜己長也不掩己惡，事上不求為可知，一切如實自舉不加文飾。然後是「慤士」，言必信，行必慎，不以流俗之行為法，也不敢獨行其是。等而下之的是「小人之士」，其言行沒有原則，唯利是求。

對照起來「小人之士」，自營自為，與荀子所謂的「今之仕士」的嘴臉一樣。「慤士」慎行己身，如〈王霸〉：「與端誠信全之士為之則霸」中的「端誠信全之士」。「直士」以實事君，不加文飾，如謹守禮義的「法士」。公士不闇上不疾下，大公無私，好比「行法至堅，不以私欲亂所聞」的「勁士」；也相當於上節所述的「行法至堅」的君子。通士尊君愛民，應物治事，則與〈儒效〉：「所未嘗聞也，所未嘗見也，卒然起一方，則舉統類而應之，無所儗作；張法而度之，則晻然若合符節」的「大儒」相當。〔註57〕

荀子所謂的士者形象是：

〔註57〕參見李滌生《荀子集釋》(台北：學生，1981)，頁52。

> 雖不能盡道術，必有率也；雖不能徧美善，必有處也。是故知不務
> 多，務審其所知；言不務多，務審其所謂；行不務多，務審其所由。
> 故知既已知之矣，言既已謂之矣，行既已由之矣，則若性命肌膚之
> 不可易也。故富貴不足以益也，卑賤不足以損也：如此則可謂士矣。
> （〈哀公〉）

上節文字所勾畫出來的士人是：道術雖尙未能達到全盡之境，行爲也未能盡善盡美，但其持身必有所循，做事也有原則；其所言、所知、所行皆能合理中道，且一定堅持做對的事。其意志堅定如同愛惜自己的性命肌膚一般，絕不因外在環境的貴賤而有所損益。

（四）小結

總括上述，孔孟荀三儒都以「士」爲修身入德的初階，都爲當時的「士」階層注入道德理想的色彩。但比較起來，孔、孟的「士」傾向於「未仕」或「待仕」時的心跡、志氣和修持工夫，強調其精神理想的一面，對具體的事功表現則鮮有稱述。然而，不管是孔子的「狂簡之士」，或孟子的「豪傑之士」，耿耿丹心皆可照汗青，都足可爲天地昭留正氣，有其眞性情，眞氣概，在晦盲否閉之世超拔獨立，其事可成功，亦可失敗，正是「昔人皆已歿，千載有餘情」的寫照。荀子則淡化此種精神理想色彩，偏於士人已經「入仕」時的操守、修養及行爲的篤實來說，故荀子論士強調「讀書明道」、「學而行之」，特重行爲的效果和外在的事功，此與孔子「志大事略」狂簡之士；孟子所立之志士、義士、廉士、豪傑之士重視內在的氣宇、器識、存養與氣概，有了不同的取向。

四、道德修養的缺德者——小人

「小人」一詞，常與「君子」對比並言，在孔子以前，指的是政治上的被治者，即所謂的平民。到孔子，才將之轉變爲德性上的涵義，指的是：渾沌未覺的自然人格狀態，其以生命原始之氣流隨俗俯仰，任其清濁。不過隨著時間的推移，「小人」似乎也跟著「道德日退」，現在的「小人」，已成爲斥責卑鄙無恥下流之人的代名詞了。我們從先秦三大儒者對「小人」形象的描寫，可看到其演變的痕跡。

（一）孔子的「小人」

「小人」在《論語》出現了二十四次。傳統所謂的「小人」指的是「在

下位者」，或指一般百姓，這樣的意思，孔子也有，此如：「君子之德風，小人之德草」中的「小人」指的就是「在下位者」。但孔子的獨抒處是通過德性來界定，所謂的「小人」指的是：尚未有理性自覺，凡事但憑感性，生命往往無憑無恆。表現在情緒上自然也飄忽無常，難以捉摸，對他太好，便輕忽人我應有的分際而態度不遜，疏遠了他，又生怨心，〔註58〕女人的生命情態不也是這樣？蓋古時候的女子未受教育，理性尚未被啓發，當然容易感情用事，所以孔子說：

> 唯女子與小人爲難養也，近之則不孫，遠之則怨。（〈陽貨〉）

孔子在這裡並未有歧視女性的意味，而純就當時的現象描述。

在生命的方向上，小人順俗而易「下達」（〈憲問〉），凡事計慮利害得失：「小人喻於利」（〈里仁〉），利之所趨，可以委屈求全；一旦和自己利害相違時，又罔顧情誼，視別人爲工具加以操縱利用，甚至損人以利己，是即孔子所謂的「小人有成人之惡」（〈顏淵〉）。他們關懷衣食的溫飽輕暖，對道義沒有敬畏的心情：「小人不知天命而不畏，狎大人，侮聖人之言」（〈季氏〉），道德仁義在他們「價值量化」下，變得一文不值，棄之如敝屣。且由於其人格不獨立，喜歡攀緣附求、黨同伐異，故在人際關係上有「求諸人」（〈衛靈公〉）、「比而不周」（〈爲政〉）和「同而不和」（〈子路〉）的作風。

人格不獨立的小人，須借外在肯定自己，所以很在意榮辱得失，得意時就沾沾自喜，顯出一副不可一世的驕態：「小人驕而不泰」（〈子路〉）。失意了便失魂落魄：「小人長戚戚」（〈述而〉）。小人抱持如此患得患失的心態用世，固然可奉獻其器用專才，卻沒有恢宏的氣度足以綜理大局，擔當大任，故孔子曰：「小人不可大受，而可小知也」（〈衛靈公〉）。也因著小人的氣量狹小，自信不足，他們一方面亟須別人的諛承；一方面又私心自用而不識人的才能和限度，常對人做出不合理的要求，此所以孔子說：「小人難事而易說，說之不以道，說也；及其使人也，求備焉」。（〈子路〉）

（二）孟子的「小人」

孟子提到「小人」的次數約十三次。其中涉及傳統「在下位」者的意思，有多見：

〔註58〕關於孔子將女子與小人合論，並無歧視女性之義，曾師昭旭〈說唯女子與小人爲難養也〉一文，論之精闢，可以參見。文見《論語的人格世界》（台北：漢光，1987），頁61～85。

　　小人之德草也；草上之風必偃。（〈滕文公〉）

　　有大人之事，有小人之事。（〈滕文公〉）

　　我不貫與小人乘，請辭。（〈滕文公〉）

　　其小人簞食壺漿以迎其小人。（〈滕文公〉）

　　小人犯刑。（〈滕文公〉）

　　小人之澤，五世而斬。（〈離婁〉）

　　小人學射於尹公之他。（〈離婁〉）

　　君子所履，小人所視。（〈萬章〉）

　　小弁，小人之詩也。（〈告子〉）

　　孟子從德性觀點批判「小人」者，則有：「養其小體者爲小人」（〈告子〉），「從其小體者爲小人」（同上）。其義同於「小丈夫」。孟子將人二分爲「大體」和「小體」，大體指「心之官」，「小體」指「耳目之官」（〈告子〉）。孟子將心看作與耳目官能對立的一種官能，兩者最主要的不同在於心之官能思，而耳目之官不能思。「心」官的來源是「天」，如同「仁義禮智聖」之「性」，亦爲天之所與，是人人普遍具有的先驗普遍性。孟子給予大、小體以價值判斷；以大體爲「貴」，小體爲「賤」（〈告子〉），並據此將人二分爲能挺立大體、「從其大體」的「大人」、「大丈夫」，以及「從其小體」的「小人」、「小丈夫」、「賤丈夫」。

　　孟子的小人並非沒有心官、大體，祇因其良心放失，把心的主權交給小體——耳目之官，於是心順隨官能慾望向外求索；而外物也會誘惑牽引生理的欲望，小人的道德主體——「心官」便在「物交物」的障蔽誘發（〈告子〉）下，爲物所牽，甚而陷溺不拔、逐物而不返。這就是孟子所謂的「養小體」，滿足口欲並唯利是圖的「小人」、「小丈夫」、「賤丈夫」的生命情態。

　　外表上，孟子的小人常擺出強勢的姿態，然而他們的強是原始生命力的強，是守氣而有待於外的強撐，不是以志帥氣，如理作意的自強。所以像張儀，公孫衍「一怒而天下懼，安居而天下熄」（〈滕文公〉），似有大丈夫之慨，孟子卻直指他們的行徑是委屈理想以迎合君王的霸道，是枉己以從人的貪利苟安之徒。關於小人的人格型態，孟子在〈公孫丑〉篇的「知言養氣」章提到的北宮黝、孟施舍最能刻繪。前者是以「必勝爲勇」，後者則是以「無懼爲勇」都是「義襲而取」的自我膨脹。以必勝爲勇的北宮黝，原始生命力很強，

他不畏於外在的強權武力,「不膚撓、不目逃……不受於褐寬博,亦不受於萬乘之君……無嚴諸侯」,一旦有人辱罵他,一定反彈回去,一副威武不屈的樣子。但他的自信,是憑仗自己過人的血氣之勇,將別人推到外面,而以外逐爭勝的方式,壓倒對方來肯定自己、建立信心。然而人的生命力有限,一旦血氣既衰,生命就氣餒不振了。

至於以無懼為勇的孟施舍,其養勇方式,雖不再像北宮黝一樣把生命變成戰場,用逞勇鬥力的方式來和外界競爭,但他把生命鎖定在內在:「視不勝猶勝也。量敵而後進,慮勝而後會,是畏三軍者也。豈能為必勝哉?能無懼而已矣!」(〈公孫丑〉)認為只要心理不怕失敗,拒絕承認失敗,失敗就不存在,自己就是常勝軍。這種獨強養勇的方式雖已擺脫逐物不返的危機,然其懸絕萬緣的精神勝利法,又不免孤守於內,生命變得孤獨荒涼。孟施舍雖不再鬥力,但仍有自信不足的較勁心態,否則何必執守「無懼為勇」自欺欺人以肯定自己呢?

(三)荀子的「小人」

《荀子》書中的「小人」共出現八十一次。有時指的是「百姓」,此如:「君子以德,小人以力;力者,德之役也。」(〈富國〉)文中的君子指的是「君主」、小人指的是「百姓」。荀子同孔、孟二子一樣,也有從「德性」意義來看待「小人」的,其人格比一般俗情眾生更等而下之。此《荀子‧君道》說道:

> 故職分而民不探,次定而序不亂,兼聽齊明而百姓不留:如是,則臣下百吏至於庶人,莫不修己而後敢安止,誠能而後敢受職;百姓易俗,小人變心,姦怪之屬莫不反愨:夫是之謂政教之極。

上節所引文字乃在說明政治教化極致的情形。其中提到「百姓易俗,小人變心,奸怪之屬莫不反愨」,是知荀子所謂的「姦人」、「小人」、「百姓」三者有別。百姓即是「庶人」,指一般民眾百姓之意,有時又稱之為「塗之人」、「塗巷之人」,或謂之為「眾人」「俗人」「庸人」:

> 眾人者,工農商賈也。(〈儒效〉)
>
> 君子不近,庶人不服。(〈勸學〉)
>
> 孝弟原愨,軥錄疾力,以敦比其事業,而不敢怠傲,是庶人之所以取煖衣飽食,長生久視,以免于刑戮也。(〈榮辱〉)
>
> 以從俗為善,以貨財為寶,以養生為己至道,是民德也。(〈儒效〉)

一般民眾忠厚處世，努力工作以勤勉治理事業而不敢驕慢，無非是爲了求飽暖免於刑辱，其價值觀順俗而趨，以「貨財爲寶，以養生爲己至道」，一生但求飲食溫飽，無災無厄，其他無大志，因此對於「仁義禮」這種涉及精神層次的價值，一般人出入無向。有時行，有時不行，德性層次在君子、士之下：

> 人有五儀：有庸人，有士，有君子，有賢人，有大聖。（〈哀公〉）

> 倫類不通，仁義不一，不足謂善學。學也者，固學一之也。一出焉，一入焉，涂巷之人也。（〈勸學〉）

> 不能以義制利，不能以僞飾性，則兼以爲民。（〈正論〉）

> 禮者……故自天子通于庶人，事無大小多少，由是推之。（〈富國〉）

> 君臣上下，貴賤長幼，至於庶人，莫不以是爲隆正；然後皆內自省，以謹於分。（〈王霸〉）

> 禮者，以財物爲用，……人有是，士君子也；外是，民也。（〈禮論〉）

> 禮者，人道之極也。然而不法禮，不足禮，謂之無方之民。（〈禮論〉）

眾人庶民的德性大都停留在實用的層次上，「不學問」、「不隆禮」、「無正義」，而「以富利爲隆」：

> 不學問，無正義，以富利爲隆，是俗人者也。（〈儒效〉）

也由於未能修行禮義，才德不高，所以眾人有時「志不免於曲私」「行不免於汙漫」、「甚愚陋溝瞀」，卻仍希冀別人「以己爲公」，「以己爲修」，「以己爲知」：

> 志不免於曲私，而冀人之以己爲公也；行不免於汙漫，而冀人之以己爲脩也；甚愚陋溝瞀，而冀人之以己爲知也：是眾人也。（〈儒效〉）

荀子認爲眾人庶民的人格特質是追逐官能享受「從物如流，不知所歸」的生命無依者：

> 口不道善言，心不知邑邑；不知選賢人善士託其身焉以爲己憂；動行不知所務，止立不知所定；日選擇於物，不知所貴；從物如流，不知所歸；五鑿爲正，心從而壞：如此則可謂庸人矣。（〈哀公〉）

是以眾人雖未入德，然若一念向上，勤學不輟也有成聖、爲堯禹的可能。此與孔子所謂的「小人」相類。而且除了有「義榮」外，還可能有「勢榮」而登上「卿相士大夫」之列：

> 雖庶人之子孫也，積文學，正身行，能屬於禮義，則歸之卿相士大夫。（〈王制〉）

至於荀子的「小人」特質爲何？荀子說：

> 小人計其功。(〈天論〉)

荀子的「小人」除了與上述的俗情眾生一樣喜歡功利計較外，在人格等第上，其實是比「俗眾」更低一等的人格類型。荀子也常以「君子小人」對舉的方式來說明小人的志行德性。依荀子，君子小人先天的材能相同，好榮惡辱，好利惡害的心理也相同。按理來說，小人的智能要成爲君子是綽綽有餘的，然而兩者所以一個成德，一個敗德而形成人格的差異，就在於「求榮利、去辱害」之道不同：

> 材性知能，君子小人一也；好榮惡辱，好利惡害，是君子小人之所同也；若其所以求之之道則異矣。(〈榮辱〉)

> 君子道其常，而小人道其怪。(〈榮辱〉)

大抵而言，君子行由常道，小人行由邪僻，人生行走的路不同，鑄成的人格自然有別，因此君子小人的差異無關乎知能才性，甚至小人的知能比君子還高出許多，最大的差異來自於彼此的行徑不同，後天的習染不同，以致形成人格的高下，是所謂「君子注錯之當，而小人注錯之過也」「是注錯習俗之節異也」(〈榮辱〉)。詳言之，小人所欲和所行背道而馳，「其言也諂，其行也悖，其舉事多悔」，因此「必不得其所好，必遇其所惡」(〈性惡〉)而常遭到危辱之事：

> 爲小人則常危辱矣。(〈儒效〉)

> 小人則日徼其所惡。(〈儒效〉)

綜觀荀子所論，小人的特質是這樣子的：

1、在生命的方向，小人重心外傾：「小人不誠於內而求之於外」(〈大略〉)，故「小人計其功」(〈天論〉)。其「言無常信，行無常貞，唯利所在，無所不傾。」(〈不苟〉)

2、其生命情態「縱情性而不足問學」(〈儒效〉)。小人的價值觀建立在「惟利是求」上，對學問往往道聽塗說：「入乎耳出乎口」，不足以美化自己，且得一善言，就忙著炫人以自美：「小人之學以爲禽犢」(〈勸學〉)，「小人之辯言險」(〈非相〉)。這種取譽媚人的心態另有所圖，好像禽獸在向人搖尾乞憐一樣。說穿了都是人格不獨立而內心虛歉的表現。小人因爲缺乏自信，才需要沽名釣譽以掩飾自己的不足；此荀子說：「小人致亂而惡人之非己，致不肖而欲人之賢己也，心如虎狼，行如禽獸，又惡人之賊己也」(〈修身〉)。應驗

了所謂的「強調就是缺乏」，愈需要別人肯定者正代表自己的不足。

　　3、「比較」是小人的行為模式。「比較」自然會有高下，小人的心情慣常也是「患得患失」：「既已得之，又恐失之。是以有終身之憂，無一日之樂也」（〈子道〉）。他們可說是自傲和自卑的矛盾體，所以「能亦醜，不能亦醜」，有能就「倨傲避違以驕溢人」，無能就「妒嫉怨誹以傾覆人」（〈不苟〉）。其在言行智能的表現往往驕矜自是，自矜自伐：「奮於言者華，奮于行者伐，色知而有能者，小人也。（〈子道〉）一旦居上位則「尙民而威」、「以非所取於民而巧，是傷國之大災也」（〈王霸〉）、「橫行天下，雖達四方，人莫不棄」（〈修身〉）。因此，小人即使得到榮名也是「可以有勢榮，不可以有義榮」（〈正論〉）的虛張之「勢」而已。

　　要之，荀子的小人往往在位尊權傾，擁有勢榮時，因挾其勢而驕慢待人，結果欲榮反辱：

> 快快而亡者、怒也，察察而殘者、忮也，博而窮者、訾也，清之而俞濁者、口也，豢之而俞瘠者、交也，辯而不說者、爭也，直立而不見知者、勝也，廉而不見貴者、劌也，勇而不見憚者、貪也，信而不見敬者、好剸行也。此小人之所務，而君子之所不為也。（〈榮辱〉）

所以荀子說：「義辱埶辱，唯小人然後兼有之。」（〈正論〉）又說小人「兩廢」，不論環境的順逆窮通、才能的智愚高下、情緒的憂樂悲喜、其道是否見用，小人都是「墮落」：

> 小人則不然：大心則慢而暴，小心則淫而傾；知則攫盜而漸，愚則毒賊而亂；見由則兌而倨，見閉則怨而險；喜則輕而翾，憂則挫而懾；通則驕而偏，窮則弃而僷。傳曰：「君子兩進，小人兩廢。」此之謂也。（〈不苟〉）

　　小人的墮落會順著自然情欲向下自然發展，以致放恣不加檢束而做出違背禮義、貪利爭奪的事：

> 縱性情，安恣睢，而違禮義者為小人。（〈性惡〉）

> 小人者，從其性，順其情，安恣睢，以出乎貪利爭奪。（〈性惡〉）

　　至此，荀子的小人不只是從俗、順俗的隨波逐流者，其人格已經嚴重偏差到：活著，生命沒有價值感；死了，也就一無所有了，此荀子謂之：「小人休焉」（〈大略〉）。

　　在眾多歷史人物中，荀子稱五霸爲「小人之傑」：

> 彼以讓飾爭，依乎仁而蹈利者也，小人之傑也，彼固曷足稱乎大君
> 子之門哉！（〈仲尼〉）

> 故居處足以聚徒成群，言談足飾邪營眾，強足以反是獨立，此小人
> 之桀雄也，不可不誅也。（〈宥坐〉）

荀子於此首先指出五霸是以欺詐之術取勝敵人，以謙讓之德掩飾爭奪之心，其外依乎仁義內實蹈利，是為不可不誅的「小人之傑」。荀子對於五霸的看法，相當於孟子所說的「五霸者，三王之罪人也」（〈告子〉）的說法。

（四）小結

孔子所稱的「小人」正是陽明所說的「順軀殼起念」者（《傳習錄》），其生命無憑、無價值自覺，但求衣食溫飽，汲汲於名利、戚戚於貧賤的俗情之流，是沒有理想，沒有德操的眾生之輩。孟子的小人、小丈夫、賤丈夫則或指心從物慾、物役、自甘下流的缺德者；或指膨脹、強撐其生命血氣者，批判的意味顯然比孔子強烈。到了荀子的小人則更為下焉者，其生命嚴重扭曲，行為也偏差到悖禮犯分，甚至「得而誅之」的地步。從上面的分析，我們發現「小人」日趨下流的歷時性發展。

五、道德修養的亂德者──鄉原、姦人

（一）孔孟的「鄉原」

「小人」，依孔子，是尚未自覺的自然人，順著自然生理的需求，為自己打算。他們居求安，食求飽，不足造成對道德價值的傷害，孔子只說「難養也」，並沒有鄙視之意。他最鄙夷的是鄉愿，子曰：「鄉原，德之賊也。」（〈陽貨〉）「鄉原」，「原」同愿，「鄉原」意為「一鄉皆稱原人」（《孟子‧盡心》），換言之，即全鄉都公認的忠厚老實人，像這樣大家都推許的忠厚之人，孔子為什麼討厭？還說他是「德之賊」呢？在《論語》中，孔子並未說明，到《孟子》才有進一步的闡釋。

孟子曰：

> 閹然媚於世也者，是鄉原也。（〈盡心〉）

又說：

> 非之無舉也，刺之無刺也；同乎流俗，合乎污世；居之似忠信，行
> 之似廉潔；眾皆悅之，自以為是，而不可入堯舜之道，故曰德之賊

也。(〈盡心〉)

依孟子的詮釋，鄉原者流，乃是懂得世俗的好惡，且善於掩過飾非，讓別人沒理由去說他的是非者。他們滿口仁義道德，內裏卻扭曲失真，表面看起來忠信廉潔，其實閹然媚世。這種巧言亂德，似是而非的行徑，容易讓人產生價值的混淆，以偽亂真，此孟子藉孔子之口說出：「惡鄉原，恐其亂德也。」(〈盡心〉)。

孔、孟心目中的小人雖缺德，至少還真實暴露出來，是真小人；至於鄉原者流則是貌似忠厚，心實豺豹的偽君子，比小人更令人深惡痛絕！依此，人人都稱美為廉士的陳仲子，形似廉潔：「以兄之祿為不義之祿而不食也，以兄之室為不義之室而不居也；辟兄離母，處於於陵」(〈滕文公〉)然孟子認為其避兄離母，是無人倫之親，而有扭曲人性之處，實非為真廉士，而有閹然媚世之嫌，故孟子認為不可取。

（二）荀子的「姦人」

荀子的「姦人」即「奸險之人」，比「小人」更壞：

> 姦人將以盜名於晻世者也，險莫大焉。故曰：「盜名不如盜貨。田仲史鰌不如盜也。」(〈不苟〉)

荀子對於那些違反人情而博取美名的作法很不以為然，認為有欺世盜名之嫌，這種人比一般盜貨的強盜還不如，文中荀子特別舉出史鰌的直、田仲的廉皆所謂苟難之類，皆非禮義之中，故視之為姦人。其中又以「上不足以順明王，下不足以和齊百姓，然而口舌之均，應唯則節，足以為奇偉偃卻之屬」，口才一流卻不順禮義者最為奸險：「夫是之謂姦人之雄。」(〈非相〉)「是特姦人之誤於亂說，以欺愚者而淖陷之，以偷取利焉。夫是之謂大奸」。(〈正論〉)

姦人「飾邪說，文奸言」，雖極力掩飾自己偏險不正的心態，卻逃不過時間的檢驗。此如荀子所說的姦人「志不免乎奸心，行不免乎奸道，而求有君子聖人之名」(〈仲尼〉)，然這好比伏地舐天，離天愈遠，又如拯救上吊的人卻猛拉他的腳一樣徒勞無效，所以以姦心去追求美名，「說必不行矣，俞務而俞遠。」(〈仲尼〉)日久終將被識破揭穿而遭到危險、恥辱以至於死刑。此荀子曰：「為倚事，陶誕突盜，惕悍憍暴，以偷生反側於亂世之間，是姦人之所以取危辱死刑也。」這完全證明姦人所有的文飾和欺瞞雖是機心用盡，其實思慮欠周，故曰：「其慮之不深，其擇之不謹，其定取捨楛僈，是其所以危也。」(〈榮辱〉)

（三）小結

　　孔子、孟子厭惡「鄉愿」，咸認此輩是「欺世盜名」的亂德者，荀子的姦人和孔子、孟子所謂的「閹然媚世」的鄉愿差不多，只不過孔、孟偏向其貌似忠厚的虛偽外表說，荀子針對其姦險的內心世界說，顯見先秦三大儒者對於所謂的「偽君子」都深惡痛絕。孔、孟二子只是擔心他們混淆是非，造成價值觀的錯亂，荀子則更透徹的看穿他們的行徑終將自暴其短，邪不勝正。史魚（即史鰌）的直，在孔子，認爲「邦有道如矢，邦無道如矢」有失君子「邦有道，則仕；邦無道，則可卷而懷之」（〈衛靈公〉）自由不偏執的襟懷，而荀子卻直指其爲苟難失眞的「姦人」。對於田仲（陳仲子），孟、荀倒是有志一同斥其爲欺世盜名的鄉愿和姦人。

第二節　對特定身分人士道德實踐的分類

　　如前所述，先秦儒家將道德價值視爲人生最高的價值。除了個人修養要以道德爲上外，延伸到社會各個層面也要將道德的核心價值灌注其中。孔子對於特定身分的道德修養部分多就原則性說明。如其主張政治人物更當先爲民表率，修身以平治天下。故標出所謂的「正身政治」。當時的諸侯國君或大夫問及治國之道時，孔子的回答都是強調爲政者要以道德指導政治。

> 政者，正也，……子帥以正，孰敢不正？（〈顏淵〉）

> 季康子問政於孔子曰：「如殺無道，以就有道，何如？」孔子對曰：
> 「子爲政，焉用殺？子欲善，而民善矣！君子之德風；小人之德草；
> 草上之風必偃。」（〈顏淵〉）

> 名不正，則言不順；言不順，則事不成；事不成，則禮樂不興；禮
> 樂不興，則刑罰不中；刑罰不中則民無所措手足。（〈子路〉）

> 君君、臣臣、父父、子子。（〈顏淵〉）

　　孔子一再闡明政治人物的修養攸關爲政的品質，其意在爲當時的權力政治注入倫理道德的精神和禮樂文化的文明，以對治「臣弒其君、子弒其父」侵權亂倫的血腥政治生態和亂象。因此依孔子的觀點，要解決當時社會亂象，雖以重建政治秩序爲急務。但切不可憑恃強力以服人，故孔子反對爲達目的不擇手段的強力戰爭，當衛靈公問他有關戰爭之事情，孔子以「俎豆之事，則嘗聞之矣；軍旅之事，未之學也」拒絕，且「明日遂行」，用腳表示對戰爭的抗議（〈衛

靈公〉）。並對季氏以經濟掠奪爲目的而發動戰爭表達強烈的不滿，且極力主張「修文德以來之」（〈季氏〉），藉由自己發揚文化吸引外族的歸附。

總之，孔子以建立秩序，定名分爲政治首務，而重德性教化，反對使用強力、經濟掠奪和殘暴統治。因此最上乘的國君是如堯、舜、禹等具有聖德者，能讓人民緬懷、讚頌甚至其德「巍巍蕩蕩」、「惟天爲大」、「民無能名」。而對泰伯不戀慕權力的「三以天下讓」視之爲「民無得而稱焉」的無上「至德」（〈泰伯〉）。而最上等的臣子是能「以道事君，不能則止」的「大臣」（〈先進〉）。至於所謂的「儒者」，孔子也指出要做「君子儒」，不要當「小人儒」（〈雍也〉）。

有了孔子原則性的揭示，孟子、荀子對於政治人物的道德人格修養，都提出深刻的期許和批評；荀子更針對儒者的人格等第加以判分。

一、政治人物道德人格等第

（一）君主部分

1、孟子的君主類型

（1）王者

孟子認爲眞正能一統天下的人絕非使用武力的征服者，而是「不嗜殺人者」：「不嗜殺人者能一之，……如有不嗜殺人者，則天下之民皆引領而望之矣。誠如是也，民歸之，由水之就下，沛然誰能禦之！」（〈盡心〉）易言之，君王要用「王道」來統治管理百姓者，人民才會引領相望，如水之就下、沛然莫之能禦的歸向他。

何謂「王道」？孟子說：

> 以德行仁者王，王不待大：湯以七十里，文王以百里。……以德服
> 人者，中心悅而誠服也，如七十子之服孔子也，詩云：「自西自東，
> 自南自北，無思不服。」此之謂也。（〈公孫丑〉）

孟子指出行王道的前提是：國君須「以德行仁」，人君須爲有德者且將德澤澤及百姓，此即孔子「道之以德，齊之以禮」（〈爲政〉）德治思想的延續。其次行王道不必待大，無須擁有廣土眾民，七十或百里皆可王。再者，王道必是人民心悅誠服、自然來歸。孟子並舉出歷史上的商湯、文王爲例，證明現實世界中眞有所謂的王道之君和王道之治。至於「德何如則可以王矣？」孟子指出：「保民而王，莫之能禦也。」（〈梁惠王〉）如何保民、恩及百姓呢？

孟子承接孔子「先富後教」「足食而信」的治道原則，具體描繪出王者保民的仁政王道藍圖：

> 王如施仁政於民，省刑罰，薄稅斂，深耕易耨；壯者以暇日修其孝悌忠信，入以事其父兄，出以事其長上，可使制梃以撻秦楚之堅甲利兵矣！（〈梁惠王〉）

「先養後教」是王者的施政原則。首先讓人民不違農時的生產並減少課稅，「取於民有制」（〈滕文公〉），省刑罰以減輕人民負擔。這其實就是「爲民制產」。具體落實的規劃是：

> 五畝之宅，樹之以桑，五十者可以衣帛矣。雞豚狗彘之畜，無失其時，七十者可以食肉矣。百畝之田，勿奪其時。八口之家可以無飢矣。（〈梁惠王〉）

如此一來人民有恆產，民生方面充裕有餘：

> 不違農時，穀不可勝食也；數罟不入洿池，魚鼈不可勝食也；斧斤以時入山林，材木不可勝用也。（〈梁惠王〉）

那麼，人民便可「仰足以事父母，俯足以畜妻子；樂歲終身飽，凶年免於死亡」（〈梁惠王〉）。以上是王道之始。一旦人民「養生喪死無憾」衣食飽暖的民生問題解決後，進一步就要教導青壯子弟修習倫理之教，養成「入以事其父兄，出以事其長上」的「孝悌忠信」，如此「謹庠序之教，申之以孝悌之義」，則「頒白者不負戴於道路矣。老者衣帛食肉，黎民不飢不寒」（〈梁惠王〉）。

孟子認爲王道之君所以能發政施仁，恩及四海，保民而王，一般說來有下列幾個人格特質：

甲、以民爲本

王者施政凡事以民爲本「天視自我民視，天聽自我民聽」（〈萬章〉），與天下人民「同憂樂、同好貨、同好色」（〈梁惠王〉），是以征伐之道當順應民心，若民心悅則征，此如武王「一怒而安天下」；民心不悅則不取，此乃文王之舉也，故孟子曰：「取之而燕民悅，則取之。古之人有行之者，武王是也。取之而燕民不悅，則勿取。古之人有行之者，文王是也。」（〈梁惠王〉）

而王者進賢去姦之道亦然，不私意獨斷、偏聽親信和諸侯大夫的話，完全以百姓民意爲依歸，甚至打破「親親尊尊」的禮法，跳出「貴賤親疏」的格套而使「卑踰尊，疏踰戚」：

> 左右皆曰賢，未可也？諸大夫皆曰賢，未可也；國人皆曰賢然後察

之；見賢焉，然後用之。左右皆曰不可，勿聽；諸大夫皆曰不可，
勿聽；國人皆曰不可，然後察之；見不可焉，然後去之。左右皆曰
可殺，勿聽；諸大夫皆曰可殺，勿聽；國人皆曰可殺，然後察之；
見可殺焉，然後殺之。故曰：「國人殺之也。」（〈梁惠王〉）

王者以民爲本，和人民同好惡，因此能得乎民心從而獲得天下：

得天下有道：得其民，斯得天下矣。得其民有道：得其心，斯得民
矣。得其心有道：所欲與之聚之，所惡勿施爾也。民之歸仁也，猶
水之就下，獸之走壙也。（〈離婁〉）

乙、尊賢使能

王者「好善而忘勢」（〈盡心〉）心存向善，不受權勢左右。其能尊德樂道，
放下身段禮賢下士「賢君必恭儉，禮下」（〈滕文公〉），故孟子曰：

故將大有爲之君，必有不召之臣；欲有謀焉，則就之。其尊德樂道，
不如是，不足與有爲也。故湯之於伊尹，學焉而後臣之；故不勞而
王。桓公之於管仲，學焉而後臣之；故不勞而霸。（〈公孫丑〉）

對於不受權勢所召的臣子，王者要用自己的誠意、賢德感召，也就是移樽就
教。此所以湯受教於伊尹，不勞而王；桓公受教於管仲，不勞而霸，此即所
謂的「悅賢舉賢」（〈萬章〉）與「尊賢使能」，王者如此，故「天下之士，皆
悅而願立於其朝矣。」（〈公孫丑〉）

丙、以善昭善

王者不僅好善，而且爲善，因其強爲之善，故能「以其昭昭，使人昭昭」
（〈盡心〉），也就是《大學》所說的能「明德」且「明明德於天下」，用孟子
自己的說法是：「君仁莫不仁，君義莫不義。」（〈離婁〉）而這是王者創業垂
統，子孫相繼不絕的秘訣：

苟爲善，後世子孫必有王者矣。君子創業垂統，爲可繼也。若夫成
功，則天也。君如彼何哉！彊爲善而已矣。（〈梁惠王〉）

準上以觀，孟子認爲要成爲王者不須具備太多外在量化的條件。其所謂
「發政施仁」，乃即「不忍人之心行不忍人之政」，以民爲本、以善昭善、尊
賢使能等都是從自身的德性修養出發，因此唯有像「堯舜性者」、「湯武反之」、
「動容周旋中禮者，盛德之至」者才能以德化天下，使民日遷善而不知並達
到「過化存神」如天地化育萬物之功：

王者之民，皞皞如也。殺之而不怨，利之而不庸，民日遷善而不知

爲之者。夫君子所過者化，所存者神，上下與天地同流，豈曰小補
之哉？（〈盡心〉）

除堯、舜、湯、武王外，孟子心目中的王者尚有善養老、視民如傷的文王、
和惡旨酒而好善言的禹：

太公辟紂，居東海之濱；聞文王作興，曰：「盍歸乎來！吾聞西伯善
養老者。」二老者，天下之大老也，而歸之：是天下之父歸之也；
天下之父歸之，其子焉往？諸侯有行文王之政者，七年之內，必爲
政於天下矣。（〈離婁〉）

禹惡旨酒，而好善言。湯執中，立賢無方。文王視民如傷，望道而
未之見。武王不泄邇，不忘遠。周公思兼三王，以施四事；其有不
合者，仰而思之，夜以繼日；幸而得之，坐以待旦。（〈離婁〉）

而堯、舜、禹、湯、文、武這些王天下的王者，都是上節提過的「聖人」、「仁
人」。由此可知孟子有「聖者」爲王，「王者」應成聖的期待。

（2）霸者

承上節所言，不仁者可以得國但不可能一統天下。「霸者」就是上節所提
到的「不仁者」，也就是所謂的「爲富不仁」者（〈離婁〉）。他們善於「以力
服人」，而所謂的「力」，土地甲兵之力也，霸者爲了增強自己的「土地甲兵
之力」，便不斷的向外兼併別的國家，因爲唯有大國才能有雄厚的武力後盾、
堅甲利兵去征服別人。然而，霸者雖用武力權勢逼人屈服，人民非眞的心服，
此所以孟子說：「以力假仁者霸，霸必有大國。……以力服人者，非心服也，
力不贍也。」（〈公孫丑〉）

霸者爲富不仁，卻常常「以力假仁」，假借「仁義」之名，行欺詐霸道之
實。且霸者之國往往國富兵強，人民看起來好像很歡娛的樣子，孟子描述「霸
者之民」是「驩虞如也」（〈盡心〉）。然而在孟子看來這種歡娛是表面的，其
以力服人，齊民以刑的施政方式，無法眞正長治久安。孟子認爲春秋五霸便
屬於這類型的人，故曰「五霸，假之也」而且「久假而不歸」，霸者混淆視聽
而使人不知其骨子裡根本無仁心可言：「惡知其非有也」。（〈盡心〉）孟子洞悉
王霸之間箇中的眞僞虛實，認爲三王（禹、湯、文武）之所以移師，乃是討
有罪而不是伐人之國，而春秋五霸的齊桓晉文者，乃是未用天子之命而「摟
諸侯以伐諸侯者也」，所以孟子撕下霸者「以力假仁」的假面，直斥他們是罪
人：「五霸者，三王之罪人也」（〈告子〉）。並道出春秋之際所有的戰爭，本質

都是毫無正義的篡奪兼併。孟子用斷言式的命題說:「春秋無義戰」(〈盡心〉)。

孟子還指出,春秋五霸不行仁政而霸道橫行,是「棄於孔子者」(〈離婁〉),故有「仲尼之徒無道桓文之事」(〈梁惠王〉)之說。孟子認為春秋五霸雖無義戰,五霸之盛者——齊、桓二霸在葵丘會諸侯時,尚且守著「五禁」的盟約,而在孟子當時的諸侯卻更變本加厲的「爭地以戰,殺人盈野;爭城以戰,殺人盈城」。對當時諸侯的行徑,孟子深痛難忍,所以毫不留情的抨擊說:「今之諸侯,五霸之罪人也。」(〈告子〉)並以極嚴厲的口吻說:「善戰者服上刑,連諸侯者次之,辟草萊任土地者次之。」(〈離婁〉)

就此觀之,孟子的霸者有以力服人、以力假仁、好戰喜功等特質。這雖是當時政治領導人所追求嚮往的人格型態,因其完全背離孟子的道德政治原則,所以,孟子完全不予承認、肯定而極力尊王絀霸,無怪乎當時的諸侯國君對孟子仁政王道之說始終不能相應,甚而認為「迂闊」遠於現實。

2、荀子的君主類型

荀子很重視君道,《荀子》書中有〈君道〉篇,甚至以〈君子〉篇論述君主社會功能。談的都是君人之道。荀子嘗以「舟」和「水」;「輿」和「馬」來比喻君主和百姓的治與被治關係。認為水能載舟亦能覆舟,馬如果看到車就害怕,坐車的人就不安於位,一再強調君主的權位有賴民意的鞏固:

> 馬駭輿,則君子不安輿;庶人駭政,則君子不安位。(〈王制〉)

> 庶人安政,然後君子安位。傳曰:「君者舟也,庶人者水也;水則載舟,水則覆舟。」此之謂也。(〈王制〉)

因此,荀子認為在位者的人君要以德撫下,百姓才願意以力事上。因為百姓的勞力、社會、生活環境、甚至是壽命,無不依於君主的治理:

> 君子以德,小人以力;力者,德之役也。百姓之力,待之而後功;百姓之群,待之而後和;百姓之財,待之而後聚;百姓之埶,待之而後安;百姓之壽,待之而後長(〈富國〉)

那麼身為君主必須具備怎樣的德能?在〈儒效〉篇,荀子即談到,君子(案:此處當是指治國的君主而言)所以能成為君子(君主),不在於他有超越於所有人的博通之才,他的才能甚至比不上專業人員,如「相高下,視磽肥,序五種,不如農人」;「通貨財,相美惡,辯貴賤,不如賈人」;「設規矩,陳繩墨,便備用,不如工人」;「不恤是非然不然之情,以相薦樽,以相恥怍,不若惠施、鄧析」。君子(君主)的專長是「言必當理,事必當務」,具體的

說就是：「夫譎德而定次，量能而授官，使賢不肖皆得其位，能不能皆得其官，萬物得其宜，事變得其應。」（〈儒效〉）此處提到的「譎德而定次」、「量能而授官」都牽涉到政治人事的佈局安排，可見荀子於此所謂的「君子」不是「道德之稱」而是「身分等級之稱」。〔註59〕不過由此也可窺見荀子希望「在位者有德」，「大德者大位」的用心：

> 血氣之精也，志意之榮也，百姓待之而後寧也，天下待之而後平也，
> 明達純粹而無疵也，夫是之謂君子之知。（〈賦篇〉）

百姓需要君主清明通達的智慧引導才能安寧，天下要等待君主的引導才太平。從此以觀，荀子基本上仍是「德治」「人治」的觀念，此所以荀子雖尊法任法，但仍強調領導者的道德操守和施政能力：

> 君子者，禮義之始也；為之，貫之，積重之，致好之者，君子之始
> 也。故天地生君子，君子理天地；君子者，天地之參也，萬物之摠
> 也，民之父母也。無君子，則天地不理，禮義無統，上無君師，下
> 無父子，夫是之謂至亂。（〈王制〉）

> 君子者，法之原也。有君子，則法雖省，足以徧矣；無君子，則法
> 雖具，失先後之施，不能應事之變，足以亂矣。不知法之義，而正
> 法之數者，雖博，臨事必亂。（〈君道〉）

> 君子也者，道法之摠要也，不可少頃曠也。得之則治，失之則亂；
> 得之則安，失之則危；得之則存，失之則亡，故有良法而亂者有之
> 矣，有君子而亂者，自古及今，未嘗聞也，傳曰：「治生乎君子，亂
> 生於小人。」此之謂也。（〈致士〉）

上面幾節文字所指的「君子」是禮義和禮法的制定者，這和〈性惡篇〉所說的：「禮義者，是聖人之所生也」意思一樣，可知上面提到的「君子」義同於明禮知類以應事變，與天地相參共成化育而為萬物、人民之父母的「聖人」。由此可証：荀子重法，更重人。且荀子認為「君子者，治之原也」，「源清則流清，源濁則流濁」（〈君道〉）以是身為人君者必須養源，而養源之道則自隆禮始：

> 故君子之於禮，敬而安之；其於事也，徑而不失；其於人也，寡怨
> 寬裕而無阿；其為身也，謹修飾而不危；其應變故也，齊給便捷而

〔註59〕參見韓德民前揭書，同註15，頁351。

不惑。(〈君道〉)

君子守禮而行之自然，處事簡徑不失，對人寬容而不阿比屈從，自能養成「貧窮而不約，富貴而不驕，並遇變態而不窮」(〈君道〉)的操守。爲人君者養源之道除了隆禮外，還有「尙賢」之道：

> 朋黨比周之譽，君子不聽；殘賊加累之譖，君子不用；隱忌雍蔽之人，君子不近；貨財禽犢之請，君子不許。凡流言、流說、流事、流謀、流譽、流愬，不官而衡至者，君子愼之，聞聽而明譽之，定其當而當，然後士其刑賞而還與之；如是則姦言、姦說、姦事、姦謀、姦譽、姦愬，莫之試也；忠言、忠說、忠事、忠謀、忠譽、忠愬、莫不明通，方起以尚盡矣。夫是之謂衡聽、顯幽、重明、退奸、進良之術。(〈致士〉)

尙賢之道在於衡聽、顯幽、重明、退奸、進良，而這一切的作爲有賴於人君的道德人格操守，所以荀子才說：「治生乎君子，亂生乎小人。」(〈王制〉)

荀子「人存政舉，人亡政息」的人治觀念由此可見。這和〈君道〉篇所說的「禹之法猶存，而夏不世王。故法不能獨立，類不能自行；得其人則存，失其人則亡。法者、治之端也；君子者、法之原也。故有君子，則法雖省，足以遍矣；無君子，則法雖具，失先後之施，不能應事之變，足以亂矣。」可相互發明。

荀子這樣「重人而輕法」的分判，顯見荀子近於法家而終爲儒家的人治色彩。因此，荀子提出君主欲安、欲榮、欲立功名的方法無他，就是以德行政，具體言之，即是：「平政愛民」、「隆禮敬士」、「尙賢使能」。荀子即以這三者作爲人君爲政的三大關節，並由此判別君主的優劣等次：

> 故君人者，欲安、則莫若平政愛民矣；欲榮、則莫若隆禮敬士矣；欲立功名、則莫若尚賢使能矣。——是人君之大節也。三節者當，則其餘莫不當矣。三節者不當，則其餘雖曲當，猶將無益也。孔子曰：「大節是也，小節是也，上君也；大節是也，小節一出焉，一入焉，中君也；大節非也，小節雖是也，吾無觀其餘矣。」(〈王制〉)

（1）上君——聖王、明主或王者

荀子理想中的君主——「上君」也有不同的名稱，或曰聖王，或曰明主、明君，或單稱王者。「聖王」，荀子提過四十次，顧名思義，亦即「聖者之王」，強調理想君主的內聖之德。用荀子的話說，「聖王」是「文章」——禮義法度

的制定者。既有「盡倫」的聖德，兼有得勢在位的「盡制」者也。此〈解蔽篇〉曰：「聖也者，盡倫者也；王也者，盡制者也；兩盡者，足以爲天下極矣。」是見「盡倫盡制」兩盡的「聖王」是得勢位的聖人，是荀子理想中的君王。「明主」（或明君）書中共出現三十四次（明君、明主各計十七次）指的是英明的領導者，即荀子所謂「上明下化」的君主，「上明」意謂君主的心已經過解蔽工夫，歸於「大清明之心」，而能「當時則動，物至而應，事起而辨，治亂可否，昭然明矣。」荀子說：

> 周而成，泄而敗，明君無之有也。宣而成，隱而敗，闇君無之有也。
> （〈解蔽〉）

「下化」指的是：「民之化道也如神」（〈正名〉），明君以道化民，不需辯說，百姓自能化於無形。荀子反對無益人心的邪說，認爲明君要「臨之以埶，道之以道，申之以命，章之以論，禁之以刑」，又說：

> 凡邪說辟言之離正道而擅作者，無不類於三惑者矣。故明君知其分而不與辨也。夫民易一以道，而不可與共故。故明君臨之以埶，道之以道，申之以命，章之以論，禁之以刑。故民之化道也如神，辨說惡用矣哉！（〈正名〉）

故「明君」是偏就君主的心術和國家的興亡治亂關係而言。而所謂的「王者」，荀子書中提到王者也有二十八見，指的是以德兼人、行王道的人主。荀子曾依君主得天下的方式將君主分成「王者」、「霸者」、「強者」三等。「王者」即是「義立而王者」，是上述所謂的「上君」，乃剋就「盡制」部分來說，是即：「王也者，盡制者也。」（〈解蔽〉）。

依上述，上君具備爲政的三個關節而無所不當者，細言之，即能做到平政愛民、隆禮敬士、尚賢使能三者。綜言之，則是「以德兼人」者，或曰「以禮凝士」者：

> 故凝士以禮，凝民以政；禮脩而士服，政平而民安；士服民安，夫是之謂大凝。以守則固，以征則強，令行禁止，王者之事畢矣。（〈議兵〉）
> 故人之命在天，國之命在禮。君人者，隆禮尊賢而王，重法愛民而霸，好利多詐而危，權謀傾覆幽險而亡矣。（〈天論〉）

以下分就平政愛民、隆禮敬士、尚賢使能三部分來談上君的爲政之道。

甲、平政愛民

荀子的上君極注重人民的生活幸福，故明主雖和一般人一樣有五種最大

的慾望，但念茲在茲的是國家是否得治，此荀子有言「必將先治其國，然後百樂得其中。」(〈王霸〉)舉凡「聚斂者，召寇、肥敵、亡國、危身之道也，明君不蹈也。」(〈王制〉)因此明主要以政裕民，而裕民之道就是：「養和」，謹慎順應季節的變化、「節流」，減少貨財得征取耗費、「開源」，廣開貨財的生產來源，並「時斟酌」——時時斟酌去取，使「上下俱富」(〈富國〉)。

　　明主施政時，和孟子「保民而王」的王者一樣，先致力於經濟民生之道，故要「裕民」且使國家「善藏所餘」，荀子說：

> 裕民則民富，民富則田肥以易，田肥以易則出實百倍。上以法取焉，而下以禮節用之，餘若丘山，不時焚燒，無所臧之。夫君子奚患乎無餘？(〈富國〉)

此節文字中的「君子」義同於聖王。聖王以政裕民的方式，如同孟子的王者制民之產，而讓人民富厚有餘，此荀子曰：

> 聖王之制也：草木榮華滋碩之時，則斧斤不入山林，不夭其生，不絕其長也。黿鼉魚鱉鰍鱔孕別之時，罔罟毒藥不入澤，不夭其生，不絕其長也。春耕、夏耘、秋收、冬藏，四者不失時，故五穀不絕，而百姓有餘食也。汙池淵沼川澤，謹其時禁，故魚鱉優多，而百姓有餘用也。斬伐養長不失其時，故山林不童，而百姓有餘材也。(〈王制〉)

此即君主所具備的四統之一——「善生養人」，惟聖王雖善生養人民，使民皆能富厚優游知足，但也不致有餘過度而造成資源浪費(〈正論〉)。其處理政事的方法是：劃分稅賦的徵收等級如對於田畝只徵收十分之一的賦稅；在關卡和市場上只稽查而不徵稅、端正人民的日常事務，運用萬物以養萬民，如「山林澤梁，以時禁發而不稅」，凡此皆與孟子「保民而王」的仁政王道的藍圖差不多，荀子還說：

> 不富無以養民情，不教無以理民性。故家五畝宅，百畝田，務其業，而勿奪其時，所以富之也。立大學，設庠序，脩六禮，明（十）七教，所以道之也。詩曰：飲之食之，教之誨之。王事具矣。(〈大略〉)

　　此言先「富以養民情」再「教以理民性」，正是孟子「先養後教」的王道原則。

　　聖王的愛民除了表現在為民興利外，也表現在除害上，依照荀子的判斷，當時天下最大的禍害來自於「十二子」之說，所以聖王要禁「三奸」：即禁絕「勞力而不當民務」的「奸事」，「勞知而不律先王」的「奸心」和「辯說譬

諭，齊給便利，而不順禮義」的「奸說」：「此三奸者，聖王之所禁也」。其中最該禁絕的是「奸說」，此荀子提到：若能「上則法舜禹之制，下則法仲尼子弓之義，以務息十二子之說。如是則天下之害除，……聖王之跡著矣。」（〈非十二子〉）至於「聽其言則辭辯而無統，用其身則多詐而無功，上不足以順明王，下不足以和齊百姓，然而口舌之均，應唯則節，足以爲奇偉偃卻之屬」的「姦人之雄」，在荀子眼中乃似是而非，比盜賊還冥頑不靈，難以教化者，是聖王除之而後快的人，故曰：「聖土起，所以先誅也，然後盜賊次之。盜賊得變，此不得變也。」（〈非相〉），可見荀子批評異端邪說和孟子比起來也是不遑多讓，而聖王是荀子關邪說異端的代言者。

乙、禮義治國

荀子曾依統治的方式分人君爲四等：首爲修禮，其次爲政，再其次取民，最差的是斂財失民者（〈王制〉）。懂得修習禮法的人能一統天下，懂得行政的人可使國家強盛，能取得民心的人能使國家安定，厚斂民財的人走上亡國之途。因此聖王施政涉及的範圍雖然很廣，然精神所注，則在「隆禮義」上。一切政令制度皆以禮義爲標準，且原則是「道不過三代，法不二後王；道過三代謂之蕩，法二後王謂之不雅。」舉凡衣服、宮室、士卒、喪葬、祭祀所用的器物、聲樂、正色都要「復古」且「法後王」（〈王制〉）。〈非相〉篇也說：

> 欲觀聖王之跡，則於其粲然者矣，後王是也。彼後王者，天下之君也；舍後王而道上古，譬之是猶舍己之君，而事人之君也。故曰：
> 欲觀千歲，則數今日；欲知億萬，則審一二；欲知上世，則審周道；
> 欲審周道，則審其人所貴君子。故曰：以近知遠，以一知萬，以微知明，此之謂也。

此段文字中的「君子」指的是「後王」也就是「聖王」，其具備公平、中和、知類的人格特質，其能講論禮法而且通曉禮法之理，亦即所謂的「知類」者，既能盡職又能使各單位聯事通職，互相佐助，所以對於臣下，無情不達且善言必納，而能百事無過；加上善用天覆地載的資源，上以飾賢，下以養民，故天下大治，化育百姓於無形，此荀子稱之爲「大神」之至：

> 故法而議，職而通，無隱謀，無遺善，而百事無過，非君子莫能。（〈王制〉）
> 故虎豹爲猛矣，然君子剝而用之。故天之所覆，地之所載，莫不盡其美，致其用，上以飾賢良，下以養百姓而安樂之。夫是之謂大神。

（〈王制〉）

聖王如何用禮義治國？荀子說：

> 聖王之用也：上察於天，下錯於地，塞備天地之間，加施萬物之上，微而明，短而長，狹而廣，神明博大以至約。故曰：一與一是爲人者，謂之聖人。（〈王制〉）

此述聖王以禮義治國，與〈不苟〉篇所說「君子審後王之道，而論百王之前，若端拜而議。推禮義之統，分是非之分，總天下之要，治海內之眾，若使一人。故操彌約而是彌大。」持論略同。是知此節文字中的「君子」相當於有大德的在位者——聖王，荀子對聖王以禮義爲政的績效做了這樣的表述：

> 君子位尊而志恭，心小而道大；所聽視者近，而所聞見者遠。是何邪？則操術然也。故千人萬人之情，一人之情也。天地始者，今日是也。（〈不苟〉）

聖王本著「位尊而志恭，心小而道大」的謙懷和敏慧，並運用「審後王之道」「推禮義之統」的道術，由一人之情推知萬人之情，由當前的自然現象推知自然界原始的形象，由後王的禮義中推求統類，由禮憲發展之跡中，把握條理。方法雖簡約，卻法力無邊，即此用以分辨事理是非，並總持天下政治之樞要。故能達到「海內之眾，若使一人」，「所聽視者近，而所聞見者遠」的境界。蓋禮義爲治化之本，聖王守之，如「操五寸之矩，可以盡天下之方」。工夫「至約」，效應卻神明博大，治天下若治一人。故言：推禮義之統類以治萬事的就是聖王。〔註60〕

不僅名物制度的制定要以「後王」爲依歸，即使討論問題、分辨名言概念是非都要以禮義爲法：

> 故凡言議期命是非，以聖王爲師。而聖王之分，榮辱是也。……聖王以爲法，士大夫以爲道，官人以爲守，百姓以成俗，萬世不能易也。（〈正論〉）

聖王除了制禮，更是行王道、「義立而王」者。其不務強，不欲以力服人，而欲以義服其心，即「慮以王命，全其力，凝其德」：

> 知強大者不務強也，慮以王命，全其力，凝其德。力全則諸侯不能弱也，德凝則諸侯不能削也。（〈王制〉）

此即以禮義德治化人，使「近者悅，遠者來」，故「不疾其勞，無幽閒隱

〔註60〕以上疏釋，參見李滌生《荀子集釋》（台北：學生，1981），頁183。

僻之國，莫不趨使而安樂之」，這才是「爲人師」的王者之法（〈王制〉）。故王者之君雖「致賢而能以救不肖，致強而能以寬弱」，對天下擔起「濟弱扶傾」的責任，而面對暴國強敵，即使可以力克致勝，也「羞與之鬥」。有的只是「委然成文，以示之天下」以文治教化昭示天下，讓暴國之君「自化」。除非對方「有災繆」，否則絕不打著「除暴安良」的旗幟去興兵動武。故曰：「有災繆者，然後誅之」。（〈仲尼〉）以是荀子曰：

> 聖王之誅也綦省矣。文王誅四，武王誅二，周公卒業，至於成王，
> 則安以無誅矣。故道豈不行矣哉！（〈仲尼〉）

上述乃就王者得治天下的情形而說，與孟子所謂的「以大事小，樂天者也」相似，但荀子於此說得更精詳、明白。若是王者處小國，其面對強暴之國，持國安身之道也不在於用貨寶賄賂、約信盟誓，更不是割地求全。依荀子，明主仍是「修禮以齊朝，正法以齊官，平政以齊民；然後節奏齊於朝，百事齊於官，眾庶齊於下」。當上下一心、三軍同力，精誠團結時，「名聲足以暴炙之，威強足以捶笞之，拱揖指揮，而強暴之國莫不趨使」（〈王制〉），據荀子的意思，那麼即使身爲小國，沒有廣土、眾民和強大的武力資源時，也不必降低自己的國格、尊嚴去服侍討好強國，而要運用文化治國的力量，樹立國際聲望，反過來讓強暴之國示好：

> 如是，則近者競親，遠方致願，上下一心，三軍同力，名聲足以暴
> 炙之，威強足以捶笞之，拱揖指揮，而強暴之國莫不趨使，譬之是
> 猶烏獲與焦僥搏也。故曰：事強暴之國難，使強暴之國事我易。此
> 之謂也。（〈富國〉）

此即荀子所謂的「修禮者王」（〈王制〉），比起孟子所說的「以小事大」的「畏天者」更加積極正面的肯定禮義治國的效能。故嚴格來說，王者以德兼人，並非「取天下」而是「用天下」，即修治文德而以禮義爲政。像當年的湯、武一樣「修其道，行其義，興天下之同利，除天下之同害」，簡言之，就是「隆禮尊賢」（〈大略〉），「天下歸之」（〈正論〉）。總之，王者以禮義治國，其「禮及身而行修，義及國而政明」，故能教化周洽，「以禮挾而貴名白」而使天下萬物、百姓都來歸服，是即：「刑政平而百姓歸之，禮義備而君子歸之」（〈致士〉）。因此說：「文王載百里地，而天下一」，王者一旦修明了政治「脩政其所」，「天下莫不願」爲其民，如是則「誅暴禁悍」，有誰能與之匹敵呢？

> 故周公南征而北國怨，曰：「何獨不來也！」東征而西國怨，曰：「何

獨後我也！」孰能有與是闘者與？安以其國爲是者王。（〈王制〉）
上述荀子所說的王者和孟子「王不待大」、「仁者無敵」的王者之風無不若合符節。

丙、任賢使能

〈王制〉篇開門見山就提出王者爲政的五件事：任賢使能、誅元惡、化姦邪、卹廢疾與兼覆無道。其中「任賢使能」爲王者爲政的首務。賢者治國是儒家的基調。荀子認爲君主對「任賢」的態度，決定君主的明、闇和國家的存亡：

> 吳有伍子胥而不能用，國至於亡，倍道失賢也。故尊聖者王，貴賢者霸，敬賢者存，慢賢者亡，古今一也。故尚賢，使能，等貴賤，分親疏，序長幼，此先王之道也。故尚賢使能，則主尊下安。（〈君子〉）

> 故明主急得其人，而闇主急得其埶。（〈君道〉）

> 故明主好同而闇主好獨，明主尚賢使能而饗其盛，闇主妒賢畏能而滅其功。（〈臣道〉）

> 故至賢疇四海，湯武是也；至罷不能容妻子，桀紂是也。（〈正論〉）

依荀子，治國「必不可以獨也」（〈王霸〉），國家是天下公器不是私人財產，不可能一個人獨治，故要任用賢才。任賢之道「用知甚簡，爲事不勞」，所得到的利益卻很大，因此明君當視之爲治國的法寶：

> 其用知甚簡，其爲事不勞，而功名致大，甚易處而極可樂也。故明
> 君以爲寶，而愚者以爲難。（〈王霸〉）

明主舉才但憑理智不感情用事，乃以德、能論，故不偏己私，「不阿比」「不隱遠人」：

> 明主任計不信怒，闇主信怒不任計。計勝怒則強，怒勝計則亡。（〈哀公〉）

而讓賢者在位，能者得治，親信者誠信謹慎：

> 觀其朝廷，則其貴者賢；觀其官職，則其治者能；觀其便嬖，則其
> 信者愨——是明主已。（〈富國〉）

明主絕不藏私於天下，將官職私相授受給自己的貴戚、子弟、便嬖。因爲明主深知「私憐私愛」將造成主闇臣詐而國亡的下場，反而不利所私：

> 明主有私人以金石珠玉，無私人以官職事業，是何也？曰：本不利

於所私也。彼不能而主使之，則是主闇也；臣不能而誣能，則是臣
詐也。主闇於上，臣詐於下，滅亡無日，俱害之道也。(〈君道〉)

故而明主持國以道，為國舉才，而道在取相，讓賢相在位。荀子將君主
為政的用心和舉相之道合而論之，是謂：「在慎取相，道莫徑是矣」、「強固榮
辱在於取相矣」(〈君道〉)。是以，人君的勞、逸決定於用相賢良與否：

君人勞於索之，而休於使之。(〈君道〉)

明主好要，而闇主好詳；主好要則百事詳，主好詳則百事荒。(〈王
霸〉)

就荀子觀點，國家是「天下大器」，治國是「天下重任」，治國可不是畫
畫疆界，君其位，子其民，就可以安然無事，還要看用什麼法度和用什麼人
去治理。所謂：

彼國錯者，非封焉之謂也，何法之道，誰子之與也。故道王者之法，
與王者之人為之，則亦王。(〈王霸〉)

治國的重責大任，不可以速成，要用可以持久不墜，千年不變的禮義之
道去治理，而這關係到國家交到什麼類型的人來掌管。荀子認為若把國家
交予守禮行義的信士、君子去治理，國家可以統一；交給端正、忠誠、信實、
精純的人士去治理，國家可以稱霸天下；把國家交給好權術計謀、喜歡顛三
倒四的人治理，國家只有滅亡一途了。荀子說：

故與積禮義之君子為之則王，與端誠信全之士為之則霸，與權謀傾
覆之人為之則亡。(〈王霸〉)

此如舜舉皋陶，不仁者遠，就是「粹而王」者；齊桓公外任管仲，內任堅貂，
為「駁而霸」者；若厲王專任皇甫尹氏，則危而亡矣：

故用國者，義立而王，信立而霸，權謀立而亡。——三者明主之所
謹擇也，仁人之所務白也。善擇者制人，不善擇者人制之。(〈王霸〉)

故道王者之法，與王者之人為之，則亦王；道霸者之法，與霸者之
人為之，則亦霸；道亡國之法，與亡國之人為之，則亦亡。——三
者明主之所以謹擇也，而仁人之所以務白也。(〈王霸〉)

明主善用義信者為相則能制人，若用權謀者為相，則會受制於人而滅亡。於
此可見荀子「聖君賢相」的理想政治架構：

若夫兼而覆之，兼而愛之，兼而制之，歲雖凶敗水旱，使百姓無凍
餒之患，則是聖君賢相之事也。(〈富國〉)

故荀子在依次客觀分析王者、霸者、強者三者特點之後，總結的說：「知此三具者，欲王而王，欲霸而霸，欲強而強矣。」（〈王制〉）荀子客觀評論三者特點、得失，目的仍在突顯「王道之君」的意義。言下之意是：懂得行王道的人才是眞正懂得強道、霸道的君主，並極力宣稱王道之風在於能以無敵的威強，輔以服人之心的仁義之道，不戰而勝，不攻而得，不勞軍旅而天下服。此荀子說：

> 彼王者不然：仁眇天下，義眇天下，威眇天下。仁眇天下，故天下莫不親也；義眇天下，故天下莫不貴也；威眇天下，故天下莫敢敵也。以不敵之威，輔服人之道，故不戰而勝，不攻而得，甲兵不勞而天下服，是知王道者也。（〈王制〉）

要之，明君懂得治國典要，愼取賢相而委以政事，布陳法度，明示施政方針，然後兼覆天下、照臨天下以觀其成：

> 君者、論一相，陳一法，明一指，以兼覆之，兼照之，以觀其盛者也。（〈王霸〉）

那麼，當明主「舉天下之大道，立天下之大名」後，就能眞正的愛其所愛了：

> 唯明主爲能愛其所愛，闇主則必危其所愛。此之謂也。（〈君道〉）

這就是所謂的不因私而害公，反而可以利私。歷史上不乏這樣的例子，如文王「非無貴戚，非無子弟，非無便嬖」，卻秉公心舉用太公，結果兼制天下後，立七十一國，而姬姓獨居五十三人。這不僅「惠天下」也因此「利所私」，豈不兩得！當然，如果近親的賢能和外人一致時，明主也是「念故舊」「懷舊恩」的人，其「賢齊則其親者先貴，能齊則其故者先官」，故其臣下百官咸能效忠戮力爲國，讓「汙者皆化而修，悍者皆化而願，躁者皆化而慤」，荀子說這就是「明主之功」（〈富國〉）。由此觀之，荀子對於選才的看法既客觀又兼顧倫理，在當時「貴貴」不「貴賢」的用人風氣中，不失爲既尊重現實又創新的折衷之道。

此外，荀子還進一步提出選才的方法，其中已有現代銓敘的觀念：

> 明主譎德而序位，所以爲不亂也；忠臣誠能然後敢受職，所以爲不窮也。（〈儒效〉）

> 聖王在上，決德而定次，量能而授官，皆使民載其事而各得其宜。（〈正論〉）

此言明主按照臣下才德的高下定職位高下，使之各當其才，而明主取人、用

人的方法在於「參之以禮，禁之以等」荀子說：

> 其取人有道，其用人有法。取人之道，參之以禮；用人之法，禁之
> 以等。行義動靜，度之以禮；知慮取捨，稽之以成；日月積久，校
> 之以功，故卑不得以臨尊，輕不得以縣重，愚不得以謀知，是以萬
> 舉而不過也。故校之以禮，而觀其能安敬也；與之舉措遷移，而觀
> 其能應變也；與之安燕，而觀其能無流慆也；接之以聲色、權利、
> 忿怒、患險，而觀其能無離守也。彼誠有之者，與誠無之者，若白
> 黑然，可詘邪哉！故伯樂不可欺以馬，而君子不可欺以人。此明王
> （主）之道也。（〈君道〉）

明主用禮法參驗人才，以資格限定官員的任用，聽斷政事「善言進者，待之
以優禮，不善言進者，施以懲罰」。明主如此按照德、能、事功的表現加以考
核人才，並以適當的賞罰進賢退不肖，故而「賢不肖不雜，是非不亂。賢不
肖不雜，則英傑至，是非不亂，則國家治。」（〈王制〉）

要之，明主在位，尚賢使能，「其官職事業，足以容天下之能士矣」而「賢
士一焉，能士官焉，好利之人服焉」（〈王霸〉），遂使「朝無幸位，民無幸生」：

> 無德不貴，無能不官，無功不賞，無罪不罰。朝無幸位，民無幸生。
> 尚賢使能，而等位不遺；析愿禁悍，而刑罰不過。百姓曉然皆知夫
> 爲善於家，而取賞於朝也；爲不善於幽，而蒙刑於顯也。夫是之謂
> 定論。是王者之論也。（〈王制〉）

以德致位，賞罰有道，讓「朝無幸位」、「民無幸生」，百姓可以布衣卿相，
善惡皆能賞罰有報，這不就是「德者有位」、「善者有福」的理想社會？因此
荀子認爲聖王的政績表現是：

> 聖王在上，分義行乎下，則士大夫無流淫之行，百吏官人無怠慢之
> 事，眾庶百姓無姦怪之俗，無盜賊之罪，莫敢犯上之大禁，天下曉
> 然皆知夫盜竊之不可以爲富也，皆知夫賊害之不可以爲壽也，皆知
> 夫犯上之禁不可以爲安也。（〈君子〉）

由於行王道的人能「隆禮」、「尚賢」、「平政愛民」，因此普獲民心，加之
其爲民制產而以政裕民，以至於天下歸心，四方臣服。故曰：「王奪之人」「王
者富民」「奪之人者臣諸侯」「臣諸侯者王」（〈王制〉）。「是故百姓貴之如帝，
親之如父母，爲之出死斷亡而不愉者，無它故焉，道德誠明，利澤誠厚也」（〈王
霸〉）。是即所謂的「具具而王」者（〈王制〉），能具備上述那些特質才能成爲

王道之君，而這也是國家所以存在，並能一統天下的要領：

> 聖王財衍，以明辨異，上以飾賢良而明貴賤，下以飾長幼而明親疏。
> （〈君道〉）

> 誠以其國爲王者之所亦王，以其國爲危殆滅亡之所亦危殆滅亡。殷
> 之日，案以中立，無有所偏，而爲縱橫之事，偃然案兵無動，以觀
> 夫暴國之相卒也。案平政教，審節奏，砥礪百姓，爲是之日，而兵
> 勁天下勁矣。案然修仁義，伉隆高，正法則，選賢良，養百姓，爲
> 是之日，而名聲勁天下之美矣。權者重之，兵者勁之，名聲者美之。
> 夫堯舜者一天下也，不能加毫末於是矣。（〈王制〉）

由此觀之，荀子和孟子一樣肯定王道，荀子並舉孔子、湯、武做爲「義
立而王」的實例。而荀子心目中的聖王則皆爲歷史上的古帝王，如堯、舜、
禹、湯：

> 請成相，道聖王，堯舜尚賢身辭讓，許由善卷，重義輕利行顯明。（〈成
> 相〉）

對於湯、武，荀子肯定他們革命的立場和孟子無二致，以爲「湯武非取
天下」乃「修此道，行其義，興天下之同利，除天下之同害，而天下歸之」（〈正
論〉）。至於堯、舜，荀子雖反對「堯舜禪讓」的說法，而與孟子的說法不同，
但二者都主張：堯舜爲天子乃以德得位，此所以荀子謂堯舜乃「道德純備」
者。而荀子和孔孟最大的不同在於：荀子除了肯定堯舜的內聖之德外，更強
調其既有智慧又有威儀的君王形象：「智惠甚明，南面而聽天下，生民之屬莫
不震動從服以化順之。」（〈正論〉）

總觀荀子對理想君王的人格設計，實包括內聖之德和外王事功兩方面。
理想的君王是以禮義自我要求，以禮法的統類聽斷政事，既不「威嚴猛厲」
也不「和解調通」，而是能「公平、中和、知類」的按照禮法衡量論斷，因此
能明察細毫。正因其能如聖人一般隆禮知類，學至全盡而舉措應變不窮，故
而生命如源泉一般「有原」，此荀子曰：「王者之人：飾（飭）動以禮義；聽
斷以類；明振毫末；舉措應變而不窮，夫是之謂有原。」（〈王制〉）大抵而言，
荀子的聖王所具備的內聖修養，乃以禮義爲主，所行的外王之道也是「禮法」
之道。而其所顯現出來的形象是具備公平、中和、知類（知明統類）的人格。

（2）次等的君主——霸道之君

荀子將君主分成「王者」、「霸者」、「強者」三等。「王者」是「義立而王

者」，即上述的聖王、明主；「霸者」是「信立而霸者」；為君主的第二等：

> 故用國者，義立而王，信立而霸，權謀立而亡。(〈王霸〉)

> 故明其不并之行，信其友敵之道，天下無王（霸）〔註61〕主，則常
> 勝矣。是知霸道者也。(〈王制〉)

荀子所謂的「霸者」，指的是「以力兼人者」、「信立」的君主，此處的「信」非謂「誠信」，而是「威信」。他們和各國諸侯互相約盟立誓，以爭取盟友的方式建立自己的威信，是為「得友者霸」（〈堯問〉）。為了擴張自己的勢力要證明自己的政治實力，霸道之君們紛紛「辟田野，實倉廩，便備用」，招募選拔「材伎之士」組成軍旅，是謂：

> 霸奪之與 (〈王制〉)

> 霸者富士 (〈王制〉)

> 友諸侯者霸 (〈王制〉)

> 貴賢者霸 (〈君子〉)

> 彼霸者則不然：辟田野，實倉廩，便備用，案謹募選閱材伎之士，
> 然後漸慶賞以先之，嚴刑罰以糾之。(〈王制〉)

荀子認為霸者雖是「德未至」、「義未濟」，亦「非本政教也，非致隆高也，非綦文理也，非服人之心也」，然而「天下之理略奏矣，刑賞已諾信乎天下矣，臣下曉然皆知其可要也」，且「政令已陳，雖睹利敗，不欺其民；約結已定，雖睹利敗，不欺其與」，如是，則「兵勁城固，敵國畏之；國一綦明，與國信之；雖在僻陋之國，威動天下。」(〈王霸〉)荀子曾舉春秋五霸為例，說明他們雖不是用禮義治國，不足以服人心，心意所向在於取敵，然其善於用人，謹畜積，修戰備，因而政府與民眾上下互相信賴，天下莫能與之相抗衡，因而雄霸一方：

> 五伯是也。非本政教也，非致隆高也，非綦文理也，非服人之心也，
> 鄉方略，審勞佚，謹畜積，脩戰備，齺然上下相信，而天下莫之敢當。
> 故齊桓、晉文、楚莊、吳闔閭、越勾踐，是皆僻陋之國也，威動天下，
> 彊殆中國，無它故焉，略信也。——是所謂信立而霸也。(〈王霸〉)

五霸之首的齊桓公是「信立而霸」的典型。荀子認為他「殺兄爭國，般樂奢汰」卻仍不亡而且稱霸的原因無他，就在於他兼有「數節」：既有識人之

〔註61〕依王念孫《讀書雜志》：「霸」字衍，宜刪。

明的「天下之大知」，能洞察管仲足以托國的能力；又有「天下大決」超人的果斷力，不計前嫌的任用管仲爲相；復有懂得任賢的「天下大節」，用管仲爲相，且「與之高國之位」：

> 齊桓公閨門之內，縣樂、奢泰、游抎之脩，於天下不見謂脩，然九合諸侯，一匡天下，爲五伯長，是亦無他故焉，知一政於管仲也，是君人者之要守也。知者易爲之興力，而功名慕大。舍是而孰足爲也？故古之人，有大功名者，必道是者也。(〈王霸〉)

> 若是而不亡，乃霸，何也？曰：於乎！夫齊桓公有天下之大節焉，夫孰能亡之？倓然見管仲之能足以託國也，是天下之大知也。安忘其怒，出忘其讎，遂立爲仲父，是天下之大決也。立以爲仲父，而貴戚莫之敢妬也；與之高國之位，而本朝之臣莫之敢惡也；與之書社三百，而富人莫之敢距也；貴賤長少，秩秩焉，莫不從桓公而貴敬之，是天下之大節也。諸侯有一節如是，則莫之能亡也；桓公兼此數節者而盡有之，夫又何可亡也！其霸也，宜哉！非幸也，數也。(〈仲尼〉)

由此可見，荀子認爲由霸道致強的方式和功業仍有其值得稱許之處。此所以他曾當著范雎的面肯定秦國「佚而治，約而詳，不煩而功，治之至也」(〈彊國〉)的霸業。不過，荀子心目中最高的治國標竿還是王道，故他雖肯定霸道之君在無王道之君時，可獲得短暫的勝利，而能使國家安存，但絕不可能一統天下：「安以其國爲是者霸。」(〈王制〉)

依此，霸道之君與〈王制〉篇所說的「大節是也，小節一出焉，一入焉，中君也」的形象無異。而當年齊桓公所以受劫於魯莊公，就是因爲未能以道治國，卻又想成爲天下共主：

> 桓公劫於魯莊，無它故焉，非其道而慮之以王也。(〈王制〉)

所謂的非道，即上述所說的「非本政教也，非致隆高也，非綦文理也，非服人之心也」，也就是不合禮義，「不修禮」。〈王制〉篇云：「修禮者王，爲政者強。」此其桓公雖躋身強國之林，九合諸侯而霸天下，但因其居內的素行不能盡倫，爲了爭國奪權，殺兄取國，「姑姊妹之不嫁者七人」，甚至取之民脂民膏以縱情享樂；故桓公對外雖能顛倒其敵，然因其不由其道取得霸權，用的是「詐心以勝矣。彼以讓飾爭，依乎仁而蹈利者」的手段，十足「小人之傑」的行徑。加上其爲政不以仁義，用兵復無本源，兼併小國三十有五，是

如〈議兵〉篇所言：「可謂入其域，而未有本統」，〔註62〕綜合上述種種「險汙淫汰」的作爲，終致受劫於魯莊公。其治國用兵之道和王道之君大相逕庭，故荀子說「仲尼之門，五尺之豎子，言羞稱乎五伯」：

> 然而仲尼之門，五尺之豎子，言羞稱五伯，是何也？曰：然！彼非本政教也，非致隆高也，非綦文理也，非服人之心也。鄉方略，審勞佚，畜積修鬥，而能顛倒其敵者也。詐心以勝矣。彼以讓飾爭，依乎仁而蹈利者也，小人之傑也，彼固曷足稱乎大君子之門哉！（〈仲尼〉）

用此觀之，荀子雖不似孟子嚴別王霸，而對霸道予以事實的肯認和尊重，比起孟子所說的：「春秋無義戰」（《孟子·盡心》）的尊王黜霸立場，荀子顯然較現實取向。不過荀子基本上仍不失儒家仁政王道的德治立場，故而其對霸道雖予以某種度的稱許，卻也有「仲尼之徒羞稱五伯」的說法，對霸道的微詞不言可喻！

（3）下等的君主——權謀之君、闇主

國家是天下的利器，君主擁有天下最利的勢位，而君主是「治之原」，「原清則流清，原濁則流濁。」（〈君道〉）。因此國家的治亂、君主的榮辱安危完全係於人君。換句話說，君主雖處於優位的利勢，卻沒有必然的保證，國君欲求安、求榮，須行道才能持國守位：「得道以持之，則大安也，大榮也，積美之源也；不得道以持之，則大危也，大累也，有之不如無之。」像戰國的齊湣王、宋獻王就是因爲不能以道持之，國家反成爲其「大危大累」的包袱，甚至連想成爲平民都不可能：

> 國者，天下之利（制）〔註63〕用也；人主者，天下之利埶也。得道以持之，則大安也，大榮也，積美之源也；不得道以持之，則大危也，大累也，有之不如無之；及其綦也，索爲匹夫不可得也，齊湣、宋獻是也。故人主天下之利埶也，然而不能自安也，安之者必將道也。（〈王霸〉）

〔註62〕 荀子論兵，要在以政爲本。治國以禮，齊民以德，是爲王者之政。有王者之政，而後有王者之兵；王者之兵天下無敵。兵的強弱不在乎將領而在於君主，如果君主以禮義修政，以教化齊民，則民親附而效命，其兵謂王者之兵。若不以仁義修政，兵無本統；無本統者，「可霸而不可王」。像齊桓公、晉文公、楚莊王、吳王闔閭、越王勾踐的治兵，都是能團結一致其士卒，雖已「入」禮義教化之「域」，尚未得到「本統」，充其量可以稱霸未能一統天下。參見李滌生《荀子集釋》（台北：臺灣學生，1981），頁311。
〔註63〕 「制」，衍文，據楊倞注校改。

這是因爲齊湣王、宋獻王不似王者一般隆禮尊賢，也不如霸者一樣重法愛民，只知一味的「好利多詐」、「權謀傾覆幽險」，故而走上危亡的路：

> 君人者，隆禮尊賢而王，重法愛民而霸，好利多詐而危，權謀傾覆幽險而亡矣。（〈天論〉）

是爲：

> 權謀立而亡。（〈王霸〉）

齊湣王、宋獻王二者人都是戰國時期權傾一時的國君，但他們共同的問題就在於：「不隆本行，不敬舊法，而好詐故。」（〈王霸〉）簡言之，即「不由禮義而由權謀也」（〈王霸〉），他們權謀的表現主要在於個人胸中有三邪：見小利、好新、欲人之有，復因用人不明，好用權謀傾陷之人決斷國事，導致君臣上下都不守禮義而好傾陷，蔚爲風尙，終致「上詐其下，下詐其上」上下離析的情勢。不僅君主自身權輕名辱，而且「敵國輕之，與國疑之」，其「權謀日行，而國不免危削，綦之而亡」。荀子說：

> 大國之主也，而好見小利，是傷國。其於聲色、臺榭、園囿也，愈厭而好新，是傷國。不好脩正其所以有，啖啖常欲人之有，是傷國。三邪者在匈中，而又好以權謀傾覆之人，斷事其外，若是，則權輕名辱，社稷必危，是傷國者也。（〈王霸〉）

據《史記・田敬仲完世家》所載，齊湣王好利逞強，其用薛公孟嘗君爲相，屢興干戈，當國家強盛時，伐宋且「南割楚之淮北，西侵三晉」甚至「欲併周室爲天子」，此即荀子所說的：「絜國以呼功利，不務張其義，齊其信，唯利之求，內則不憚詐其民，而求小利焉。」「綿綿常以結引馳外爲務。故彊、南足以破楚，西足以詘秦，北足以敗燕，中足以舉宋」（〈王霸〉），於是諸侯恐懼，「燕、秦、楚、三晉」乃合謀伐齊，入臨淄，湣王出亡終爲悼齒所殺，身死國亡，爲天下大戮，後世言人之惡，必引湣王爲例。齊湣王的例子完全印證了「與權謀傾覆之人爲之則亡」的說法（〈王霸〉）。由此可見，國家的安危關鍵，端賴君王爲政的態度在義、在信、還是在於利？若君王在於利，則以權謀持國而與權謀之人謀之，國家將危而亡矣：

> 合符節，別契券者，所以爲信也；上好權謀，則臣下百吏誕詐之人乘是而後欺。探籌、投鈎者，所以爲公也；上好曲私，則臣下百吏乘是而後偏。衡石稱縣者，所以爲平也；上好覆傾，則臣下百吏乘是而後險。斗斛敦槩者，所以爲嘖也；上好貪利，則臣下百吏乘是

而後豐取刻與，以無度取於民。故械數者，治之流也，非治之原也。
（〈君道〉）

再就用人不明，取相不當來說，權謀之君乃是名符其實的「闇主」。依荀子，闇主相對於「宣而成」（〈解蔽〉）的明主而言，乃是心被矇蔽，內心昏昧不明的君主，也就是所謂「上幽而下險」的君主，作風正好與「主道宣明而下治辨」（〈正論〉）的「明主」相反，其身邊充斥著不賢、無能的親信和佞臣：

觀其朝廷，則其貴者不賢；觀其官職，則其治者不能；觀其便嬖，
則其信者不愨——是闇主已。（〈富國〉）

而且闇主「好獨」（〈君道〉），喜獨裁，不知道為政不可能靠一個人獨自完成，不能委人而事事躬親自治，結果事事荒廢：

故明主好要，而闇主好詳；主好要則百事詳，主好詳則百事荒。（〈王霸〉）

更糟的是，闇君把國家視為自家財富，以天下為私，其急於操弄權勢、追逐逸樂而緩於治國，終究身勞國亂甚至身死國亡：

闇君者，必將急逐樂而緩治國，故憂患不可勝校也，必至於身死國
亡然後止也，豈不哀哉！將以為樂，乃得憂焉；將以為安，乃得危
焉；將以為福，乃得死亡焉，豈不哀哉！於乎！君人者，亦可以察
若言矣。（〈王霸〉）

闇主急得其埶。……而急得其埶，則身勞而國亂，功廢而名辱，社
稷必危。（〈君道〉）

闇主雖和一般治國的君主一樣「欲強而惡弱，欲安而惡危，欲榮而惡辱」，然闇主所為卻與所願相違。其用人常憑一己的好惡，「信怒不任計」（〈哀公〉），私用便嬖之人，而將「明君之所尊厚」的「諫爭輔拂之人」加以懲罰，終而自取禍亡，故曰：

闇主妒賢畏能而減其功，罰其忠，賞其賊，夫是之謂至闇，桀紂所
以滅也。（〈臣道〉）

闇主則必危其所愛，此之謂也。（〈君道〉）

荀子將君主分成「上君、中君、下君」三等。在他眼中，當時的人君厚斂民財、苛重稅以奪民食、為難人民使貨財不能流通；又用種種陰謀詭計坑陷百姓，導致民生凋敝，無怪乎敵方兵臨城國，國君自陷於身危而臣民「倍其節，不死其事」的情勢；此等的為政風格與上等的明君適好相反，甚至連

尊法愛民、信立而霸的霸王都比不上，惟下等的權謀之君、闇主差可比擬：

> 今之世而不然：厚刀布之斂，以奪之財；重田野之賦，以奪之食；苛關市之征，以難其事。不然而已矣：有掎挈伺詐，權謀傾覆，以相顛倒，以靡敝之。百姓曉然皆知其汙漫暴亂，而將大危亡也。是以臣或弑其君，下或殺其上，粥其城，倍其節，而不死其事者，無他故焉，人主自取之。（〈富國〉）

3、小結

孟子將君主二分為王、霸，一以義立、以德服人；一以利立、以力服人。荀子則將君主分為三型，一以德兼人，義立而王、一以力兼人，信立而霸、一以富兼人，權謀而亡。

由上所述，我們清楚的看到孟子、荀子心目中理想的君王形象都是兼具內聖外王，德業彪炳的領導者，二者皆崇尚仁政王道，主張君主為政的心態關係著國家的安危，也都強調以道德理想作為政治的指導原則。更相信修文德可以無敵天下。整體看來，孟子的「王者」以德行仁，保民而王，是位善於「推恩」而足以「保四海」的人，其內在的德輝涵蓋了外在的事蹟表現。而荀子的聖王，所具備的內聖修養，乃以禮義為主，所行的外王之道也是「禮法」之道。而其所顯現出來的形象是具備公平、中和、知類（知明統類）的人格。其深具獨立思考，能獨出於當時合縱連橫的霸術之外，保持中立，且修文德而「獨立」、「獨強」者。比起孟子，荀子對於聖王的內聖之德較少著墨，而多就其外王的能力、事功表現描述。

再者，孟荀兩者對於王者實施仁政的內容，如尚賢、善養民者大抵皆同，最大的不同是：孟子多言人君即不忍人的仁義之心行仁義之治。而荀子雖亦言仁義，實即著重禮義、禮法的客觀禮治、法治精神，此乃荀子與孟子較大的分殊處。

不過，荀子雖強調王者客觀的法治精神，但和孟子一樣主張民本，且把「以民為本」當成王天下的核心精神：

> 得用國者，得百姓之力者富，得百姓之死者強，得百姓之譽者榮。
> ——三得者具而天下歸之，三得者亡而天下去之；天下歸之之謂王，天下去之之謂亡。湯武者，修其道，行其義，興天下同利，除天下同害，天下歸之。（〈王霸〉）

至於孟、荀二者對於霸道之君的態度，孟子極力貶斥，荀子則尚留餘地。

因此，孟子斥五霸爲「三王之罪人」，並對桓公挾天子之命以攻諸侯的行徑加
以批判；荀子雖也認爲五霸是「小人之傑」而爲仲尼之徒所羞稱，但基本上
仍肯定其「信實」於民、「與國」的部分，認爲霸者「已入王者之域」，只是
尙未正本清源，修仁義之治以達本統。依此，荀子對霸道之君的期待明顯多
於批判。不過荀子所以如此寬待「霸者」，和當時的政治環境應不無關係，蓋
因荀子當時時君世主的行徑更等而下之，不只像孟子所說的「今之諸侯，五
霸之罪人」，甚至有過之而無不及，直如「權謀而亡」的「闇君」了！

（二）人臣部分

1、孟子的人臣類型

（1）「引君以當道」的賢臣

基於儒家孔子「仕必有道」的從政原則，孟子認爲眞正的良臣必須是個
賢者，不僅要「以道入仕」且要「以道事君」。

在以道入仕方面，賢臣要「樂道忘勢」。依孟子，君臣皆應「忘勢」，惟
君道是「好善而忘勢」，屈己下賢；臣道則是「樂其道而忘人之勢」，絕不枉
道而求利。因此，如果王公大人不能致敬盡禮相待，賢士也不必降格以求。
孟子曰：

> 古之賢士何獨不然？樂其道而忘人之勢。故王公不致敬盡禮，則不
> 得亟見之。見且由不得亟，而況得而臣之乎？（〈盡心〉）

賢臣祇有「由義路，出禮門」才可以受召爲臣。如果國君「以不賢人之招招
賢人」，「欲見賢人而不以其道」，孟子認爲這「猶欲其入而閉之門也。」（〈萬
章〉）賢臣當然不可往，此孟子曰：「非其義也，非其道也，祿之以天下，弗
顧也；繫馬千駟，弗視也。非其義也，非其道也，一介不以與人，一介不以
取諸人。」（〈萬章〉）

因此，孟子對於當時鄉黨稱「伊尹」以「割烹要湯」，「百里奚」「食牛以
干秦穆公」的說法，深不以爲然，而以事理駁斥之。孟子認爲伊尹是「湯三
使往聘之」而「思天下之民，匹夫匹婦有不被堯、舜之澤者，若己推而內之
溝中」；其乃「自任以天下之重如此」，故「就湯而說之，以伐夏救民。」孟
子指出：像伊尹這樣拯濟天下的人斷不可能「枉己而正人」，「辱己以正天下」
（〈萬章〉）更是無稽。故強調伊尹的入仕是「以堯舜要湯」，至於「割烹要湯」
的說法應於理無據。孟子考察歷史，百里奚能「知虞公不可諫而不諫」「知虞

公之將亡而先去之」，又「知穆公之可與有行也而相之」，都可算是個智者，且其終而「相秦而顯其君於天下，可傳於後世」，更是賢者之行，順此而推，應不至於做出「自鬻以成其君」這樣辱己自污的事。(〈萬章〉) 姑不論孟子的推論和歷史事實是否吻合，但從中我們可以清楚看到孟子的良臣賢士乃是「循禮義」之道入仕，絕非「枉道相從」者。

　　賢臣從道入仕，一旦為人臣，則要像君子一樣「務引其君以當道」(〈告子〉)，如大人一般「格君心之非」(〈離婁〉)。也就是〈告子〉篇中孟子向宋牼說的：「為人臣者懷仁義以事其君」。是以，君主有過則諫，導君向善，若諫君而君主不聽不改，則要視其與君主的關係決定，如為異姓之卿，因與國君關係較疏且無易君之權，便可「君有過則諫；反覆之而不聽，則去。」如果是貴戚之臣，因與國君有親族關係，當「君有大過則諫」。但若「反覆之而不聽」，其既與君有親親之恩，無可去之義，又不忍坐視宗廟之亡，在不得已的情況下，孟子認為甚至可以「易位」(〈萬章〉)。此與君王選賢時可以「卑踰尊，疏踰戚」的方式，皆為權變之道，非不得已不宜使用，故用之不可不慎。尤其是君主的廢立問題，除非有像伊尹一樣的「公天下之心」不貪天子權位，且以民之視聽為視聽，民意好惡為好惡，否則形同篡位：

>　　公孫丑曰：「伊尹曰：『予不狎於不順。』放太甲於桐，民大悅。太甲賢，又反之，民大悅。賢者之為人臣也，其君不賢，則固可放與？」孟子曰：「有伊尹之志則可；無伊尹之志，則篡也。」(〈盡心〉)

　　孟子提到的賢臣除了上述的伊尹、百里奚外，還有微子、微仲、王子比干、箕子、膠鬲 (〈公孫丑〉)。在孔子心目中，微子、比干、箕子是仁人，百里奚為賢者。而孟子甚至將伊尹譽為「聖之任者」。顯見在孟子的思路系統中，要成為賢臣，須有大人君子之德才能「引君以當道」，而要做一個「易君之位」的人臣，更要有如伊尹一般公正、無一毫之私而以天下興亡為己任的聖人才足堪任之。

　　(2)「逢君之惡」的無道之臣

　　孔子曾批評冉求、子路是「具臣」，徒有臣之名而無臣之實 (〈先進〉)。認為他們兩人身為季孫的家臣，對季氏將伐顓臾之事不加諫止，是對自己的君主「危而不持，顛而不扶」，徒具虛名的「具臣」。對於這類身為人臣，君主有過，卻不加諫止而任君過滋長，孟子稱之為「長君之惡」者。孟子還說：

「長君之惡其罪小」，比之罪加一等的是「逢君之惡者」(〈告子〉)。而且他指出：「今之大夫」就是這種逢君之惡的罪人。所謂「逢君之惡」是指君王尚未有過，為人臣者却先導之向惡，孟子當時的大夫不僅不引君「鄉道志仁」，反而不斷慫恿國君「約與國強戰」，誇稱自己能為君主「闢土地，充府庫」，且「戰必克」。從孟子的道德眼光審視，這些「今之所謂良臣」的事君者，其實是「古之民賊」、「今之諸侯之罪人」，此孟子曰：

> 今之事君者曰：「我能為君闢土地，充府庫。」今之所謂良臣，古之所謂民賊也。君不鄉道，不志於仁，而求富之，是富桀也。「我能為君約與國，戰必克。」今之所謂良臣，古之所謂民賊也。君不鄉道，不志於仁，而求為之強戰，是輔桀也。由今之道，無變今之俗，雖與之天下，不能一朝居也。(〈告子〉)

> 長君之惡其罪小，逢君之惡其罪大。今之大夫，皆逢君之惡，故曰：今之大夫，今之諸侯之罪人也。(〈告子〉)

孟子對於霸者批判已夠嚴厲，對引君成霸的輔相更是疾言厲色。故孟子曾引曾西之言表明對管仲、晏子輔佐齊王霸業的不屑，在孔子心目中「九合諸侯」、「一匡天下」、「如其仁」、「民到于今受其賜」的管仲，和「善與人交」的晏平仲，在孟子筆下，竟然成為「專政」、「戀棧」、「功卑」(〈公孫丑〉)而不能以王道佐齊的政客：

> 或問乎曾西曰：「吾子與子路孰賢？」曾西蹴然曰：「吾先子之所畏也。」曰：「然則吾子與管仲孰賢？」曾西艴然不悅，曰：「爾何曾比予於管仲！管仲得君如彼其專也，行乎國政如彼其久也，功烈如彼其卑也：爾何曾比予於是！」(〈公孫丑〉)

從此以觀，孟子純然從道德的標準判斷人臣的良惡，而將才性、能力和事功的成敗劃歸道德領域之外。比孔子的道德判斷更深化、更嚴格，相對的，也更為狹隘。

2、荀子的人臣類型

依前節所言，「聖君賢相」是荀子理想的「人治」模型。而君主治國首在「任賢」，因此關於人臣的人格類型，即按照人臣賢能的程度加以劃分。《荀子‧君道》曾將人分成上賢、次賢、下賢三等，並量能授官：

> 論德而定次，量能而授官，皆使人載其事，而各得其所宜，上賢使之為三公，次賢使之為諸侯，下賢使之為士大夫。(〈君道〉)

上賢可使之爲三公而「祿天下」，次賢使之爲諸侯而「祿一國」，下賢使之爲
士大夫而「祿田邑」（〈正論〉）。荀子又有所謂的「三材」論：官人使吏之材、
士大夫官師之材及卿相輔佐之材。其中的士大夫官師之材乃所謂的下賢，而
卿相輔佐之材則是上賢。至於次賢之諸侯人材的內涵則未談及，隱隱然透露
出荀子心中固然期待賢者稱侯，惟其時諸侯仍是世襲制度，根本無法任賢，
故轉而將賢能之制寄託在卿相上。此所以荀子論政，側重在選相問題。而李
滌生也說：「君主世襲時代，明主可遇不可求，賢士則無世無之，故荀子於無
可奈何之中，不得不寄望於此。」〔註64〕

　　所謂的下賢士大夫之材指的是「材修飭端正，尊法敬分，而無傾側之心，
守職修業，不敢損益，可傳世也，而不可使侵奪。」其人品端正，尊禮尙法，
謹守本分而存心正直，能恪盡自己的職責、本分而不敢有所損益。上賢卿相
輔佐之材，則不僅「行道之然」，而且「知道之所以然」。其能「知隆禮義之
爲尊君也，知好士之爲美名也，知愛民之爲安國也，知有常法之爲一俗也，
知尚賢使能之爲長功也，知務本禁末之爲多材也，知無與下爭小利之爲便於
事也，知明制度，權物稱用之爲不泥也。」（〈君道〉），所以卿相之材乃爲綜
理大局，應變自如者。

　　由上述，可以歸結出：荀子認爲做賢臣的條件，必須才德兼具。即要有
尊君隆禮尙法的德性和好士、愛民、務本禁末、明制度、齊風俗等行政能力。
至於爲人臣者當如何事君？此〈君道〉篇說：「請問爲人臣？曰以禮事君，忠
順而不懈。」忠、禮是爲人臣事君的兩大守則，此乃孔孟以降不變的人臣之
道，惟荀子所謂「忠順不懈」並非意謂一味從君。若君主不明或有過，爲人
臣者要依道加以諫諍，此與孔孟所謂的臣道無異。〈臣道〉篇即依照爲人臣的
才德、忠誠度和從道不從君的原則判分人臣的人格等第。

　　（1）依才德分

　　荀子依才德將臣分爲：聖臣、功臣、態臣和篡臣四等：

　　甲、聖臣

　　「聖臣」即有聖德之臣，其「上則能尊君，下則能愛民，政令教化，刑
下如影，應卒遇變，齊給如響」，此言聖臣上能隆禮尊君，下能勤政愛民，政
令教化爲民所法，如影隨形，無一停滯。而其以禮義之道爲政的功力已能明

〔註64〕參見李滌生《荀子集釋》（台北：學生，1981），頁229。

禮知類，善於推理，而肆應非常之變，無不曲治得宜，此即上文所謂的「上
賢」，是既仁且知，可為卿相輔佐之臣的「人主之寶，王霸之佐」：

> 故知而不仁，不可；仁而不知，不可；既知且仁，是人主之寶也，
> 王霸之佐也。（〈君道〉）

也是〈富國〉篇所謂的：「與積禮義之君子為之則王」的「積禮義之君子」。
故而人君若能以聖臣為相，必能成王身尊：「故用聖臣者王」、「聖臣用則必尊」
（〈富國〉）。荀子以「殷之伊尹，周之太公」為聖臣代表。伊尹佐商湯，太公
相成王，二人都是能為國君取天下、安社稷的良相：

> 故能當一人而天下取，失當一人而社稷危。不能當一人，而能當千
> 百人者，說無之有也。既能當一人，則身有何勞而為？垂衣裳而天
> 下定。故湯用伊尹，文王用呂尚，武王用召公，成王用周公旦。（〈王
> 霸〉）

荀子認為太公既仁且智，不為權勢所蔽，所以能扶持周公，並和周公享
有同樣的名祿：

> 呂望仁知且不蔽，故能持周公而名利福祿與周公齊。（〈解蔽〉）

此中值得注意的是伊尹，荀子稱伊尹為「聖臣」、「積禮義之君子」，這與
孟子在人格品位上稱伊尹為「聖人」，並賦予他有「公天下之志」和「治亦進，
亂亦進」的「聖之任者」的人格形象不同。孟子較強化伊尹的心志和道德自
任的胸懷，荀子則側重其輔天子王天下的治績。一偏內聖，一重外王。不過
肯定伊尹是可以佐國的「良相」，孟、荀二者則有志一同。

乙、功臣

功臣是「內足以使一民，外足以使距難」，其對內和齊百姓而「民親之」，
對外能御寇制敵而「士信之」。這樣修內政以制外立功的人臣，人君用之，必
「國強身榮」，故曰：「用功臣者強」、「功臣用則必榮」（〈臣道〉）。按這樣的
標準，「齊之管仲，晉之咎犯，楚之孫叔敖，可謂功臣矣」。

荀子在〈堯問〉篇所提到的孫叔敖，即強調對其「士信之」的形象側寫：

> 繒丘之封人，見楚相孫叔敖曰：「吾聞之也：處官久者士妒之，祿厚
> 者民怨之，位尊者君恨之。為相國有此三者，而不得罪于楚之士民
> 何也？」孫叔敖曰：「吾三相楚而心瘉卑，每益祿而施瘉博，位滋尊
> 而禮瘉恭，是以不得罪於楚之士民也。」（〈堯問〉）

孫叔敖因心懷謙卑且「每益祿而施愈博，位滋尊而禮愈恭」，是以「不得

罪于楚之士民也」。荀子在書中言及管仲處較多，形象也較飽滿。在〈富國〉篇中，荀子說他是能輔佐國君稱霸的「端誠信全之士」。而在〈王制〉篇裡，管仲是位「爲政者強而未及修禮」的佐臣：

> 管仲爲政者也，未及修禮也。故修禮者王，爲政者強。（〈王制〉）

整體看來，荀子認爲管仲有治國的才略。但他「尚功不尚義」、「尚知不尚仁」，因此尚未臻乎「仁且智」的「聖臣」人格境界。雖然其「九合諸侯，一匡天下」的功業彪炳，但在荀子眼中，不免是識見不足的野人，亦不足爲天子良相之佐：

> 管仲之爲人，力功不力義，力知不力仁，野人也，不可爲天子大夫。
> （〈大略〉）

丙、篡臣

「篡臣」是篡奪人君威權的人臣，「逆命而不利君謂之篡」其「上不忠乎君，下善取譽乎民，不恤公道通義，朋黨比周，以環主圖私爲務」，這類的人臣日以熒惑人主、圖謀個人私利爲務，是足以使國君身危、國家危殆的「權謀傾覆之人」（〈富國〉），故曰：「用篡臣者危」，「篡臣用則必危」（〈臣道〉），此如「韓之張去疾，趙之奉陽，齊之孟嘗」，可謂篡臣也。

〈王霸〉篇中將薛公（即孟嘗君）和「權謀之君」齊湣王並提，蓋有將齊湣王身死國亡的下場歸咎於用相不當之意也。依《史記・孟嘗君列傳》的記載，齊湣王在滅宋後益驕，「欲去孟嘗君，孟嘗君恐，乃如魏，魏昭王以之爲相」，孟嘗君遂「西合於秦、趙與燕，共伐破齊」。依此以觀，孟嘗君雖以善養士聞名，但其士多雞鳴狗盜之徒，即使有才士馮諼的智謀，然充其量只能使他個人有狡兔三窟，無纖介之禍，能高枕而樂，但不能因此有「謀國制敵之功」，孟嘗君甚且還因個人的私心作祟，權謀傾覆自己的祖國！以是，荀子不從「好士」的虛名稱譽他，而從其私心害國謂之爲「篡臣」。

丁、態臣

「巧敏佞說，善取寵乎上」的態臣，是以佞媚爲容態的人臣。其「內不足使一民，外不足使距難」，故「百姓不親，諸侯不信」，和「功臣」的爲政風格完全不同。人君若用之爲政，則國亡身死。故曰：「用態臣者亡」「態臣用則必死」，而「齊之蘇秦，楚之州侯，秦之張儀，可謂態臣者也」。

依司馬遷蘇秦、張儀本傳所記載，蘇秦、張儀俱以游說諸侯聞名而長於權變之術，司馬遷對於二者的行事風格多加貶抑，並說：「要之，此兩人眞傾

危之士哉！」此蓋承孟子、荀子而來。孟子從得志逞其權力慾望的嘴臉說「張儀」是「得志取勢而橫行天下，一怒而諸侯懼，安居而天下熄」的小丈夫。荀子則就其苟合求容以事君的佞人姿態謂其爲「態臣」。

（2）依忠誠度區分

荀子曰：「以禮侍君，忠順而不懈。」（〈君道〉）所謂忠者「逆命而利君謂之忠」，而順則是「從命而利君謂之順」，並將之視爲人臣的重要守則，言下之意都以「利君」與否做爲標準。細言之，則曰：

> 事人而不順者，不疾者也；疾而不順者，不敬者也；敬而不順者，
> 不忠者也；忠而不順者，無功者也；有功而不順者，無德者也。故
> 無德之爲道也，傷疾、墮功、滅苦，故君子不爲也。（〈臣道〉）

荀子於此以努力工作、功蹟表現和德行做爲衡量人臣是否忠順利君的標準，荀子對人臣之德的要求與孔子以「盡己之謂忠」的主觀道德有所不同，而較爲外在客觀。荀子並按人臣事君的忠順程度區分人臣爲大忠、次忠、下忠及國賊四等：

甲、大忠之臣

人臣之大忠者，係「以德覆君而化之」，即以「疾、功、善」三者之德覆被其君，使之自化於善者。此如周公之於成王：「若周公之於成王也，可謂大忠矣。」（〈臣道〉）

乙、次忠之臣

次忠之臣「以德調君而輔之」，以德調伏君心，而輔助成就事功，是乃「有功而不順」者，管仲之於桓公可爲其中的代表。

丙、下忠之臣

下忠之臣「以是諫非」而觸犯君怒，使君主有害於賢之名，是乃「忠而不順」的「無功者」。子胥之於夫差因忠諫而獲罪，便是最鮮明的例子。

丁、國賊

有一種人臣，不顧人君的榮辱，不顧國家的利害，只爲了保持自己的祿位和廣結賓客而「偷合苟容」，這是所謂不忠不順的「國賊」，像曹觸龍之於紂王即是。

（3）依「從道不從君」原則區分

荀子主張「尊君」，以「忠順」爲事上的常道常理，然這是建立在君主英

明無過失的前提上，故曰：

> 事聖君者，有聽從無諫爭。（〈臣道〉）

> 恭敬而遜，聽從而敏，不敢有以私決擇也，不敢有以私取與也，以
> 順上為志，是事聖君之義也。（〈臣道〉）

若君主有「過謀過事，將危國家隕社稷之懼」時，為人臣者須按照「從道不從君」的原則，加以諫、爭、輔、拂。是為「社稷之臣也，國君之寶也，明君之所尊厚」的「諫諍輔拂之臣」：

> 諫爭輔拂之人，社稷之臣也，國君之寶也，明君之所尊厚也，而闇
> 主惑君以為己賊也。故明君之所賞，闇君之所罰也；闇君之所賞，
> 明君之所殺也。（〈臣道〉）

甲、諫臣

「諫臣」指的是：「大臣父兄，有能進言於君，用則可，不用則去」，此相當於孟子「異姓之卿」的作法，而《禮記・曲禮》也說：「為人臣之禮，不顯諫；三諫而不聽，則逃之」，伊尹之諫太甲、箕子之諫紂皆是「諫臣」之列。

乙、爭（諍）臣

「有能進言於君，用則可，不用則死」這是「爭臣」的作為，比干諫紂不去，紂王殺之；伍子胥諫夫差，後為夫差賜劍自殺，皆為爭臣的典型。

丙、輔臣

「輔臣」是「能比之同力，率群臣百吏而相與強君撟君，君雖不安，不能不聽」者，其能結合眾智眾力，領導百官勉強君王矯正其失。君雖不悅卻不能不聽，而得以「解國之大患，除國之大害」，終於使人君得以尊榮，國家因而安定，此如趙之公子平原君在惠文王，秦圍邯鄲之急時，用自薦的毛遂與楚定從約，並向魏之信陵君求救，而有卻秦存趙之功。

丁、拂臣

「拂臣」為「能抗君之命，竊君之重，反君之事以安國之危，除君之辱，功伐以成國之大利」者。這是要在「利君利國」的前提下，才可以做出來的權變之道。是「爭然後善，戾然後功，生死無私，致忠而公」的「通忠之順」。由此可以印證荀子所指的忠順，非惟君命是依的「愚忠」，而要在切中事理、達到功效的前提下忠順事上。是以當「君有過事」時，「不能不諫爭」；「君有亂命」時，也「不能不違戾」。此違戾、諫爭看似不從君命的「逆君」行為，

用心卻是爲了能達到忠君事上的目的。故信陵君矯君命、竊晉鄙虎符而「卻秦救趙」和留趙十年，聞秦伐魏，遂率五諸侯兵「存魏破秦」等作爲，在荀子看來都是「拂臣」的風格。

上述的諫、爭、輔、拂之臣都是「逆命而利君」者，若君主能用而信之，則君過不遠，故曰：「諫爭輔拂之人信，則君過不遠」。然這樣的人臣並非適用在所有君主的身上，像諫爭之臣適合於事中君，此謂之：「事中君者，有諫爭無諂諛」「忠信而不諛，諫爭而不諂，撟然剛折端志而無傾側之心，是案曰是，非案曰非，是事中君之義也。」（〈臣道〉）

若遇到暴君或窮居於暴國，則諫爭輔拂之道不宜用之。至於因應之道，則可分爲兩部分說；依「成俗」的常道言，消極方面，事暴君者當「有補削無撟拂」。蓋暴君多乖戾，只宜彌縫其缺失，不可違抗其意旨。以免遭遇殺身之禍。故而若生當亂世，身被迫脅，窮居於暴國，而無所避之時，則「崇其美，揚其善，違其惡，隱其敗，言其所長，不稱其所短」，也就是用「調而不流，柔而不屈，寬容而不亂」的方式，既能以「至道」自持復能與君「無不調和也，而能化易」，讓善言通於君之心中。荀子此義與孔子所說的「邦無道，危行言孫」（〈憲問〉）的說法相類。積極方面，事暴君當「若馭樸馬，若養赤子，若食餒人。」如同服馭未經調訓的馬，養育無知的嬰兒，又如同調養久餓之人，須以善道適時引導：「因其懼也而改其過，因其憂也而辨其故，因其喜也而入其道，因其怒也而除其怨」，如此才能委曲達情。以上就事暴君的常道說。至若「權變」之道，甚而可以像湯武革命或孟子的「貴戚之卿」一樣「易君之位」，是曰：「奪然後義，殺然後仁，上下易位然後貞，功參天地，澤被生民，夫是之謂權險之平，湯武是也。」（〈臣道〉）

3、小結

孟子和荀子都承繼孔子所說的「以道事君」的原則來判分人臣的等第，並完全一致的肯定伊尹的賢能。然孟子純從道德角度判斷人臣人格，區分人臣爲「引君以當道」的賢臣和「逢君之惡」的無道之臣，明白豁然的高舉入仕和事君的道德身段。而荀子論臣的標準多元，型態也多，其判分標準既講德，也論及才能和事功，且其所謂「忠順」之德，也較傾於外在客觀的表現，因此即使孟荀都有志一同的肯定伊尹爲佐國的良相，但孟子強化伊尹的心志和道德胸懷，荀子則側重其輔天子王天下的治績。而管仲，在孟子的標準是專政奪君權的政客。依荀子，則既是「端誠信全之士」又是佐國成霸的「功

臣」，若與伊尹起來，又只不過是位「為政者強而未及修禮」的人臣，未能真正成為輔佐天子的良佐之材。不同的評價寓涵著不同的思想觀點，孟子是道德一元論，荀子則已從道德一元的框架上延伸出來而較趨多元的觀點。

二、儒者的人格等第

關於「儒」的起源，歷來學者有相當的論述，歸納起來約有三路，其一：本於《說文解字》所說的：「柔也，術士之稱。」此如章太炎的〈原儒〉、胡適的〈說儒〉、饒宗頤的〈釋儒〉、錢穆的〈駁胡適之說儒〉、郭沫若的〈青銅時代〉、吳康的〈儒之釋名〉、趙雅博〈儒字釋義〉等皆引述闡釋並延伸許慎的說法，惟各家或著重術士之義而論，或鎖定「柔」字衍義。章太炎、錢穆和趙雅博都主張儒為「術士」之義，但章氏認為儒為「方術之士」，乃為以宗教為生，負責治喪、祭神等宗教儀式者。〔註 65〕錢氏則反對章氏之說，以為「術，指術藝」，術士即「嫻乃六藝之士」者。〔註 66〕趙氏則據「儒」字下部的「而」取象「頰毛」，推想「儒」為「一個有年齡的人，有經驗，知道天象的種種事態」的術士。〔註 67〕胡適首揭以「柔」訓儒之意，並著重於「柔」的劣義上說，認為儒為「柔弱迂緩的人」，並以主張「柔弱勝剛強」的老子為儒者的遠祖。〔註 68〕郭沫若也採「柔」的劣義，但反對胡適之說，認為儒之所以「柔」，是「貴族而不事生產的筋骨之柔」，並說「古之人稱儒，大約猶今之人稱文謅謅、酸溜溜。」〔註 69〕饒宗頤則駁胡適之說，取「柔」之優義，指出儒訓為「柔」之義，並非「柔弱迂緩」而是「安」，是「和」之義。並引鄭玄《禮記》目錄的〈儒行〉上說道：「儒之言優也、柔也，能安人，能服人。」，意謂儒乃是能以先王之道柔和安人者。〔註 70〕吳康也和饒氏之說相去不遠，以為「儒」是「柔雅安和的態度。」二者〔註 71〕皆用「柔」來狀寫儒家能修己安人的柔和狀態。

〔註 65〕 參見章太炎〈原儒〉《國故論衡》（台北：世界，1917），頁 116～20。
〔註 66〕 參見錢穆〈駁胡適之說儒〉，東方文化第 1 卷第 1 期，1954，頁 123～8。
〔註 67〕 參見趙雅博〈儒字釋義〉，大陸雜誌第 79 卷第 5 期。
〔註 68〕 參見胡適〈說儒〉，原載歷史語言研究所集刊 4：3，後收錄於《胡適文存》（台北：遠流，1992）第 4 集，卷 1，頁 1～130。
〔註 69〕 參見郭沫若〈駁說儒〉《青銅時代》（東京：雄渾社，1981），頁 434～62。
〔註 70〕 參見饒宗頤〈釋儒〉，東方文化第 1 卷第 1 期，1954，頁 111～22。
〔註 71〕 參見吳康〈儒之釋名〉《孔孟荀哲學》（台北：商務，1972），頁 3。

　　其二，從古文字來推敲，如吳龍輝以甲骨文為據，別解「儒」字象一人沐浴的形狀，並依此推論「儒」在殷代為主持祭祀儀式的人員，因祭祀前須齋戒沐浴，故名。〔註72〕朱歧祥則從金文入手，認為「需」為「儒」的初文，象人受雨水沾濕之意，本義為「濡濕」之「濡」，而雨水有被眾人的「潤澤」之意，故順此引伸出「儒」為具有知識和精神上的教化功能。以上兩者都從古文字來分析「儒」的字義。〔註73〕

　　其三，根據早期的經典尋繹「儒」之本意。朱高正的〈論儒〉可為代表，他以《易經》的「需卦」解釋，基本上同意饒宗頤的說法，指出「舒緩從容，待時而後進」為「儒」之本義，並強調儒者承襲《周易》「陰陽互藏，剛柔相濟」的精神，其生命型態豐潤寬厚，堅韌有為，絕非所謂的消極軟弱。〔註74〕

　　歸納以上的論述，「儒」有優、劣二義。就劣義而言，儒者不過是在知識上，專以朗誦典籍、注疏簡策的舞文弄墨之士或徒具文章才華，尋章摘句之輩；而在職業上則是負責治喪、祭神等宗教儀式的行禮如儀者，大概相當於孔子告誡子夏所說的「毋為小人儒」的「小人儒」（《論語‧雍也》）。若就優義說，「儒」指的是精通六藝之學以潤世澤人，並具佐世之術，而能法先王古道以「安人服人」「能剛能柔」者也。亦即孔子所說的「君子儒」，或揚子《法言‧君子》所說的：「通天、地、人曰儒。」此亦當是孟子和荀子以儒者自居的根本精神所在，是見儒者的本懷是智周萬物，道濟天下而胸懷磊落，兼具內聖外王理想者。〔註75〕

　　先秦三大儒中，孔子雖尚未以「儒」標舉自己的學派，但已就道德修養來區分儒者的人格高下。至孟子始言曰：「逃墨必歸於楊，逃楊必歸於儒。歸，斯受之而已矣。」（《孟子‧盡心下》）孟子這樣的宣示，業已表明自己的儒家立場，不過他在力闢楊墨的使命之下，對於「儒」者這樣的人格型態，著墨很少。直到荀子，才對「儒」者加以「正名」，並作價值的分判。

　　荀子認為真正的「儒」者，不僅能修身立己，同時能安人立人。荀子是從「內聖外王」的理想說儒，這從〈儒效〉篇中荀子應答秦昭王「儒無益於

〔註72〕參見吳龍輝《原始儒家考述》第一章（台北：文津，1995），頁25。
〔註73〕參見朱歧祥〈釋儒──由古文字論儒的發生〉，第四屆近代中國學術研討會1998，頁81～7。
〔註74〕參見朱高正〈論儒──從《周易》古經證「儒」的本義〉，中國文哲研究通訊第6卷第四期，頁109～21。
〔註75〕參見魏元珪前揭書，同註29，1987，頁19。

人之國」之問中可知。荀子爲了向秦昭王證明「儒」者並非「無益於人之國」，不斷舉出論證和實例反證：

> 儒者法先王，隆禮義，謹乎臣子而致貴其上者也。人主用之，則埶在本朝而宜；不用，則退編百姓而愨；必爲順下矣。雖窮困凍餒，必不以邪道爲貪。無置錐之地，而明於持社稷之大義。鳴呼而莫之能應，然而通乎財萬物，養百姓之經紀。

荀子首先揭示儒者的共同德行是：「法先王，隆禮義。」儒者如果居官則謹守臣道，稱職當位；一旦退朝，就做誠實的平民百姓，絕不悖亂犯上；即使貧無立錐之地，依然持守正道，絲毫無損乎他本來具足的「通乎財萬物，養百姓之經紀」之能力；荀子接著舉孔子爲例，說明儒者是道的化身：富貴時，朝政日興、道行天下；困窘時，人莫不貴、美化風俗：

> 埶在人上，則王公之材也；在人下，則社稷之臣，國君之寶也；雖隱於窮閻漏屋，人莫不貴之，道誠存也。仲尼將爲司寇，沈猶氏不敢朝飲其羊，公慎氏出其妻，慎潰氏踰境而徙，魯之粥牛馬者不豫賈，必修正以待之也。居於闕黨，闕黨之子弟罔不分，有親者取多，孝弟以化之也。儒者在本朝則美政，在下位則美俗。儒之爲人下如是矣。(〈儒效〉)

至於儒者若有機會成爲人君，其作風和政績又當如何？荀子說：

> 其爲人上也，廣大矣！志意定乎內，禮節脩乎朝，法則度量正乎官，忠信愛利形乎下。行一不義，殺一無罪，而得天下，不爲也。此若義信乎人矣，通于四海，則天下應之如讙。(〈儒效〉)

儒者有堅定不移的意志，若爲人君，必是人人尊之、重之、愛之、貴之的「人師」，而使朝廷人人修治禮節、官府法則度量都能正確無誤，進而使民間表現忠信愛利的風尙。故「近者歌謳而樂之，遠者竭蹶而趨之，四海之內若一家，通達之屬莫不從服。」這是儒者行王道德治，以德化民的效果。〈王霸〉說：

> 論德使能而官施之者，聖王之道也，儒之所謹守也。

由引文可知荀子多就「禮義」論儒者之德，而談儒者之效也大都集中在「外王」治績表現上，強調儒者對社會的責任和影響力。

荀子雖向秦昭王極力推銷儒者的德能效用，證明儒者不管居朝或在野，貧無立錐或勢在人上，不是美政就是美俗，都有益於人之國。荀子並秉持儒

家立場，如同孟子一樣地「攻乎異端」，批駁否定儒之外的諸子百家，旨在使「邪說不能亂，百家無所竄」以維護儒家在社會上的影響地位。由其對諸子百家的批判、否定的論述看來，荀子較孟子又更富揚棄意味。〔註76〕然而荀子除了揚棄其他諸子學派外，對自家儒門也有一番批判。

依荀子之見，基本上，儒者的修養已從「以貨財爲寶，養生爲己至道」的自然人層次往「儒」的文化層次上走，較一般「不學問，無正義，以富利爲隆」的「俗人」爲高，但由於儒者的言行表現各有不同，人格遂有高下之分。細觀荀子判分儒者的標準主要有二：其一要有儒之形，其二要有儒之實；而所謂儒者的實質內涵又有兩個要義：其一爲禮義修爲；其二爲明統類，即所謂的知慮能力，荀子於是依儒者的言行表現，分儒者爲「大儒、雅儒、俗儒」三等：

（一）大 儒

最傑出的儒者，荀子謂之大儒，其兼具「法先王」的禮義修爲和「明統類」的智能，是爲「有法者以法行，無法者以類舉」者（〈王制〉）。其能「法先王，統禮義，一制度」對於禮義的修爲已能觸類旁通而「以淺持博，以古持今，以一持萬。」即使遇到未嘗見、未嘗聞的奇物怪變猝然發生，大儒也能「知其統類，舉以肆應，從容無所疑，張法以度，若合符節。」（〈儒效〉）換言之，大儒的修爲已經臻乎「志安公，行安修、知通統類」（〈儒效〉），自然中節，安而行之的境地。

因大儒「其言有類，其行有禮，其舉事無悔，其持險應變曲當。與時遷徙，與世偃仰，千舉萬變，其道一也。」（〈儒效〉）以是，不管是得志，還是窮窘不遇、隱於窮閭漏屋而無置錐之地，大儒的人格和德業都會贏得人家的尊重而享有貴名。此其曰：「通則一天下，窮則立貴名。」周公、孔子和仲弓，都是荀子心目中傑出的儒者。荀子尤其彰顯大儒「通則一天下」的外王功績，故曰：

> 造父者，天下之善馭者也，無輿馬則無所見其能。羿者，天下之善射者也，無弓矢則無所見其巧。大儒者，善調一天下者也，無百里之地，則無所見其功。輿固馬選矣，而不能以至遠，一日而千里，則非造父也。弓調矢直矣，而不能射遠中微，則非羿也。用百里之地，而不能以調一天下，制彊暴，則非大儒也。（〈儒效〉）

〔註76〕參見趙士林前揭書，同註44，頁17。

荀子此處從「外王事功」來界定大儒，認為大儒有「調一天下」的能力，好比天下善御的「造父」、善射的「后羿」。然而，誠如造父「無輿馬則無所見其能」，后羿「無弓矢則無所見其巧」，如果沒有百里之地供大儒治理，也無法顯現發揮大儒傑出的治國能力。相對的，如果有機會治理百里之地而無法調一天下、制強禁暴，也算不得是傑出的儒者。這麼說來，依照荀子的理路，大儒是國家得治的充分且必要條件。於是荀子的結論是：唯有大儒才足堪天子、三公這樣的重責大任：

> 大儒者，天子三公也。（〈儒效〉）

荀子認為人主如能用大儒，則「百里之地，久而後三年，天下為一，諸侯為臣；用萬乘之國，則舉錯而定，一朝而伯。」（〈儒效〉）周公、孔子就是最佳的例證，孔子在朝美政，在野美俗的化成天下之功已如上述，以下再就周公來說：

> 大儒之效：武王崩，成王幼，周公屏成王而及武王，以屬天下，惡天下之倍周也。履天子之籍，聽天下之斷，偃然如固有之，而天下不稱貪焉。殺管叔，虛殷國，而天下不稱戾焉。兼制天下，立七十一國，姬姓獨居五十三人，而天下不稱偏焉。教誨開導成王，使諭於道，而能揜跡于文武。周公歸周，反籍於成王，而天下不輟事周；然而周公北面而朝之。天子也者，不可以少當也，不可以假攝為也；能則天下歸之，不能則天下去之，是以周公屏成王而及武王，以屬天下，惡天下之離周也。成王冠，成人，周公歸周，反籍焉，明不滅主之義也。周公無天下矣；鄉有天下，今無天下，非擅也；成王鄉無天下，今有天下，非奪也；變埶次序節然也。故以枝代主而非越也；以弟誅兄而非暴也；君臣易位而非不順也。因天下之和，遂文武之業，明主枝之義，抑亦變化矣，天下厭然猶一也。非聖人莫之能為。夫是之謂大儒之效。（〈儒效〉）

周公「知通統類」，為政能與時權變而不固執。是如〈不苟〉篇所云：「以義應變」，故當武王崩殂，成王年幼，威勢不足君臨天下，為了力保周王朝，周公毅然不畏流言的屏退成王，自己為攝政，以延續周朝的天下。等到成王成年行過冠禮後，周公即將政權王位還給成王，毫無私篡奪權之意。至此可知其先前代行天子之職的攝政行為，乃是通權達變之道。然而周公「因天下之和，遂文武之業，明主枝之義」的作為，雖有變化，天下卻「厭然猶一」、安

和如初，此即是「志公行修、知通統類」的具體表現。而周公這樣的人格風範和事功，非聖人者，無法達成。故荀子所謂的大儒，其實就是「聖人」的同義詞，此其曰：「非聖人莫之能爲。」（〈儒效〉）

　　荀子所提到兩位大儒，孔子和周公，孟子讚孔子爲「聖之時者」，荀子也尊之爲「大儒」和不得勢的「聖人」。至於「周公」，孔子將他當成是自己以「斯文在茲」自任的典範。藉著「夢周公」，孔子寄寓著恢復周文的理想。故他對周公殷殷致意的，不是過人的才情，而是道德意識：「雖有周公之才之美，使驕且吝，其餘不足觀也。」（〈泰伯〉）；孔子願慕周公的也不是他的政治事功，而是他以其道德意識制禮作樂，爲人間注入文化關懷，使宇宙自然秩序化爲文化秩序的文化貢獻：「郁郁周文，吾從周！」（〈八佾〉）而孟子則對周公能輔成王「兼夷狄，驅猛獸，而百姓寧」的時代使命讚揚有加。至於荀子，對周公則表彰他「知通統類」的權變智慮和維護周王室政權，天下厭然猶一的政治績效。所以當有人說周公有「身貴而愈恭，家富而愈儉，勝敵而愈戒」的盛德時，荀子加以否認，並力言他在當時周王室傾危的政治生態中，因應時移勢易的變化所表現出來的事功（見〈儒效〉篇）。依此觀之，孔子、孟子是以盛德苞乎大業來稱揚周公，荀子則以大業苞乎盛德明乎周公大儒之效。

（二）雅（小）儒

　　「雅儒」類於「小儒」。荀子曾從心志、行爲、知慮三方面比較雅（小）儒和大儒的分別，指出雅（小）儒之志雖能公，行也能修但不能通統類，必須經過出「勉而行之」的心理掙扎才能自安，故曰：

　　　志忍私，然後能公；行忍情性，然後能修；知而好問，然後能才；

　　　公修而才，可謂小儒矣……（〈儒效〉）

由是而論，荀子認爲「雅儒」已有儒者的內涵，能「法後王，一制度，隆禮義而殺詩書；其言行已有大法矣。」他的言行都能合於禮法，不過尚未能「知類明統」。因此說：「明不能齊法教之所不及，聞見之所未至，則知不能類也」，言下之意，雅儒的智慧還不能觸類旁通，而從後王的事跡制度推知前王的事蹟制度，遇到禮法沒有明文規定而自己又沒有經驗聞見的事情，就無法推理、妥善處理。但雅儒誠實不自欺，其「不知曰不知，內不自以誣，外不自以欺」，以是「尊賢畏法而不敢怠傲」（〈儒效〉），就憑這一點操守，雅（小）儒已跨進儒門理想。雅儒若爲政，可勝任「諸侯、大夫、士」的工作，而君主用雅儒則使「千乘之國安」。（〈儒效〉）

上述所指的雅（小）儒之效，也是偏向外王事功一面，且由上述可知，大儒、雅（小）儒兩者最大的不同，即是「知」的境界不同。大儒具有系統條理的知識能自然應物，無所不宜，而雅（小）儒之知則「不能類也」，無法從容應變。此鮑師國順也說：「進一步分析，大儒與小（雅）儒造詣的關鍵，主要還是在『知』上」。〔註77〕於此，我們再度看到荀子強調「以知成德」的思想特色。

（三）俗 儒

但有儒服、儒言而沒有儒者之實者，荀子稱之為「俗儒」。俗儒身上穿著寬大的衣服，繫著博大的帶子，戴著中高而旁下的帽子，外表看起來像個儒者，其雖言必稱先王，卻「略法先王而足亂世術，繆學雜舉」而不知「法後王而一制度」、不知「隆禮義而殺詩書」，是位身著儒服而無儒者之實，但知求衣食利祿，攀結權貴之徒：

> 逢衣淺帶，解果其冠，略法先王而足亂世術，繆學雜舉，不知法後
> 王而一制度，不知隆禮義而殺詩書；其衣冠行偽已同於世俗矣，然
> 而不知惡；其言議談說已無異於墨子矣，然而明不能別；呼先王以
> 欺愚者而求衣食焉；得委積足以揜其口，則揚揚如也；隨其長子，
> 事其便辟，舉其上客，億然若終身之虜而不敢有他志：是俗儒者也。
> （〈儒效〉）

由上述，俗儒雖不像俗人那樣「以從俗為善」，但其人格危機是「衣冠行偽已同於世俗，然而不知惡」。若為政的話，雖不至於像「用俗人，則萬乘之國亡」那樣，然而至多也只能使「萬乘之國存」，此雖無害於社會也不能裨益於世。這和荀子所謂「能隆禮義、一制度、法聖王、志公行修，知通統類」的儒者相去甚遠，也坐實了秦昭王所說的「儒無益於人之國」的說法。如果說，大儒和雅儒造詣不同的關鍵在於「知性」的涵養，那麼，大儒和俗儒最大的不同則在於「禮義修為」上。荀子所講的「禮義」修為，包括知和行，質和文，亦即惟有禮義的修為做到「知行合一」、「文質並重」，才是真正的儒者。荀子對於偏顯一端的儒者一律予以貶抑，或曰「陋儒」、「散儒」、「腐儒」、「溝瞀儒」、「賤儒」等，他們的名稱雖殊，其品類和「俗儒」無別。如荀子曾用「溝瞀」形容「俗人」的愚陋無知，故「溝瞀儒」類於「俗儒」，都是衣

冠舉止有士君子之容，卻華而不實、虛有其表的形似者。而「陋儒」和「散儒」都是指不懂得隆禮、不知師法、不能守禮的讀書人。「陋儒」學問駁雜，只會順誦詩書，而不能解悟會通書中義理。「散儒」以禮治學，但不能落實生活中實踐禮義，猶如「以指測河，以戈舂黍，以錐餐壺」那般勞而無功，此荀子曰：

> 上不能好其人，下不能隆禮，安特將學雜識志，順詩書而已耳。則
> 末世窮年，不免爲陋儒而已。(〈勸學〉)

> 隆禮，雖未明，法士也；不隆禮，雖察辯，散儒也。(〈勸學〉)

「陋儒」是「學不能知」，博而寡要，「散儒」則知而不行，兩者都不是真正的儒者。此外，「好其實，不恤其文」也非真儒，荀子稱其爲「徒好其質，不善用言語推廣禮義之道」，是空有學問卻不能學以致用的「腐儒」，好比囊中之物，東西再好，如果藏而不用，久之也會腐朽不堪：

> 《易》曰：「括囊無咎無譽。」腐儒之謂也。(〈非相〉)

依荀子的考察，子夏門下衣冠整齊、容止嚴肅，鎮日一語不發，如同上述「好其實不恤其文」的腐儒；子游門下貪懶好事，無廉恥而嗜飲食，還大言不慚說：君子不是勞力者。這彷彿「知而不行」的「散儒」；子張氏雖然頭戴華冠，行爲刻意模仿舜禹，但言語無味，則形同「俗儒」，荀子對這三派儒者，皆一視同仁的稱之爲「賤儒」，可見荀子的鄙夷至極：

> 弟陀 [註78] 其冠，神禫 [註79] 其辭，禹行而舜趨：是子張氏之賤儒
> 也。正其衣冠，齊其顏色，嗛然而終日不言，是子夏氏之賤儒也。
> 偷儒憚事，無廉恥而者飲食，必曰君子固不用力：是子游氏之賤儒
> 也。(〈非十二子〉)

從上述，荀子已將砲口瞄準同屬儒門的弟子，炮火所及，不僅望重儒林的子思、孟子不能倖免。荀子對他們的抨擊，甚至比對其他儒門子弟的批評更猛烈：

> 略法先王而不知其統，然而猶材劇志大，聞見雜博。案往舊造説，
> 謂之五行，甚僻違而無類，幽隱而無説，閉約而無解。案飾其辭，
> 而祇敬之，曰：此真先君子之言也。子思唱之，孟軻和之。世俗之
> 溝猶瞀儒、嚾嚾然不知其所非也，遂受而傳之，以爲仲尼子弓爲茲
> 厚於後世：是則子思孟軻之罪也。(〈非十二子〉)

〔註78〕劉師培云：「弟陀」，委蛇之異文。
〔註79〕楊倞云：「神禫」當爲沖澹。

在荀子的觀點，子思、孟軻，雖法先王卻疏略不知禮義之統，且逞才嚚張，自詡為儒家的傳人，實與上述的「緩學雜舉」的俗儒無異。至於那些受子思、孟軻誤導，而「嚾嚾然不知其所非也」，並「受而傳之」，以為思孟學派才是「仲尼子弓」的真傳，也都是愚陋無知之儒，荀子稱他們是「溝瞀儒」。荀子甚至把矛頭直接指向思孟學派，認為這些「溝瞀儒」所以被誤導，都是子思、孟軻的罪過，子思、孟子簡直是儒家的罪人！荀子於此措辭強烈的非議、批判孟子，一般以為是因為「性善」、「性惡」說不相容的反映，但我們仔細尋繹荀子盛言儒效又批駁儒門及劃分儒者人格等第等情形，或可挖掘到另一種詮釋的可能。

（四）小　結

荀子重視儒效，並以「儒效」作為分判儒者的標準，而高度踰揚周公、孔子大儒治理國家、一調天下的效用，這雖是對應秦昭王之問，但也反映出荀子重視外王、強調禮義和注重知識客觀理性精神的思想性格。而這樣的思想特色和孟子強調道德理想，偏於內聖成德的內省性格有所不同，故當社會上以思孟學派為儒學真傳、主流，而忽略儒學另一個外王禮緒的學脈時，以孔子後學自居的荀子，反應如此激烈，因此我們可以說，荀子之非思孟學派，其實隱含著儒學的路線之爭。

再從荀子的文本來看，時代背景因素或者也是引燃這場儒門之爭的因素。本章一開始即提到荀子所處的時代，社會變動劇烈，時主務縱橫霸道之術，但問功利不問道德成為普遍的社會價值觀，嚴守道德理想的儒門因此淡泊，而當時秦昭王對著荀子質疑「儒無益於人之國」之問，正反映當時人對儒者的刻板印象，這必然激發了荀子的時代痛感和儒學存續的危機感，故而有〈儒效〉之論。顯而易見的，當時的儒學處境維艱，儒士不復以往受到世人尊敬，不像孔子時代是諸侯國君們爭相網羅的對象，此〈成相〉有云：

　　世之愚，惡大儒，逆斥不通孔子拘。（〈成相〉）

由此我們不難想見，荀子面對眾說蜂起的思潮挑戰，和儒學闇而不彰的艱危處境，並不亞於孟子。荀子一本「反求諸己」的儒者胸懷，先把問題重心回歸自家人，深刻反省儒們淡泊的最大問題在於自家人不爭氣，最大的責任就在儒者自己的身上。故他要澄清世人對儒者無益於用世的看法，當然要「正本清源」。〈儒效〉篇劈頭首先「正本」，先力言儒者之效。其次「清源」，評論儒者等第，將俗儒、賤儒之等而下之者，斥在外，而其接著批駁子張、

子夏、子游之流早已失去儒者的精神，鄙視之為賤儒，並對孟子提出嚴厲的批評，將他打入「俗儒」之列，直斥他是儒家的罪人，這些攻擊的文字，表面上看起來好像在反儒，其實埋藏了荀子對儒學發展路線的深層思考。

　　荀子的考察和思考：儒門思想的發展，到孔子之後，就雜學竄流，流品不一，有些已走離了原先孔子匡世濟民、社會關懷的外王理想，如子張、子夏、子游門徒們華而不實、虛浮無用，造成當時世俗「儒無益於國」的假象，阻斷了儒者用世的理想和出路，尤其子思、孟子法先王高談道德理想而不務實際的學說，在時君世主急於用世，專務富國強兵之術的年代根本派不上用場，反而引來「迂闊」不切實際的譏議。（參見《史記・孟荀列傳》）。依荀子，這完全違反孔子關注現實「道中庸」的儒家精神，背離了儒家修己以安百姓的外王理想，無疑是儒家思想的萎縮、自閉，此其謂：「甚僻違而無類，幽隱而無說，閉約而無解」（〈非十二子〉）。尤有甚者，孟子素以孔子之徒自居，讓世人誤以為立功建業非儒家本有，更是儒家的罪人。所以荀子在揚棄其他諸子學說以維護儒家立場的同時，不得不重力炮打自家人，此中不無有「自清門戶」，重新調整轉化儒學發展方向的用心。此種說法，鮑師國順曾別具隻眼的說：〔註80〕

　　　　為了澄清時君世主「儒無益於人之國」的成見，荀子一方面調整了
　　　　儒學的發展方向，另一方面也進行了清理門戶的工作。

至此可知，荀子跳出來批判自家人，當是以儒家的捍衛者自居，有意把孟子以來重內聖、以仁成德的發展方向轉化成重外王、客觀主智的路數，為儒家的精神重新定調，以對應當時的時代挑戰。這是時代使然，也是儒學曲折發展的必然性。我們重新檢視荀子向范睢所說的話，荀子有意推銷儒者、推行儒術的用心歷歷可見：

　　　　（秦）兼是數具者而盡有之，然而縣之以王者之功名，則倜倜然其
　　　　不及遠矣。是何也？則其殆無儒邪！故曰：粹而王，駁而霸，無一
　　　　為而亡。此亦秦之所短也。（〈彊國〉）

　　再看看下面幾節的引文，更朗朗可見荀子弘揚儒術、發皇儒家匡世濟民思想的精神和對儒者用世的信心：

　　　　故儒術誠行，則天下大而富，使而功，撞鐘擊鼓而和。故儒術誠行，
　　　　則天下大而富，使而功，撞鐘擊鼓而和。（〈富國〉）

─────────────

〔註80〕參見鮑師國順前揭文，同註7，頁1。

> 儒者爲之不然，必將曲辨：朝廷必將隆禮義而審貴賤，若是、則士
> 大夫莫不敬節死制者矣。百官則將齊其制度，重其官秩，若是、則
> 百吏莫不畏法而遵繩矣。（〈王霸〉）

> 農夫樸力而寡能，則上不失天時，下不失地利，中得人和，而百事
> 不廢。是之謂政令行，風俗美，以守則固，以征則強，居則有名，
> 動則有功。此儒之所謂曲辨也。（〈王霸〉）

即此觀之，荀子訾議孟子，實有意以孔子的傳人爲己任，向當時儒門淡
薄的世人宣稱將內聖之德通向外王之功而有儒者之效者，才是儒學正統並即
此重振儒家的用世精神。荀子這番用心，趙士林也說：荀子對賤儒的抨擊，
非但不是否定儒家的思想，恰巧正是爲了挽回頹放的儒風，捍衛儒家的思想
原則。〔註81〕

第三節　結　語

綜結本章所述，孔子、孟子和荀子都是按照道德修養來分判人格類型，
在個人道德修養上，皆以士爲起點，以聖人爲最高理想。而以「仁智合一」
的聖人、仁人爲道德修養的極致者，視君子爲成德者，士爲入德者，小人爲
缺德者，鄉愿、姦人爲亂德者。而且孔、孟、荀三儒論聖、仁、君子，都以
「內聖外王」爲全體大用，在體道入路上，孔子仁禮並重，仁智合一；孟子
重內在仁義心性的自覺涵養，荀子則重外在學習的積善全盡，隆禮之道，和
智慮才辯。另外，孟子的大人是「充實而有光輝之謂大」者，描寫的是一位
擴充四端之心，德行修養達到可以「從其大體」、「心官能思」的境界，強調
道德主體挺立的人格形象。荀子的大人則較偏於描寫心「虛一而靜」的大清
明境界和通於神明莫測的德象。從這兩個不同的「大人」形象，我們也看到
兩位儒者重德和主智，尊德性和道問學不同的工夫路數。

藉由上述的探討，吾人發現，君子、小人的意義隨著社會階級的流動而
有由位轉向德的意義。〔註82〕不過孔子才是眞正推動君子小人由階級對比，

〔註81〕參見趙士林前揭書，同註44，頁53。
〔註82〕「君子」、「小人」這種詞義上的變化，隨著春秋以降既有社會模式在各種力
　　　　量衝擊下的解體，社會成員身分的變動十分頻繁，昨日的貴族淪落爲今天的
　　　　戮民，而今天的小人轉眼可能因爲軍功等各種原因成爲明日的新貴，故「君
　　　　子」「小人」當然也就不必不再固執在等級身分上。

過渡到德性對比，而使中國人文精神更充分自覺的主要推手。再者，關於「小人」的內涵變化，孟子的看法仍與孔子相類，小人係為缺乏人生自覺之輩，只有名利感而無道德感的俗情眾生。然到荀子，小人有愈趨下墜低劣的傾向。後世常以「卑鄙下流」形容小人，應始自荀子的「小人」吧！

　　關於政治人物的人格類型，孔孟荀皆奉以德化民、以禮齊民的「王道之君」為規矩方圓，而由荀子首揭「聖王」之名，表明孔孟荀三儒「以德致位」的道德人治關懷。孟、荀二者對於所謂的霸道之君，也都一本儒家立場，認為是仲尼之徒不道或羞稱者，而他們也都對當時的諸侯君子們提出高道德標準的檢驗，認為他們都不合「格」。但比較起來，孟子絀霸，道德批判方嚴，間不容髮。而荀子尚能容霸者強國的事實，惟對權謀之君嚴厲譴責，依此，荀子遠較孟子有強烈的現實感。

　　先秦三儒都強調為人臣者當「事君以忠」、「以道事君」、「從道不從君」，且對亂君、暴君諫爭無效時，都主張可以使出非常手段「革命」或「易君之位」，此乃孟荀所同，要皆可看出他們對「聖君賢相」的期待。惟孟子之道繫乎內在的仁義，荀子則宗乎外在禮義。孟子以心性存養工夫立論，而荀子則是按學問造詣與德行的深淺為立論之據，尤偏重禮義修養和外在事功。是以荀子專論儒之人格等第時，也以儒者的「隆禮」修養和為政能力為首要條件。而由他們對人臣類型的分判，確然可知儒者事君從政的道德原則。

　　荀子論人，著重的側面和孟子不盡相同，如荀子的仁者，同孟子一樣，雖皆具政治地位身份的堯、舜、禹、湯、文、武四帝二王等，但所稱頌的理由內涵卻不同。比較兩位儒者共同提到的「舜」，孟子突出舜「親親而仁民」的形象；荀子著重「兵不血刃，遠邇來服」的王者之風。而兩人共同提到的周公、孔子，雖都為聖人之列，孟子高揚他們的或是人文理想、文化地位，或為「時義」的恢弘氣度、胸襟；荀子則強化他們足以調一天下、治國的能力和大儒的學養。至於伊尹、管仲，孟子從伊尹擔負天下的責任感，稱伊尹為「聖之任者」；由伊尹公天下之心，肯定他是引君於道的良臣；而鄙夷管仲專政、逢君之惡，孟子皆較從內在的心跡由衷讚許和斥責。荀子稱伊尹為使商湯身尊而王天下的聖臣，言管仲為佐桓公而身榮成霸的功臣，則皆就外王治績表現立說。

　　由上述人格類型的分判和人物品評，反映出孟子和荀子雖同尊孔子，自謂仲尼之徒、儒門之列，然一主內聖，一重外王；一顯仁端，一開禮緒；一

重德，一主智的不同思想特色。再者，由孟子、荀子對孔子不同面向的理解、肯定與推崇，也折射出他們自己的主觀理想，即他們有意藉孔子這面大旗來推行自己的學說、主義。此由荀子對儒者等第的分判，最能突顯荀子和孟子不同的思路：孟子是精深型，將孔子思想深化之後再往高處提升，而荀子則屬於博厚型，向廣處延伸，與孔、孟兩位前賢相較，思想涵蓋面更廣，系統規模更大，吾人可說儒家思想發展到荀子，昭然明白地走向客觀化、知性化、現實化和變通化。

第五章　依心靈修養區分的人格類型

　　先秦以老莊為首的道家，雖然和儒家一樣談「道」說「德」，〔註1〕也注重後天的工夫修養，並按照個人修養和政治實踐兩部分區分人格類型，惟其所強調的修養和實踐，不再是儒家所崇尚的人文理想、人倫之道的道德實踐。因此儒家以仁義禮三綱領為核心的道德修養和崇尚「始乎為士終乎為聖人」的人格類型，不再是道家的圭臬。本章即就《老子》、《莊子》所呈現的人格類型加以討論。

　　「老子」其人雖於史有傳，然其生平有很多留白，身世仍成謎，因此無法從生命傳記睹見其著書的原由、背景。但《老子》八十一章多用獨白體，「我」與「吾」在全書中共有四十一個。其中「我」十九次，「吾」二十二次，歸納分析這些以「我」、「吾」稱述的文字，發現「我」、「吾」是以聖人自比的，字裡行間殷殷建言的對象都是統治者，可見《老子》望治之心切。無怪乎《漢書‧藝文志》說它是「君人南面之術」，而嚴幾道也說：「《老子》一書是言治之書」〔註2〕近世學者也不乏就此一觀點來探析《老子》一書的屬性，〔註3〕認為《老子》乃基於時代的痛感，特別向為政者提出建言，希望為政者要實踐「道」。認為政治的良惡和統治者的「道行」深淺有關。《老子》即按照為政者聞道和行道的程度提出上士、中士、下士象徵三個價值層級的人格類型。

〔註1〕老莊皆重道德，《老子》中「道」出現七十四次，「德」出現四十次。《莊子》
　　　　七篇中，「道」出現四十二次，「德」出現三十四次。惟《老子》和《莊子》
　　　　內七篇皆無「道德」連綴之例，《莊子》外、雜篇則共有十六見。意義多偏客
　　　　觀的「道」說。
〔註2〕見嚴復著之《評點老子道德經》上篇，（台北：廣文書局，1961），頁36。
〔註3〕參見王師邦雄《老子哲學》（台北：東大，1980）及袁保新《老子哲學之詮釋
　　　　與重建》（台北：文津，1991）。

　　莊子，從《史記》本傳和《莊子》書中後學對他的素描，約略可知他是個寧願「曳尾于塗中」，但求適志自愉而不願享受高官厚祿的人。而由〈人間世〉的描寫，莊子生存的時代是個「福輕乎羽，莫之知載；禍重乎地，莫之知避」，死者「國量乎澤若蕉」以致「民其無如矣」的亂世（〈人間世〉）。生存在這否閉晦暗的年代，人的生命就像「游於羿⋯⋯中央者，中地也」一樣朝不保夕（〈德充符〉），隨時都有致命的可能。面對這樣人人自危的悲苦存在情境，人們連最基本的生存權都有問題，遑論淑世？職此之故，莊子不像先秦其他哲人那樣熱衷建立社會價值體系，也不像《老子》一樣殷殷言治，反而發出「方今之士，僅免刑焉」（〈人間世〉）的哀嘆，[註4] 並投入更多的關注在人的心靈世界。試圖通過探索人迷失本性的心理因素，從而排除觀念上的障礙、解開倒懸之苦，並以素樸自然的境界爲依歸，在自然的領地中爲自己和世人尋得一方淨土，覓得一份自由。[註5]

　　莊子雖然重視天道自然，且以自然爲道的極則，但是否如荀子所說的「蔽於天不知人」（〈非十二子〉）？是否因爲醉心自然而忽略人的生活世界？這是歷來爭訟的問題，近來有不少學者即指出荀子的非議乃系統外批評。如王師邦雄指出：「老子體現的天道，到了莊子，已內化而爲天人、至人、神人、聖人、眞人，故莊子哲學以人爲主體」；[註6] 唐君毅也說：「內七篇在說明人如何成爲理想之人」。[註7] 更有學者指出：莊子的基源問題即在於面對人的異化、疏離問題的照察和體會觸發其深沉悲情後，思索如何化解生命中不能透脫的情識和迷執。[註8] 從上述前賢研究所得，莊子之學仍是「以人爲中心」，對「人」的重視殆無庸置疑。本文從人格的角度透視，不僅可以印證這樣的觀點，而且發現若以內七篇爲論述的基調，可看到莊子所看到的人格類型有三重，至於所討論的對象，並不像他的前輩老子一樣只針對政治人物，而是面對所有的世人，誠如楊儒賓所說：「莊子所訴求的對象不是個別性、地域性

〔註4〕 參見梅良勇、彭隆輝〈莊子的人學思想述評〉《江西師範大學學報》（哲學社會科學版）34：2，2001，頁4。

〔註5〕 參見尚明《中國人學史》，（北京：對外經濟貿易大學出版，1995），頁56。

〔註6〕 參見王師邦雄〈莊子思想及其修養工夫〉《鵝湖月刊》17：1，1991，頁12。

〔註7〕 參見唐君毅《中國哲學原論・原道篇・卷一》，（台北：學生，1978）頁384。

〔註8〕 此乃驪括歸納徐復觀和李正治的說法。詳見徐復觀《中國人性論史》（台北：商務，1984），頁389；及李正治〈莊子「超禮歸道型的理論思索」〉《鵝湖月刊》17：1，1991，頁34。

的人，而是作爲人類的此一類種。」〔註9〕

綜合觀之，由於《老子》、《莊子》二書所訴求的對象和目的不同，文本呈現出來的屬性特色不同，賦予諸人格類型的名稱和內涵也不盡相同。不過大抵都有上、中、下三型，用現代的話說，即返歸眞實自由的理想人格、執假爲眞的俗人和介於眞、俗之間者等三種人格類型。

第一節　《老子》的人格類型

《老子》四十一章說：「上士聞道，勤而行之；中士聞道，若存若亡；下士聞道，大笑之。不笑不足以爲道。」明白指出按照聞道和行道的程度將人分成三個層次：「上士」，即最上等的人，是勤而行道者。亦即《老子》所說的「從事於道者」、「善爲士者」、「上善」、「善人」、「有道者」、「大丈夫」、「聖人」等。其中「從事於道者」、「善爲士者」是就工夫修養來說，「上善」是就其心靈狀態而言，「善人」、「有道者」、「大丈夫」乃就修養成道的境界言之，「聖人」則就其總體的德業而論。名目雖多，總說是一，即是最上等的人格。〔註10〕下士是最下等的人，相當於所謂的眾人、俗人。而「中士」是介於上士、下士之間的人格型態。《老子》用「若存若亡」來形容，此等人對理想有嚮往，不甘於與世俗、凡塵同流；但他們不能擁有理想，與現實周旋的同時，難敵現實的拉扯而滑失了理想的初衷，終其一生擺蕩在現實與理想爭持中，輾轉於濁世與清流間。

在這三型中，《老子》對上士、下士有清楚的判分和著墨，中士則未有清楚的顯影，不過有上下的分辨後，對於依違其間的人格類型大抵可知。其中，《老子》著墨最多的就屬上士部分，八十一章中，「聖人」有二十八見，分散在二十六章裏。約佔全書四分之一強，內容涉及治國之道、自然原則、人生哲理、辯証法、認識論等五個方面。其中與人格相關的前三方面內容爲二十條，佔了有關「聖人」論述的絕大部分。〔註11〕「聖人」常與「人」、「民」、「百姓」、「眾

〔註9〕引言見楊儒賓〈莊子的工夫論〉《莊周風貌》第三章（台北：黎明，1991），頁76。

〔註10〕蔡明田有也認爲聖人是《老子》理想人物的概括之稱，其一實多名，並從文字加以比對印證，請參見氏著之《老子的政治思想》（台北：藝文，1976），頁80。

〔註11〕朱義祿《從聖賢人格到全面發展──中國理想人格探討》（陝西：人民，1992），頁33。

人」、「俗人」等等對稱，彼此有時指治與被治的對待關係；有時是人格層次的高下對比關係，故而「聖人」是處在人民之上的統治者，絕非一介匹夫而已。也是高於俗人、眾人的理想人格類型，是全書中關於人的概念出現最多的。至於傳世本十九章中所謂的：「絕聖棄智，民利百倍；絕仁棄義，民復孝慈；絕巧棄利，盜賊無有」，看似反對聖人，實則不然。蓋此章在郭店竹簡《老子》中做「絕智棄辯」，顯見最原始的《老子》尚未有「絕聖」之詞，近人考辨簡本、帛書本和傳世本，認爲「絕聖」當係經過戰國學者的更動。〔註12〕不過，即使傳世本有「絕聖」之詞，其所謂的「聖」乃是與「智」、「仁義」、「巧利」等同指人爲巧飾造作，離自然之道日遠的道德僵化教條，〔註13〕正是老子心目中理想的統治者──聖人所要極力剝除、化解的部分，故曰：「此三者以爲文，不足」（十九章），凡經過概念化、規範化的「聖智」、「仁義」、「巧利」都不足以治理天下百姓。由是可知「絕聖」不僅不是絕棄聖人，反而是要確保聖人純度的必要工夫歷程。

以下分就「上士」、「下士」兩種人格類型詳論之。

一、上　士〔註14〕

（一）上士的心態

誠如上述，上士的生命是向內而向上提升的生命型態，其超拔流俗，異於常情而以道爲依歸，《老子》說：

> 人法地，地法天，天法道，道法自然。（二十五章）

這裡的「人」指的是取法天道自然的聖人。所以要瞭解上士的人格心態必先瞭解「道」的特質。《老子》「道」的特質，簡言之，就是「自然」。「自然」顧名思義就是「由自而然」，相對於「他然」的狀態，乃是自己如此，無所依傍。〔註15〕「自然」也可以是相對於「人文」提出的概念，意謂「不假人爲」。聖人的特質彷彿道之「獨立而不改，周行而不殆」（二十五章）般，

〔註12〕參見丁原植《郭店竹簡老子釋析與研究》（台北：萬卷樓，1999），頁7～9。

〔註13〕參見陳鼓應《老子今註今譯》（台北：商務，1983），頁97～8。

〔註14〕《老子》上士部分，亦可參考蔡明田著之〈德合天地，道濟天下──先秦儒道思想中的理想人格〉一文，收錄在《中國文化論──思想篇一》。台北：聯經，1982。蔡認爲《老子》心目中理想的人格具有「大智」、「大仁」、「大和」之人，雖有發皇之見，但顯然過度「增字解經」。

〔註15〕相關文字見陳鼓應著《老莊新論》（台北：五南，1993），頁29～34。

人格獨立自主又能與世相偕，用《老子》的話說就是「和光同塵」（五五章）。

　　「道」內在於人，體現為「德」。道生養萬物，德畜養萬物並使萬物生長、發育、成熟，卻又不佔有、不自恃、不宰制，此《老子》稱之為「玄德」或「孔（大）德」：

　　道生之，德畜之；長之育之；亭之毒之；養之覆之。生而不有，為而不恃，長而不宰。是謂玄德。（五十一章）

　　孔德之容，惟道是從。（二十一章）

法自然之道勤而行之的「聖人」即具有上述這樣「生而不有，為而不恃，長而不宰」的德性，故其名又曰「上德」：

　　上德不德，是以有德。（三十八章）

　　老子的聖人「守道同德」，〔註16〕不同於現實流俗之輩需要外在的肯定和仰人鼻息。他們「自愛不自貴」（七十二章），既不活在別人的掌聲中沽名釣譽，也不在自己的象牙塔裡孤芳自賞。秉持這樣的心態，面對外來的毀譽怨嗔，聖人皆抱以「執左契，而不責於人」（七十九章）的態度「報怨以德」（六十三章），凡事以永遠開放的心胸去面對，而不被自己的迷執謬妄所蒙蔽，此《老子》七十一章說：

　　聖人不病，以其病病，是以不病。

（二）上士的內涵

　　《老子》理想人格的心態自信開放，其人格經過「勤而行之」的工夫修行以至於「載營魄抱一」而「不離」（十章），也就是形體與精神合一而不偏離於道。這樣「人道合一」的境界，簡括起來有三個內涵：

　　我有三寶，持而保之。一曰慈，二曰儉，三曰不敢為天下先。慈故能勇；儉故能廣；不敢為天下先，故能成器長。今舍慈且勇；舍儉且廣；舍後且先，死矣！夫慈以戰則勝，以守則固。天將救之，以慈衛之。（六十七章）

《老子》以第一人稱的口吻說出聖人持而保之的三個內涵是：〔註17〕慈、儉、

〔註16〕高秀昌說：守道同德是《老子》理想人格的特徵之一，與本文所論可互為印證。參見氏著之〈《老子》的理想人格與人生實踐〉（《人文雜誌》1996，第1期），頁26。

〔註17〕關於《老子》三寶的內涵，筆者嘗為文作進一步的疏理，詳見拙著之〈《老子》三寶的智慧及孔子三綱思想〉，收在〈文藻學報〉十二期，1998，頁1～21。

不敢爲天下先。分別析論如下：

1、自然無為的愛

聖人持保的第一寶是慈。許愼說文解字說：「慈，炁也。」「炁，古愛字」這與孔子以仁爲眾德之首並說「仁者愛人」（〈顏淵〉）一樣，都強調愛的重要性。說文以炁訓愛，又謂：「憮，愛也。」而正字通：「炁，古文愛。」原來愛、憮兩字从無从心，而「炁」即《易經》與《周禮》所用的「無」字。〔註18〕綜納起來，所謂的「慈愛」，是無心的愛，就像天地對萬物泛愛無心一般；亦即《老子》第五章所說的「天地不仁」、「聖人不仁」的「不仁」。「不仁」並非「殘苛不仁」或「麻木不仁」，沒有愛之義。〔註19〕而是如王弼的詮釋：「天地任自然，無爲無造，萬物自相治理，故不仁也」，用《老子》的觀念來說，就是用「自然無爲」的態度去愛人愛天地萬物，無心施爲，無所偏爲之義。〔註20〕簡言之，「慈」，就是自然無爲的愛。

「自然」是相對於他然而言，意謂「由自而然」，即完全不受外在意志所制約的狀態。「無爲」則是相對於「有爲」提出，意謂無心而爲，不妄爲，即無掉欲爲的造作意念。合而言之，就是從心中油然生發、沒有虛妄，沒有勉強，沒有負累的愛。因爲「自然」所以不勉強，因爲「無爲」（不妄爲）所以不累。依《老子》的照察和體會，聖人的愛是奉獻的慷慨、成全的力量，愛的本身就是目的，捨此無他，更無利益交換，故曰：

> 聖人常善救人，故無棄人；常善救物，故無棄物。是謂襲明。故善人者，不善人之師；不善人者，善人之資。不貴其師，不愛其資（二十七章）

眞正的愛眞誠懇切、無私無我，一旦私慾篡位登基，愛將變質爲操縱的把持，在愛的宰制下，把愛當成特權而合理化一切的行爲。或把愛當作是貸款和投資，企圖把曾經付出的資源連本帶利討回來。這是愛的造作和扭曲，完全背離了愛的初衷和眞諦，眞眞是「雖智大迷」（二十七章）！

如何化解人心偏執所帶來的佔有和毀滅的衝動？《老子》從天地自然中找到了答案：

〔註18〕轉引自王煜著〈貌似不肖的慈儉謙三寶〉一文，頁273～4。
〔註19〕引文見樓宇烈校釋《老子周易王弼校釋》（台北：華正，1981），頁13。
〔註20〕參見高齡芬《王弼老學之研究》第五章〈王弼老子注研究〉（台北：文津，1992），頁204。

飄風不終朝，驟雨不終日，孰爲此者？天地。天地尚不能久，而況
於人乎?（二十三章）

太狂熱的愛就像飄風驟雨一樣，來得太急切、太猛烈，卻也不長久，而且雨橫風狂的愛不是給人滋養而是傷害。因此《老子》獲得的啓示是：祇有效法天地自然無爲的態度去愛才能擁有眞愛，讓愛始終如一，天長地久。故曰：

人法地，地法天，天法道，道法自然。（二十五章）。

《老子》的「聖人」不仁、無常心，即是法天地之道，用「自然無爲」的態度愛人：

聖人處無爲之事，行不言之教。萬物作焉而不辭，生而不有，爲而
不恃，功成而弗居，夫爲弗居，是以不去。（二章）

聖人雖「生」——奉獻己力，「爲」——成就大眾的事業，並建立事功；然對於這一切努力的成果，完全「不占己有」、「不恃己恩」、「不居功」。正因爲聖人能無私奉獻，愛才得以實現、功勞才得以存全。故曰：「夫爲弗居，是以不去。」

這樣無私的愛是聖人愛國治民的動力，聖人放下自我的佔有欲，自然無爲的愛百姓，〔註21〕因無欲無求故能生發無比的勇氣，也能保家衛國，此《老子》說：「慈故能勇」。又說：「夫慈，以戰則勝，以守則固。天將救之，以慈衛之。」（六十三章）

2、虛靜涵養的工夫

聖人的第二寶是「儉」。《老子》二十九章曰：

聖人去甚、去奢、去泰。

甚、奢、泰都是儉的反面，去甚、去奢、去泰就是「儉」。《說文解字》曰：「儉，約也」節約不浪費的意思。此處的儉並非教人勤儉以積累物質財富，而是特重精神上的斂藏守拙，即《老子》所說的「嗇」德：

治人事天莫若嗇，夫爲嗇，是謂早服，早服謂之重積德，重積德則
無不克。（五十九章）

高亨用字形結構來解釋「嗇」，把「嗇」解釋爲「收藏」。陳鼓應採用王純甫的說法，認爲「嗇」並非就財物上的意義說，乃是特重精神的意義。意

〔註21〕此乃賅括《老子》第十章所說的：「愛國治民能無爲乎？」。

指培蓄能量，厚藏根基，充實內在生命。〔註22〕依此，此處所謂的儉，可說是生命的節約、精神的深蓄厚養，是「治人」——治理國家，也是「事天」——養生〔註23〕最好的方法（十五章）。

承前所述，「嗇」，意指培蓄能量，厚藏根基，充實內在生命。這樣的涵養其實是一種「損」的工夫：「為道日損，損之又損，以至於無為」（四十七章），也就是「虛靜」之道。此《老子》曰：

致虛極，守靜篤，萬物並作，吾以觀復；夫物芸芸，各復歸其根，
歸根曰靜，是謂復命。復命曰常。（十六章）

聖人要通過主體的虛靜工夫修養，通過虛靜的工夫，時時作「致虛」、「守靜」的工夫以還原生命的自然本真，是所謂的「歸根復命」。「致虛」即是心智作用的消解，消解到沒有一點心機和成見的地步。好比車子所以能載物，器皿能容物，居室能住人，都是因為中間是虛空的緣故（見十一章）。而致虛必須守靜，「靜」相對於躁動，心若一躁動便會外逐耗散，所以「守靜」的目的是要讓心靈從「自然生理的紛馳、心理情緒的鼓脹和思想意念的造作」〔註24〕解套出來，不為習氣薰染、不受物欲激擾、不讓成見拘限，使心歸於虛明如鏡的境界。當心不再有染執，心就獲得自由了，即使外在的世界依舊紛亂複雜，由於心超越遙升，便不會受到影響，胸襟自然寬大，萬物也因此清明起來。

由此以觀，聖人的「儉」德具有簡化人事糾葛、滌除心染、以道玄鑒的功能；就主觀面而言，心靈的空間寬廣無限，誠如《韓非子·解老》所說的：「聖人寶愛其神則精盛」。就客觀面來說，隨著主體的心境修養，外在的世界也跟著廣大起來，此《老子》說：

儉故能廣。（六十七章）

又說：

故從事於道者，同於道；德者同於德（二十三章）

修之於身，其德乃真；修之於家，其德乃餘；修之於鄉，其德乃長；
修之於邦，其德乃豐；修之於天下，其德乃普。故以身觀身，以家
觀家，以鄉觀鄉，以邦觀邦，以天下觀天下。吾何以知天下然哉？

〔註22〕見陳鼓應前揭書，同註13，頁197。
〔註23〕此處採用河上公的註解，將「事天」當作「養生」講，參見陳鼓應前揭書，同註13，頁196。
〔註24〕語見牟宗三著〈道家玄理之性格〉，收錄於《中國哲學十九講》（台北：學生，1993），頁92～3。

以此。（五十四章）

原來人和外在的世界本來無隔無礙，是人的心知成見限隔了彼此、使生命變得拘隘。泯除了所有的對立分別，以及一切概念成見而回到生命的原始和諧，生命便寬大圓融。關於這個形上智慧，牟宗三謂之曰「境界形態的形上學」，一如水漲船高，心境不斷向上升越，開顯的境界亦隨之擴大。〔註25〕

　　專制時代，居最高位者就是眞理，生殺予奪之權全操握其一念之間，因此統治者若能時時保持虛靜，不盲目追逐聲色犬馬，不私心自用，凡事以民意爲念並洞燭機先，不僅可爲自己全性保眞，更可厚養生民。《老子》便賦予「聖人」這樣的涵養，聖人以此虛靜涵養自己、統治天下，時時保持虛靜，不盲目追逐聲色犬馬，不私心自用，凡事以民意爲念並洞燭機先。按《老子》的思索，當統治者的心靈已能「滌除玄覽」，達於「無疵」（十章）之境，百姓自來歸附，故云：「執大象，天下往。往而不害，安平太。」（三十五章）

3、柔弱不爭之德

　　聖人的第三寶是「不敢爲天下先」。即具有柔弱不爭之德。依《老子》，「弱者，道之用」（四十章），「柔弱」相對於堅強說，是《老子》用來形容「柔韌不克」的生命特質，而「堅強」義同於「逞強」，是生命僵化、生機不再的狀態，故《老子》認爲「柔能勝剛」。聖人以嬰兒爲師，並取法乎水，心靈像嬰兒一樣「專氣致柔」（第十章），像水一般「守柔不爭」。此《老子》曰：

　　　天下莫柔弱於水，而攻堅強者莫之能勝，以其無以易之。弱之勝強，

　　　柔之勝剛。（七十八章）

就經驗法則來說，嬰兒的筋骨最柔弱但生機最勃發，水性最柔弱，滴水卻能穿石。聖人即具有如嬰兒和水一般「柔韌不克」的內涵，其生命不外逐耗散，不逞強鬥勝，故能用「不敢爲天下先」的心態治理天下。聖人守柔不爭，像水一樣「利萬物而不爭」（八章）、如「天之道，利而不害」般「爲而不爭」（八十一章）。並完全出於自願地「處眾人之所惡」、「受國之垢」，承擔全國的屈辱，且能「受國不祥」，承擔全國的災難（七十八章），盡其所能去貢獻己力而絕不與人爭功爭名爭利。正因聖人「後其身」、「外其身」，絕不優先考慮自己的利害而去成全萬物眾生，故能「身先」、「身存」，獲得大家的愛戴，贏得大家的信賴。此《老子》第七章有言：

〔註25〕牟宗三《才性與玄理》（台北：學生，1978），頁 41 云：「以自己主體之虛明
　　　而虛明一切。一虛明，一切虛明」。

> 是以聖人後其身而身先；外其身而身存。非以其無私邪？故能成其
> 私。

再者，聖人「無私」的開闊胸襟，除了能「成其私」（第七章）外，也因其不爭、無私受，不至於處處樹敵，招來怨尤，此《老子》曰：

> 夫唯不爭，故無尤。（八章）

放眼歷史，「爭權」、「鬥爭」常是現實統治者確保既得利益和奪取他利的手段，但歷史的教訓卻也不斷教我們：如果統治者想憑藉手中的權力圖利他人，侈言為民謀利卻處處與民爭利，最終將失去人心、背離民意。試觀那些「藏私於天下」的皇帝，有誰能奉天承運，帝業永昌？《老子》洞察權力假象，主張用「不爭」的精神治國最動人，最能撼動人心，因此他心目中的聖人是具備「不爭之德」者，此《老子》曰：

> 與善仁，言善信，政善治，事善能，動善時。夫唯不爭，故無尤。（第
> 八章）
>
> （聖人）不敢為天下先故能成器長（六十七章）
>
> 聖人不積，既以為人己愈有，既以與人己愈多。（八十一章）

上節文字中的「不積」、「不爭」乃是純任自然的心境，而「無尤」、「成器長」、「愈有愈多」則是自然的結果，言下之意，最好的治民之道是能像天之道一樣：「不爭而善勝，不言而善應，不召而自然，繟然而善謀」（七十三章）。

（三）上士的人格型態及境界

老子的聖人是個「善為道者」（十五章）、「抱一（道）以為天下式者」（二十二章）、「有道者」（七十七章）。換言之，他們是道的擬人化，道的化身，是人間的最高目標和楷模。《老子》用「素樸直截」〔註26〕卻又不離生活的感受來形容其人格型態：

> 古之善為士者，微妙玄通，深不可識。夫唯不可識，故強為之容：
> 豫兮若冬涉川；猶兮若畏四鄰；儼兮其若客；渙兮若冰之將釋；敦
> 兮其若樸；曠兮其若谷；渾兮其若濁。（十五章）

聖人是體現天道的修行者，其生命人格如道一般深厚，微妙而通達、深遠而不可識。這樣的人格形象吾人借用辜鴻銘所說的「深刻、廣闊、單純」〔註27〕

〔註26〕此乃日人福光永司的用語。轉引自陳鼓應前揭書，同註13，頁89。
〔註27〕辜鴻銘曾指出「深刻、廣闊、單純」是中國人的三個特色。」引見金耀基著

來概括：

1、深刻如大海

聖人人格獨立，「不自見」、「不自是」、「不自伐」、「不自矜」（二十二章），表面上看起來好似在冬天涉川一般很慎重又很徬徨，彷彿提防四周窺伺，十分警惕又很猶豫不決，又好比身為賓客一樣拘謹嚴肅，一副很放不開的樣子，毫無俗情眾生「自見」、「自彰」、「自伐」、「自矜」一般的「昭昭」「察察」。但事實上，這是他們能堅持自己的理想，不妄求倖進、不惑於表功近利的深刻體現。因著這樣的沈潛，他們能力排眾惑，不盲從世俗的價值觀而回歸素樸自然的生命，做自己真正的主人，故能「雖處榮觀」卻「燕處超然」（二十六章）。《老子》以「混兮其若濁」、「澹兮其若海」形容其深藏不露的生命深度。

2、廣闊如山谷

因為聖人「為腹不為目」，生命是向內觀照而非往外攝取，其具有滌除心染、以道玄鑒的「儉」德，故而隨著主體的心境修養，觀照的境界也跟著廣大起來。聖人反照內觀，泯除了所有的對立分別以及一切概念成見而回到生命的原始和諧，生命更寬大圓融，所映照出來的世界也跟著寬大圓融。《老子》以「渙兮若冰之將釋」「曠兮其若谷」來形容其生命的寬廣。

3、單純如赤子

聖人甘守淡泊、澹然無繫，但求自我精神的超越與提昇，故能以嬰兒為師：「泊兮其未兆，如嬰兒之未孩」，其外表不重文飾，「儽儽兮若無所歸」彷彿被遺棄無家可歸的棄才；內在卻敦樸自得，一如未琢的璞玉一般：「敦兮其若樸」。七十章用「聖人被褐而懷玉」來概括這樣的形象性格。

聖人表面看來「昏昏」「悶悶」「頑且鄙」，一副愚昧而笨拙的無知樣，但此一形象並非世俗「雖智大迷」（二十七章）的膚淺無知，而是能超越知識，始由「為學」的「日益」，進而「為道」的「日損，損之又損以至於無為」，是由「知人者智」而「自知者明」，進至於「不出戶，知天下；不窺牖，見天道」與道為一的「玄同」境界（四十七章）。亦即經過「挫銳」不顯鋒芒、「解紛」消解紛擾、「和光」含斂光耀、「同塵」混同塵世的工夫來達到和現實眾生一起呼吸的境界。生命的理想本不離現實，聖人不以傲視群倪的姿態自外

之〈中國的傳統社會〉一文，收錄於《從傳統到現代》（台北：張老師，1992），頁 77。

於人，故其理想的方正、銳利、直率、光芒不會予人無法喘息的壓迫感。誠如五十八章所說：

> 聖人方而不割，廉而不劌，直而不肆，光而不耀。

《老子》用赤子嬰兒元氣淳合，無思無慮，無知無欲，純任自然的樣態來象徵這樣單純且醇厚的生命境界：

> 含德之厚，比於赤子。蜂蠆虺蛇不螫，猛獸不據，攫鳥不搏。骨弱
> 筋柔而握固。未知牝牡之合而全作，精之至也。終日號而不嗄，和
> 之至也。（五十五章）

（四）上士的為政作風

1、民意是從

現實的為政者常好大喜功，擁兵握權自重，不是以己意為依歸，就是惟黨意是從，而牟利於民。《老子》的聖人「自愛不自貴」、「自知不自見」，不以自我為中心，不專斷恣意，而以百姓民意為依歸。是謂：「聖人無常心，以百姓心為心」。聖人為政，放下自己的成見，不以個人主觀的是非善惡標準作為放諸四海而皆準的「聖旨」，而俯聽民意，了解民心的脈搏。這種無私無我的胸襟需要體道的修持，旨在「化育百姓」，這和儒家式的「修己以安百姓」、「民為貴君為輕」的聖人之治一樣，都以民意為政治的依歸。

儒家式的聖人是「為政以德」，強調「道之以德，齊之以禮」（《論語・為政》）的道德教化，而申之以「孝悌之道」（《孟子・梁惠王》），欲以仁義忠孝之德，禮樂制度之文來整飭政治；《老子》則是無為而治，反對一切有違自然的人為造作，認為「禮義，忠信之薄而亂之首」（三十八章）。在儒家，禮義本為天理之節文，意在端正人心，移風易俗，是根於仁心，活活潑潑的人文理想。但「禮以別異」而有不同的儀節條文，當人內在忠信的品質不再，所有的禮義便成了僵化的條文，扼殺人的劊子手，所以《老子》說：

> 絕仁棄義，民復孝慈。（十九章）

依《老子》的反省，聖人治天下本在成全百姓，而非逞能炫己，若將主觀心知所執取的「仁義」、「禮義」標準套在人民身上予以干涉，反使人民動彈不得。故《老子》批判反省儒家的仁義、禮義之治，反對離棄生命自然、汩沒真性、有執有為的禮樂。主張聖人要如「天道無親，常與善人」（七十九章）一般。也就是要「無常心」，而以「百姓心為心」，並有「善者，吾善之；

不善者，吾亦善之」的「德善」和「信者，吾信之；不信者，吾亦信之」的「德信」（四十九章），接納所有的人。正因其無私無親，不放棄任何人，故能兩不相傷而成全、感化天下萬物：

> 以道蒞天下，其鬼不神；非其鬼不神，其神不傷人；非其神不傷人，
> 聖人亦不傷人。夫兩不相傷，故德交歸焉。（六十章）

2、清靜無為

聖人無常心，以百姓心為心。以此風度和修養用於政事，則為清淨無為之治。《老子》曰：

> 清靜為天下正。（四十五章）

又曰：

> 聖人處無為之事，行不言之教。（第二章）

「清淨無為」可以用來描寫聖人為政的心態。指的是「虛靜無心」。要以「輔萬物之自然而不敢為」的心態輔導人民。天地萬物本自有其「損有餘以補不足」的生態平衡，為政者若有心造作，強力介入，適成干擾，反為壞事。所謂「為者敗之，執者失之」（二十九章）。是以《老子》有「治大國若烹小鮮」（六十章）的說法。「烹小鮮」就是煎小魚。小魚不可亂翻，亂翻動，魚就碎了，變得體無完膚，愛之適足以害之。故聖人絕不假借愛民的名義執意妄為，伸張自己的慾望，而是純任自然，順應百姓，完全讓百姓自己適性發展、自主管理。

「清淨無為」若就政治實際運作而言，指的是減少政府的功用。既然統治者是為民服務的人，政府便是輔導的機構，那麼最好的領導者是「太上，不知有之」（十七章），「其政悶悶」的人。也就是百姓並不感到統治者的力量而覺得一切是自由發展，且願意自我管理、自我化育者。《老子》十七章說：

> 功成事遂，百姓皆謂我自然。

五十七章也說：

> 我無為而民自化；我好靜，而民自正；我無事，而民自富；我無欲，
> 而民自樸。

這是管理的最高境界。全然沒有「以上御下」的階級觀念，真的是「天大、地大、人亦大」，直把人當人看，人不再被奴化、役化、矮化。

具體的作法是：抓住根本，根絕人民的感官刺激、淨化百姓的心靈，建立素樸的價值觀。而這些都要靠「不言之教」，也就是從自我身體力行做起，《老子》說：

> 不尚賢，使民不爭；不貴難得之貨，使民不爲盜；不見可欲，使民
> 心不亂。是以聖人之治，虛其心，實其腹，弱其志，強其骨。常使
> 民無知無欲。使夫智者不敢爲也。（三章）

> 古之善爲道者，非以明民，將以愚之。（六十五章）

所謂「上有所好，下必甚焉」，〔註28〕是以有「楚人好纖腰，臣下皆節食」的
情事。〔註29〕因此身爲最高領導者言行豈能不愼？！且《老子》認爲人的本
性是「素樸的」，因外物的侵擾才爲物所役，最高領導者若能在自我的管理做
到「抱一爲天下式」（二十二章）」和對人民的管理上做到「虛其心，實其腹，
弱其志，強其骨」以至「無知無欲」的眞樸境界，那麼民風自然純厚。此處
的「無知」並非指施行愚民政策，乃是消解智巧詐僞所帶來的鬥爭，「無欲」
亦非滅除自然生理之欲，而是要消解對貪慾的無明盲動所帶來的衝突。迴非
如蕭公權所說的：「乃人類最低度的生活，一切由文明所產生的享受皆在屏棄
之列」，〔註30〕蓋蕭氏之說若然，如何解釋其八十章所揭示的：「甘其食、美
其服」？依《老子》，聖人之治所反對的是文明過度發展所帶來的災害，但並
不反對文明。故而有「始制有名，名亦既有，夫亦將知止，知止可以不殆」（三
十二章）的說法。《老子》的重點在「知止」，不在禁絕文明享受。換言之，
其所謂的「絕聖棄智、絕仁棄義、絕巧棄利」也不是要根絕、否定這些德性，
而是要讓人從「聖智仁義巧利」等違反人性的制約中解脫出來，使本性「復
歸於嬰兒」、「復歸於樸」（二十八章）。

這樣的管理方式，乃是聖人充分把握用人的領導管理智慧，全然放下自己
的領導統治慾望，讓各有所屬的官長，因其自然、抱其樸的發揮所長治理百姓，
而百姓萬物也在這樣無爲而治的管理下各遂其生、各成其長。這就是聖人「配
天（古）之極」善用人力的不爭之德，也是「不割」裂天下的「大制」：

> 善用人者，爲之下。是謂不爭之德，是謂用人之力，是謂配天（古）
> 之極。（六十八章）

> 樸散則爲器，聖人用之，則爲官長，故大制不割。（二十八章）

聖人處下不爭，不必事事躬親而能在百官分層負責之下任運自然，故能「不
行而知，不見而明，無爲而成」垂拱而天下治，此《老子》說：

〔註28〕《淮南子·說山》。
〔註29〕《墨子·兼愛中》。
〔註30〕參見蕭公權著之《中國政治思想史》，台北：中國文化大學出版部，頁174。

其出彌遠，其知彌少。是以聖人不行而知，不見而明，無爲而成。（四十七章）

3、謀於未兆

聖人在心境上「致虛守靜」，落實在「治人」上，則精簡行政範圍，精簡之道則是謀於未兆：

爲之於未有，治之於未亂。（六十四章）

圖難於其易，爲大於其細。（六十三章）

凡事早做準備，事情一旦發生，便能心有餘情，從容不迫。這是儉嗇之德的作用：「夫爲嗇，是謂早服，早服謂之重積德，重積德則無不克。」所謂防微杜漸，預防勝於治療，因爲「合抱之木生於毫末，九層之台起於累土，千里之行始於足下。」（六十四章）且「其安易持，其未兆易謀。其脆易泮，其微易散」，否則事情擴大或者禍亂形成，就無法收拾改善。聖人的政治智慧絕不在問題發生之後，再思以「亡羊補牢」之道，因爲「和大怨，有餘怨」（七十九章），爭端既起，想以和弭爭止怨，爲時已晚。是以聖人行政上若能愼始，將會有一個善的起點，而善的起點會帶動好的循環，故曰：「愼終如始，則無敗事」（六十四章）

4、小國寡民

聖人有「以百姓心爲心」的器度，有清淨無爲的施政原則和謀於未兆的施政方法，其政治成效自能「樸雖小，天下莫能臣也，侯王若能守之，天下將自賓」（三十二章）。《老子》以「小國寡民」爲理想國的象徵。此中的「小國寡民」不是就數量言，而是就境界上說。蓋《老子》之謂「聖人之治」，無分國之大小，以是，「小國寡民」乃是象徵義，而非如字面上所說的國土小，人口少的「小國寡民」之事實義。〔註31〕其所象徵的乃是「反璞歸眞」的素樸社會。否則《老子》就不會說：「治大國若烹小鮮」（六十章），並再三叮嚀「大者宜爲下」、「大國居下流」這樣的話，《老子》以小國寡民象徵理想國，不無有寄望當時坐擁廣土眾民的「大國」處下不爭，自居下流的用意。其理想國的具體輪廓大體是這樣的：

使有什伯之器而不用；使民重死而不遠徙。雖有舟輿，無所乘之，

〔註31〕這樣的說法極能闡發《老子》的形上義理性格，王師邦雄的《老子的哲學》，頁173～9，言之甚詳，可以參看。

雖有甲兵，無所陳之。使民復結繩而用之。甘其食，美其服，安其
居，樂其俗，鄰國相望，雞犬之聲相聞，民至老死，不相往來。（八
十章）

在這個理想王國裡，聖人「爲無爲，事無事，味無味」「鎮之以無名之樸」來
治理天下，使天下人心歸於「無知無欲」，如嬰兒一般渾樸眞純，彷彿回歸「結
繩而用之」沒有文明污染、災害的時代，人與人之間眞心相待，無需外在的
虛僞文飾和刑法，更遑論戰爭兵禍了，一切軍事國防都是備而不用，根本無
用武之地。故「使有什伯之器而不用」、「雖有甲兵，無所陳之」。人民身在其
中，過著甘食美服，安居樂俗，自安自足的生活，無需遠遊易方另求安居，
因此大家安土重遷，「雖有舟輿，無所乘之」根本沒有用腳抗議政府的「移民
問題」。國與國之間，純粹是「虛靜相照」的神交，不必有利益、金錢的國際
外交，也沒有列強侵略，鄰國毗連，和平共存，無有爭競，《老子》用「鄰國
相望，雞犬之聲相聞，民至老死，不相往來」象徵，人與人之間既彼此欣賞
又個個獨立。此蔡明田指出《老子》的理想國其實是要建立一個藝術化的政
治社會，一個「文化唯一，國家眾多」的文化國家：〔註32〕

《老子》要統治者放下干戈，政府超越了一般性的「功能需要」
（functional necessity），以輔萬物的自然；還給人民一個人自由、大
自在的生活，使人民「甘其食，美其服，安其居，樂其俗」：這是一
種藝術化了的政治社會，這決不是初民的原始社會，而是「和」的
精神在社會中最眞實的表露！「文化唯一，國家眾多」（Civilization
is one, Countrys are many），這是《老子》的理想社會；這種社會，
既使「民至老死，不相往來」彼此之間仍是不隔的；國家林立，也
無傷於和諧同一。

這樣和諧自然，藝術化的理想國度完全拜聖人無爲之治所賜。而無爲之治又
歸本於聖人的心靈「三寶」涵養而有。

二、下　士

（一）下士的人格特質

　　《老子》曰：「下士聞道，大笑之」（四十一章），《老子》所謂的「吾言

〔註32〕參見蔡明田《老子的政治思想》（台北：藝文，1976），頁144。

甚易知，甚易行」的「道」不是人文之道，而是「人法地，地法天，天法道，道法自然」（二十五章）的「自然天道」。道的運轉模式是「反者，道之動」（四十章），此處的「反」不是「相反」、「對立」的意思，而是「返也」，「返本復初」之謂，此即王弼所說的「還返無爲」（三十章注）和「反其眞」（六十五章注）。也就是十六章說的「夫物芸芸，各復歸其根，歸根曰靜，是謂『復命』」。所謂「歸根」是回到一切存在的根源，而依《老子》，存在的根源是生命的本眞，虛靜的狀態，也就是返歸心的虛靜。〔註33〕因此實踐的入路，是就人內在心靈的主體性作回歸，生命的向度是向內而往上提升。故而「勤而行道」者，《老子》謂之「上士」、「上德」、「上善」，等而下之的就是生命向外奔馳不返，往下沉落的「下士」，是順俗趨末的俗情之流。《老子》二十章對這類俗情眾生的人格特質有很簡扼的鉤勒，大概有下列幾項特質：

1、縱情聲色

「眾人熙熙如享太牢，如春登台。」（二十章）眾人每天興高采烈，看起來好像參加豐盛的筵席，又像春天登台眺望景色的樣子。這是《老子》用日常生活的景象來譬況俗情眾生極盡聲色之娛的生活樣態。眾人「爲目不爲腹」，而「目好無窮」，〔註34〕生命逐馳逐外移以尋求官能的刺激，過著縱情肆欲，紙醉金迷的生活。由於他們追求外在的聲色，外表看起來光鮮亮麗，錦衣玉食，十足風光的樣子。只是滿足了人的動物性需求，卻同時戕傷了心靈。因爲「樂與餌」固可使「過客止」（三十五章），然「食前方丈，不過一飽」，過多的物慾，將會造成生命的負擔，甚至走離生命的本眞，造成自我的異化和人我的疏離。正如《老子》十二章所說：「五色令人目盲，五音令人耳聾，五味令人口爽，馳騁田獵令人心狂，難得之貨令人行妨。」

2、追名逐利

想要過滿足物慾、縱情聲色的生活，需要財貨名利來沽取。因此俗情眾生常要追名逐利，以贏得終身的逸樂富厚。其「戚戚於貧賤，汲汲於富貴」，醉心名利而惟「金玉滿堂莫之能守」。看起來生活富足有餘、很有作爲，此《老子》曰：「有餘有以」（二十章）。然有了財貨之利，內在心靈未能跟著充實飽滿，甚至因此「富貴而驕」，充其量只能是貧窮的富人，終究落得「自遺其咎」（九章）的下場！

〔註33〕參見陳鼓應前揭書，同註13，頁90～3。
〔註34〕此乃嚴靈峰注《老子》語。

3、逞強競勝

眾人以追求壽、位、名、貨爲上，遵循著「功利化」、「數量化」的世俗價值座標，服膺「寵爲得、辱爲失」（十三章）的價值觀。爲了博得外在的肯定，不惜拿出「以爭爲勝」的鬥爭生存本領。他們常擺出來「昭昭察察」，一付精明靈巧、炫己揚人的強者姿態，像《老子》在三十三章所說的「知人者智」，「勝人者有力」。他們光耀自炫，像一盞探照燈，拼命照射別人、批判別人，對別人的缺點瞭若指掌，卻活在自己的洞穴裡，對自己的問題一無所悉，看不到自我生命的眞相。他們的鬥志昂揚，以其靈活的手腕，在生命的競技場上征服別人，卻戰勝不了自己的私慾。而「慾壑難塡」，在虛無的數量領域中，永遠沒有所謂的「最大」，私慾奔競終將是一個無底深淵，只有令人墮落無已、萬劫不復。此《老子》曰：「物壯則老，是謂不道，不道早已。」（三十章）俗情眾生不能正視自己的有限，仍然逞強競勝、執迷不悟，且以此自豪，爲此相互爭鬥傾軋，結果往往是自掘墳墓。誠如《老子》說：「名與身孰親？身與貨孰多？得與亡孰病？甚愛必大費；多藏必厚亡。」（四十四章）

以上的三項特質分別說明下士的存在特質，但如前所述，《老子》所指的人格類型乃針對政治人物提出，因此以下再就其爲政風格加以分析。

（二）下士的爲政風格

醉心名利，斥理想、眞理爲無物的下士，其爲政的目的不是爲了福澤利民，而是以其權力，肆意伸張自己的慾望版圖。把百姓當作自己拼鬥的工具般踐踏，對人民造成無比的折磨、災難，《老子》書上所描寫的政治現實就是活生生的例子。當時侯王的作風是：

1、嚴刑酷法

《老子》描述當時的爲政者，把權力集中在自己身上、頒布繁苛的法令條文以鞏固自己的權力、樹立自己強權的形象。以爲這樣強制干涉將使民意俯聽一致，政治便可上軌道。殊不知這正是社會的亂源：

> 天下多忌諱，而彌貧，法令滋彰，盜賊多有。（五十七章）

又說：

> 民之難治，以其上之有爲，是以難治。（七十五章）

社會的亂象，雖落在人民，亂源卻在爲政者身上。所謂：「其政察察，其民缺缺」（五十八章）。繁苛的刑法只會養成人民鑽法律漏洞的狡點。而且「民

不畏威，則大威至」（七十二章），爲政者壓制的力量愈大，人民反抗的力量愈強，當統治者用威權強制壓迫人民，人民不堪忍受時，便會如王弼注所說的：「民不能堪其威，則上下大潰矣，天誅將至」。〔註35〕這是官逼民反的結果，不過到頭來最大的損失還是統治者，因爲他們終將逃不過民意的反撲而自取滅亡。

2、厲民自肥

爲了飽足聲色生活，《老子》當時的爲政者橫征暴斂，取之民脂民膏以自肥。形成在上者「服文綵，帶利劍，厭飲食，財貨有餘」，而百姓卻過著「朝甚除，田甚蕪，倉甚虛」（五十三章）的生活。這樣厲民自養的行徑，加上上述的繁苛政令；《老子》認爲這比搜括民財的強盜有過之而無不及。五十三章甚至強烈的指控當時的統治者是「盜夸」——強盜頭子：

　　朝甚除，田甚蕪，倉甚虛；服文綵，帶利劍，厭飲食，財貨有餘；
　　是爲盜夸。非道也哉！

當窮愁潦倒的日子迫使百姓們必須鋌而走險甚至生不如死時，人民便會輕賤生命而勇於犯死，死亡變成人民最大的解脫。《老子》說：

　　民之饑，以其上食稅之多，是以饑……民之輕死，以其上求生之厚，
　　是以輕死。（七十五章）。

至此，刑法反成爲破壞自己政治生涯的禍首！此《老子》七十四章沉痛的說：

　　民不畏死，奈何以死懼之？若使民常畏死，而爲奇者，吾得執而殺
　　之，孰敢？常有司殺者殺。夫代司殺者殺，是謂代大匠斲，夫代大
　　匠斲者，希有不傷其手矣。

3、崇尚軍功

現實的爲政者視人民爲耕戰的工具，藉著打天下來擴張自己的慾望版圖。其攻城掠地，傷人性命、毀人錢財，連懷孕的馬都無法倖免，《老子》曰：

　　天下無道，戎馬生於郊。（四十六章）

如此厚斂、重刑、黷武的領導風格毫無誠信可言，人民如何信服？

　　信不足焉，有不信焉。（十七章）

沒有誠信的統治者，人民不僅不認同，而且可能會由「畏之」轉爲「侮之」（十七章），此《老子》視之爲等而下之的政府：

〔註35〕見樓宇烈校釋《老子周易王弼注校釋》（台北：華正，1981），頁 179。

太上，下知有之；其次親而譽之；其次，畏之；其次，侮之。（十七
章）

縱觀形形色色的俗世眾生相，紛紜複雜。有的是庸庸碌碌隨波逐流的平
凡眾生，既沒有理想、野心，也沒有惡行壞跡，如賈誼所說的：「眾庶憑生」；
〔註36〕此即孔子所謂的「小人」，荀子所謂的「庸人」、「民德」和「俗人」。
有的雖無理想卻有沽名求利之心，假借理想之名行野心之實；孟子的小人、
小丈夫即屬此類。這兩類雖無意親炙眞理、無心求道，但它們尚且利用理想，
和理想相互依存，畢竟還肯定道。但有一種是：具有強烈的企圖心、野心，
卻根本否定理想、否定任何眞理的存在價值，其生命受到智巧矇蔽、物慾惑
亂、將理性價值工具化、物量化，視道、理想爲無物之人，甚至以其狂妄愚
騃的姿態嗤笑價值無限的眞理大道。依上述，《老子》的下士正是此類，此《老
子》曰：「下士聞道，大笑之。」《老子》深諳這類人格的無明狂肆，遂以道
的代言人身分，用「不笑不足以爲道」來維護道的莊嚴與價值。只是政權若
落到這樣的人手上，人民的苦難永無寧日矣。

三、小　結

《老子》的人格三型中的上士和下士，其實是理想和現實統治者的對比
區分。而且就文本來看，應是《老子》目睹當時統治者形同「盜夸」的爲政
風格，洞悉其攬權自重、厲民自養的行徑背後根本是統治者的「心」出了問
題，整個人的人格扭曲所致。因此把理想寄託在「聖人」身上，其理想的聖
人，一方面是位效法且勤行天道自然的行道者（八十一章）。另一方面則是具
有政治家風範和修養的政治領袖。故而「聖人」絕不是虛幻人物，而有著強
烈的政治生命；是爲修己安人，爲國受垢的政治人、統治者。〔註37〕其政治
風範是靠內在的修養而來，高品質的人格才有高品質的政府，因而《老子》
也是以「內聖外王」爲最高人格典型。《老子》第十章說的很清楚：

載營魄抱一，能無離乎？專氣致柔，能嬰兒乎？滌除玄覽，能無疵

〔註36〕引文見賈誼之〈鵬鳥賦〉。
〔註37〕蔡明田說：「聖人」絕不是指某類專家，或某特定的個人（何況書中均未曾記
載人、時、地等資料），而是廣泛的攝取了許多古聖先賢的特質損之又損，而
精心融鑄出的理想人物；他是體道行道的人群精英，是有勢位、有血肉、有
方法、有理想的統治者。參見蔡明田《老子的政治思想》（台北：藝文，1976），
頁 79～89。

　　乎？愛國治民，能無爲乎？

「載營魄抱一」、「專氣致柔」、「滌除玄覽」爲心靈修養的內聖工夫，「愛民治國」則屬於外王事功，內聖外王的全體大用正是《老子》的聖人所追求的理想方向。

　　承上述，《老子》的人格類型乃是老子對政治人物的素描和寄託，其對現實人格的界定，除了與儒家荀子一樣點出其順俗趨末，貪利苟安的一面，更強調其爲物役和害道的部分。而其聖人主政性格濃厚，簡直是爲理想政治人物量身訂做，此蔡明田也有相同的觀點：〔註38〕

　　　　我們似乎可肯定一個答案：《老子》書中的「聖人」是位理想的政治
　　　　人物，是《莊子》天下篇所稱「古之道術」——內聖外王的典型！
　　　　《老子》書是爲「侯王」立說的，因此所謂「聖人」亦即和氣充沛，
　　　　以「和」治民的理想統治者。就學說思想的「基型」而論，《老子》
　　　　的「聖人」與柏拉圖的「哲王」是相近似的。

可見《老子》雖開出其獨步千古的形上學體系，其歸趨仍在政治人生的反省與價值批判上。的確，在封建時代，帝王乃天下綱「紀」之「本」，天下治亂關鍵端在統治者——《老子》謂之侯王、君子。歷史的天秤上一位統治者的重量遠遠超過另一端億萬子民，侯王、君子若能「以道蒞天下」，天下自然歸返於治。《老子》就是寄望當時的統治者以「聖人」爲典型，解除人禍，創造一個安寧康樂的社會。同時提醒領導者要勘破名位權力的迷思，絕不能媚俗、異化，更不能逞強、誇耀。

　　依此而論，自來常有論者論及《老子》思想乃有計較權詐之說者，吾人參合《老子》聖人所具備的慈、儉、不敢爲天下先的「三寶」人格內涵，「深刻如大海、廣闊如山谷，赤子如嬰兒」的人格型態和境界及「以百姓心爲心」，凡事以民意爲歸的爲政風格來看，幾乎嗅不到有任何權謀的味道，且《老子》所以設計出這樣的理想人格和以「不知有之」的「小國寡民」爲「太上之治」，正是要破解「天下多忌諱，而民彌貧；人多利器，國家滋昏；人多伎巧，奇物滋起；法令滋彰，盜賊多有」（五十七章）的權謀之治，以期人民在毫無文明矯飾、人爲干擾，彼此相忘相和的自然情境中過著恬淡自足的美好生活。由是觀之，上述論者的權謀之說，當可休矣。

　　以上係綜結《老子》的理想與現實兩種人格類型而論。若再比對儒家的

〔註38〕蔡明田《老子的政治思想》（台北：藝文，1976），頁89。

人格類型，可有下列兩個發現：其一，儒家說仁，談仁愛治國，並以「仁」為人格極至的特質，也說：「仁者必有勇」。看來似乎和老子言「慈」，以慈治國，把「慈」當成聖人的重要內涵，有異曲同工之妙。然而《老子》的「不仁」相對於「仁」，「慈愛」相對於「仁愛」，《老子》並說過「絕仁棄義」（十九章）這樣的話。依此，《老子》看似站在儒家的對立面，否定孔子的「仁愛」價值，不過從老子的慈、不仁的內涵來看，乃是為了消解愛和佔有的衝動，並非本質的否定仁愛的價值，反而是一種深層的反省；〔註 39〕反省思考人間的「仁愛」如何可能？如何避免統治者假借仁義之名以行權謀之實的假仁假義，甚至是戕賊人民的工具。用此以觀，老子的「慈」、不仁實為存全儒家「仁」、愛、仁義的防腐劑。

承上述，吾人亦可說《老子》並非要我們拋棄儒家「仁義禮智」等核心價值，也並未要我們否定文化，放棄文明，重返蠻荒，而是要蕩相遣執、滌心除染以保住仁義禮樂的真正價值，希望統治者能如聖人一般效法天道自然，放下一切高高在上的優越感和權力統治的佔有慾望，而以無執無偏無為的開放態度治理國家，讓人民在和諧安適的國度裡自安自足、相忘相得。而小國寡民所呈現出來的正是經過聖人無為治化後的理想國度。

第二節　《莊子》的人格類型

歷來對於《莊子》的人格類型，有「兩型」和「三型」兩種分法，金白鉉將《莊子》所說的「人」分為「處於實際狀態的人」與「處於理想狀態的人」，此為兩型說。〔註 40〕三型說則有王翔、孫明君二者，王翔曾從修養歷程的角度將理想人格分成「三重人格」境界：〔註 41〕一重是憤世嫉俗，特立獨行；二重是順任自然，身與物化；三重是返璞歸真，外化而內不化。並將之視為修養的三個歷程。孫明君也提出三重人格境界：一是理想人格境界，又稱真人境界；二是隱士境界；三是士大夫境界。真人境界是理想境界，隱士境界和士大夫境界是現實境界。隱士境界是莊子本人及游方外者的人格境界，士大夫境界是莊

〔註39〕此義首先由牟宗三提出，後來學者多所發揮。參見牟宗三《中國十九講》第七講（台北：臺灣學生，1983），頁 127～54。

〔註40〕參見金白鉉著之《莊子哲學中天人之際研究》（台北：文史哲，1986），頁 29～33。

〔註41〕見王翔《逍遙人生──道家的人格理想》（江蘇：江蘇教育，1996）。

子爲游方內者所設計的人格境界。〔註42〕三重境界有高下之別，深淺之分。以上兩種說法皆論有依據、且各顯精蘊，值得參考。惟金氏的分法雖能對顯出眞我、俗我的區別，卻可再加細分。本文斟酌採取三型說。

　　本文參酌上述「三型」的說法並貫通全書，發現《莊子》一書中的三重多層人格類型是：返歸眞實的理想人格類型，包括天人、至人、神人、聖人、眞人、大人、古人等；執假爲眞的人格類型，莊子以眾人、庶人、今人、世人等來指稱，依其意，俗情世間的眾生和「藏仁以要人」（〈應帝王〉）的爲政者皆屬此類；介於眞俗之間的人格類型，有游於方內的士大夫道德之士，有游於方外的隱士、畸人。以下先就返歸眞實的理想人格說起，再說明執假爲眞的人格類型，最後談介乎二者之間者。

一、天人不相勝與物有宜的理想人

（一）理想人格的不同畫像

　　《莊子·逍遙遊》中首度揭示「聖人、神人，至人」是能臻乎最高「逍遙」之境的理想人格類型。歷來學者或謂有層次之別，此如程兆熊、譚宇權二者都認爲至人、神人、聖人有層次之別，但程氏以爲「聖人」層次最高，譚氏以爲「至人」層次最高。〔註43〕回到舊註，郭象、成玄英都以爲三者無別，實爲一體的多面，並非有層次之別。此郭象註解〈天下篇〉之「天人、至人、神人、聖人」時說：

　　　　凡此四名，一人耳，所自言之異。〔註44〕

　　唐代註解《莊子》的重要學者成玄英也說：

　　　　「至」言其體，「神」言其用，「聖」言其名。故就體語至；就用語
　　　　神，就名語聖，其實一也。詣於靈極，故謂之至，陰陽不測，故謂
　　　　之神，正名百物，故謂之聖。一人之上，其有此三，欲顯功用名殊，
　　　　故有三人之別。〔註45〕

唐君毅則認爲莊子兼具二旨，其中〈天下〉篇以「天人」爲最高，神人次之，

〔註42〕參見孫明君〈莊子哲學中的三重人格境界〉《齊魯學刊》1996 年第 5 期，頁
　　　　85～90。
〔註43〕參見程兆熊著，《道家思想》（明文書局，1985），頁 6～8；譚宇權著，《莊子
　　　　哲學評論》（台北：文津，1998），頁 130～50。
〔註44〕郭慶藩編、王孝魚整理《莊子集釋》（下）（台北：群玉堂，1991），頁 1066。
〔註45〕郭慶藩編、王孝魚整理《莊子集釋》（上）（台北：群玉堂，1991），頁 22。

至人又次之，聖人更下。至他篇如〈大宗師〉之言眞人，〈德充符〉之言至人，則有視至人眞人神人更高於聖人之意。然〈逍遙遊〉言「至人無己，神人無功，聖人無名」亦可說是一種人。〔註46〕吾人檢視並加以比對整合《莊子》相關概念的說法，較贊同舊註之說，認爲此三者在《莊子》內七篇中都是最高人格層次的代碼。理由有三：其一是《莊子》書中「聖人」一詞共有一百十一筆，「至人」二十九筆，「眞人」在全書只有十九筆，「神人」僅有八筆，顯見《莊子》對「聖人」的重視，故若說「聖人」的層次最低，恐怕難以成立。其二是幾乎所有認爲有層次之別的學者，引證的都是雜揉內、外、雜篇的資料所致，事實上只有內篇作者確定是莊子一人所作，其餘皆爲時代不同、作者不同的莊子後學所作，故在論證上仍宜以內篇優先，因此若就內篇所提到的義理而言，聖人、至人、神人、眞人的精神境界都是一致無二的。其三《莊子》一書寓言性格極濃，其以「弔詭」的詮表方式賦予理想人格不同的德像和名目，而且在不同的地方呈現不同的形像，應不無可能。爲了更清楚《莊子》筆下的最高人格有何不同的德像和名目。分別陳列如下：

> 至人神矣，大澤焚而不能熱，河漢沍而不能寒，疾雷破山而不能傷，飄風振海而不能驚。若然者，乘雲氣，騎日月，而游乎四海之外，死生無變於己，而況利害之端乎！（〈逍遙遊〉）

> 藐姑射之山，有神人焉，肌膚若冰雪，綽約若處子；不食五穀吸風飲露；乘雲氣，御飛龍，而游乎四海之外。其神凝，使物不疵癘而年穀熟。（〈逍遙遊〉）

> 故不足以滑和，不可入於靈府。使之和豫通而不失於兌；使日夜無郤而與物爲春，是接而生時於心者也。（〈德充符〉）

> 古之眞人不逆寡，不雄成，不謨士，若然者，過而弗悔，當而不自得也，若然者，登高不慄，入水不濡，入火不熱，是之能登假於道者也若此。（〈大宗師〉）

> 聖人不從事於務，不就利，不違害，不喜求，不緣道；無謂有謂，有謂無謂，而遊乎塵垢之外。（〈齊物論〉）

> 夫聖人之治也，治外乎？正而後行，確乎能其事者而已矣。（〈應帝

〔註46〕參見唐君毅《中國哲學原論‧原道篇‧卷一》，（台北：學生，1978），頁348～9。

王〉〉

古之至人，先存諸己，而後存諸人。（〈人間世〉）

如上所陳，《莊子》內七篇筆下的最高層次的人格雖有多種不同風貌，精神心境相通一致，茲從畫線的部分比對分析：至人、神人、聖人、眞人、德充符之人皆具有忘名利、忘生死，不與物遷的特質。他們的心靈境界既具有「游乎四海之外」自由自在的獨特性，又兼有「與物有宜」、「與物爲春」感通萬物的和諧性。這些相同的人格境界，因著不同的時空、對象，有時會有不同的示現。因此，至人和聖人皆能「正己後行」，神人和至人都有「乘雲氣，遊乎四海之外」自由無待的精神，至人和眞人率皆能有「遇火不熱，入水不濡」〔註47〕超於物外、與物冥合，故無物累，游心於無物之始的心靈境界。德充符之人的「與物爲春」和眞人「煖然似春」則是呈顯生命有如春天一般和氣溫暖的型態。而之所以有不同的名稱，除了像成玄英所說的體用之別外，其無端崖之詞仍有其象徵意義，如描寫超越人間，不落俗情者，因有如身在人間仙境，故謂其居於「藐姑射之山」。其內心透明潔淨純眞者，用「肌膚若冰雪，綽約若處子」來象徵。其不滯於物、不待物的「無待」精神好比「不食五穀」、「吸風飲露」的神仙，因而稱之曰「神人」。其已勘破世間的得失利害、生死的迷惑，猶如「乘雲氣，騎日月，而游乎四海之外」一般隨順自然、與時俱化、無入而不自得，此乃「精神至德之人」，故其名曰「至人」。在〈逍遙遊〉和〈齊物論〉兩篇中強調其「游乎塵垢之外」、「游乎四海之外」自由超越的精神，到了〈大宗師〉則對「煖然似春」、「與物有宜」的眞人有清楚的勾畫。在〈德充符〉篇，又從高視萬里的天上，「肌膚若冰雪，綽約若處子」的美麗神人，下凡成了「德有所長而形有所忘」、「才全而德不形」的殘疾之人（兀者王駘、申徒嘉、叔山無趾），驚世駭俗的醜男人哀駘它。而在〈應帝王〉裏又搖身一變成爲「正己化行」、「順物自然而無容私」、「功蓋天下而似不自己，化貸萬物而民弗恃，有莫舉名，使物自喜」的聖人、明王。

「眞人」並非後代方術之士或道教徒所附會的可以升天入地而無礙，避穀、服氣而不死者，〔註48〕而是「抱德煬和」（〈徐无鬼〉）來順應天下，其「不

〔註47〕所謂的「大澤焚而不能熱，河漢沍而不能寒，疾雷破山、飄風振海而不能驚」，林希逸說：「不熱、不寒、不驚，即游心於無物之始。」，參見崔大華《莊子歧解》（河南：中州古籍，1988），頁93。

〔註48〕參見金白鉉《莊子哲學中天人之際研究》（台北：文史哲，1986），頁19。

以心捐道，不以人助天」（〈大宗師〉），純任自然待人事，不以人事干預自然天性者。故曰：

> 無所甚親，無所甚疏。（〈徐无鬼〉）

又曰：

> 古之真人，以天待人，不以人入天，古之真人！（〈徐无鬼〉）

> 其一，與天為徒，其不一，與人為徒。天與人不相勝也，是之謂真人。（〈大宗師〉）

要之，能與自然、宇宙相融一體，「天人不相勝」而能天人合一的人就是「真人」，此〈大宗師〉曰：

> 何謂真人？古之真人，不逆寡，不雄成，不謨士。若然者，過而弗悔，當而不自得也。若然者，登高不慄，入水不濡，入火不熱。是知之能登假於道者也若此。古之真人，其寢不夢，其覺無憂，其食不甘，其息深深。真人之息以踵，眾之之息以喉。屈服者，其嗌言若哇。其耆欲深者，其天機淺。古之真人，不知說生，不知惡死；其出不訢，其入不距；翛然而往，翛然而來而已矣。不忘其所始，不求其所終；受而喜之，忘而復之，是之謂不以心捐道，不以人助天，是之謂真人。（〈大宗師〉）

由上面的素描，約略可知真人所呈現的人格特質是：在生命態度上已能勘破生死的迷惑，超越俗情者流「悅生惡死」之情，而與天地自然同往來，亦即具備〈人間世〉所說的「安之若命」的人生觀；面對世間的得失禍福也能有「不逆寡，不雄成，不謨士」的超然自得，是以其價值觀是拔乎流俗，心靈是自由無待的。

準上文所述，「神人」、「至人」者剋就超越俗情的精神世界的「超越義」而名。而落於現實人生，內在於人的具體表現則是「才全而德不形」的「德充符」之人和轉俗成真、活在當下的「真人」。因其刻刻「過而弗悔，當而不自得也」故「其覺無憂，其寢不夢，其食不甘，其息深深」。其生死一如，既不悅生也不惡死。〈大宗師〉篇中用「其心忘，其容寂，其顙頯；淒然似秋，煖然似春，喜怒通四時，與物有宜而莫知其極」來形容。至於最高的客觀外王表現的「應世義」，則藉「順物自然而無容私焉」的「聖人」來呈現。然而不管是就超越義說，還是就內在義說，亦或應世義言之，都是可以互相貫通的，因此超越俗世的神人可以具備「其神凝，使物不疵癘而年穀熟」（〈逍遙

遊〉）化育萬物的功能；具內在之德的德充符之人，有能如聖人一般「正生，以正眾生」（〈德充符〉）的正己化人之效；而應世無窮的聖人也能有超越「是非」、「好惡」、「利害」、「生死」等的「天食」（自然的涵養）。〔註49〕而至「遊心乎德之和」（〈德充符〉）和「遊乎塵垢之外」（〈齊物論〉）的超越境界。

　　依此，吾人當秉《莊子・寓言》「言者，所以在意，得意而忘言」的態度，看待內七篇中所提到最高人格層次的各種不同化身。至於外篇、雜篇呢？大體觀之，外篇與雜篇的「至人」、「神人」、「真人」、「聖人」的形象和內涵幾乎都是內七篇的承續和闡發，說法大部分是內七篇的延伸，但仍有分歧駁雜處，尤其是「聖人」一辭，有正、反兩面的意涵，需再細辨。

　　先看〈秋水〉、〈達生〉篇中「至人」的描寫：

> 至德者，火弗能熱，水弗能溺，寒暑弗能害，禽獸弗能賊。非謂其薄之也，言察乎安危，寧於禍福，謹於去就，莫之能害也。故曰：天在內，人在外，德在乎天。知天（乎）人之行，本乎天，位乎德；蹢躅而屈伸，反要而語極。（〈秋水〉）

> 至人潛行不窒，蹈火不熱，行乎萬物之上而不慄。（〈達生〉）

> 子獨不聞夫至人之自行邪？忘其肝膽，遺其耳目，芒然彷徨乎塵垢之外，逍遙乎無事之業。（〈達生〉）

　　上面引文所呈現出來的「至人」形象和內涵幾乎和內七篇完全一致。再看下列文字：

> 古之至人，假道於仁，托宿於義，以遊逍遙之虛，食於苟簡之田，立於不貸之圃。逍遙，無為也；苟簡，易養也；不貸，無出也。古者謂是采真之遊。（〈天運〉）

> 不離於真，謂之至人。（〈天下〉）

「至人」是「不離於真」的「采真之遊」者，和「真人」同實異名。而真人「不虧其神，能體純素」和「不離於真」的至人、「法天貴真」、「貴精神全」的聖人又一致。

> 純也者，謂其不虧其神也。能體純素，謂之真人。（〈刻意〉）

> 故聖人法天貴真，不拘於俗。（〈漁父〉）

> 不離於精，謂之神人（〈天下〉）

〔註49〕以上所述騾括〈齊物論〉及〈德充符〉所論之聖人。

聖人貴精。(〈刻意〉)

神全者，聖人之道也。(〈天地〉)

而神人在〈徐无鬼〉中又別稱眞人：

是以神人惡眾至。眾至則不比，不比則不利也。故無所甚親，無所
甚疏，抱德煬和，以順天下。此謂眞人。(〈徐无鬼〉)

凡此都是素描人格修養到極致，純然無駁的心靈世界。在在可看出彼此之間
互相滲透而一致的人格特質。用此觀之，外篇和雜篇的眞人、聖人、神人、
至人也是一實多名。

另外，外篇與雜篇多出了「大人」、「德人」、「天人」三個名稱。其中「大
人」(〈秋水〉)是「獨有之人」也是「至貴」之人，〔註50〕其「無己」、「明乎
物物者之非物也」，故曰：「今已爲物也，欲復歸根，不亦難乎？其易也，其
唯大人乎！」(〈知北遊〉)大人如「丘山積卑而爲高，江河合小以爲大」，廣
納能容各方意見，合併而爲公。因此心中「有主而不執」、「有正而不距」。正
因「大人不賜」心無偏私，所以德性完備(〈則陽〉)。除了引導天下百姓，精
神也能「出入六合，遊乎九州，獨來獨往」(〈在宥〉)而與日俱新；容貌形軀，
合於大同，不局限於個我，不執著於形相，是天地的朋友：

大人之教，若形之於影、聲之於響。盡其所懷，爲天下配。處乎無
響，行乎無方。挈汝適復之撓撓，以遊无端；出入无旁，與日无始；
頌論形軀，合乎大同，大同而无己。无己，惡乎得有有？睹有者，
昔之君子；睹無者，天地之友。(〈在宥〉)

因其能忘得失是非之心，是故「生無爵，死無諡，實不聚，名不立，此之謂
大人」(〈徐无鬼〉)。總之，法天地而行的大人「反己而不窮，循古而不摩」(〈徐
无鬼〉)，反求自己而不窮盡，順任常道而不矯飾。因而如天地一樣「大備」(〈徐
无鬼〉)。這裡所看到的「大人」是「物物而不物於物」，能獨立自得也能與天
地爲友，凡此都和〈逍遙遊〉中「無己」、〈外物〉「順人不失己」的「至人」
和〈逍遙遊〉裡「游乎四海之外」的「神人」還有「無名」的「聖人」境界
一致無二。故曰：

大人无己。(〈秋水〉)

大人不賜，故德備；萬物殊理，道不私，故无名。(〈則陽〉)

<hr>

〔註50〕陳鼓應：「大人，至人，即上文獨有之人」。見《莊子今註今譯》(台北：商務，
1992)，頁320。

「德人」忘記人我之別，無思無慮，不藏是非善惡、渾然忘我：「怊乎若嬰兒之失其母也，儻乎若行而失其道也。財用有餘而不知其所自來，飲食取足而不知其所從」（〈天地〉），這和與天合一的「天人」相類：

> 夫復謵不餽而忘人，忘人，因以爲天人矣。故敬之而不喜，侮之而不怒者，唯同乎天和者爲然。出怒不怒，則怒出於不怒矣；出爲無爲，則爲出於无爲矣。欲靜則平氣；欲神則順心。有爲也欲當，則緣於不得已。不得已之類，聖人之道。（〈庚桑楚〉）

> 不離於宗，謂之天人。（〈天下〉）

而「天人」「緣於不得已」之道是「聖人之道」，聖人又是「以天爲宗」者，這與「不離於宗」的天人都是「不以人滅天」的「至德」之人。

綜上所述，由外、雜篇也可印證內篇的說法：聖人、至人、神人、天人、眞人、德人、德充符之人都是《莊子》最高人格「義同名異」的指述。

不過，在〈外物〉篇有段話似乎打破了上述的說法：

> 聖人之所以駴天下，神人未嘗過而問焉；賢人所以駴世，聖人未嘗過而問焉；君子所以駴國，賢人未嘗過而問焉；小人所以合時，君子未嘗過而問焉。（〈外物〉）

乍看之下，「神人」和「聖人」似乎有層次之別，依郭慶藩《莊子集釋》，上一節文字中的「神人」即「聖人」也，聖言其外，神言其內。〔註51〕這樣的說法和前文的看法一致。不過，也有論者認爲這段話中顯示神人的境界高於聖人，意謂人格境界越高，對塵世間的事就越漠不關心，〔註52〕此說若成立的話，也只有一見，而且語出〈外物〉篇，而〈外物〉篇是由十三章文字雜纂而成，各章各自爲義，義多散亂，據考證，可能是戰國末年以後學莊者的雜文，羅根澤便認爲是「道家雜俎」。〔註53〕因此，依照本文取材原則，此一歧出的說法不取，充其量只能視爲莊子後學與莊子不同的「異見」而已。

關於「聖人」，在《莊子》內七篇扮演「功蓋天下，而似不自己；化貸萬物，而民弗恃」的「聖人」，到了外、雜篇的確有所分歧，如〈駢拇〉中的聖人是爲了天下不惜「殘生損性」犧牲自己的人：

〔註51〕見郭慶藩編，王孝魚整理前揭書，同註44，頁945。
〔註52〕參見王翔《逍遙人生——道家的人格理想》（江蘇：江蘇教育，1996），頁33～6。
〔註53〕參見黃錦鋐《新譯莊子讀本》〈莊子書的考證〉（台北：三民，1974），頁24。

> 小人則以身殉利，士則以身殉名，大夫則以身殉家，聖人則以身殉
> 天下。(〈駢拇〉)

〈馬蹄〉中的聖人是「屈折禮樂以匡天下之形，縣跂仁義以慰天下之心」的
治國者，其施行的種種政教措施都有違眞性，人民未能受到「匡正」和「安
慰」，反而開始奔競用智，汲汲爭利，聖人求仁義的結果造成對道德的毀壞以
及天下的惑亂：

> 及至聖人，蹩躠爲仁，踶跂爲義，而天下始疑矣；澶漫爲樂，摘辟
> 爲禮，而天下始分矣。……夫殘樸以爲器，工匠之罪也；毀道德以
> 爲仁義，聖人之過也。(〈馬蹄〉)

> 及至聖人，屈折禮樂以匡天下之形，縣跂仁義以慰天下之心，而民
> 乃始踶跂好知，爭歸於利，不可止也。此亦聖人之過也。(〈馬蹄〉)

到了〈胠篋〉，聖人本來用以防制盜賊的「聖智禮法」，卻被盜賊竊用爲護身
的名器，於是聖人成了「大盜」的利用和製造者，聖人與「盜賊」並生而起：

> 由是觀之，善人不得聖人之道不立，跖不得聖人之道不行；天下之
> 善人少而不善人多，則聖人之利天下也少，而害天下也多。故曰：
> 脣竭則齒寒，魯酒薄而邯鄲圍，聖人生而大盜起。掊擊聖人，縱舍
> 盜賊，而天下始治矣。(〈胠篋〉)

所以要讓盜賊絕跡，就要破壞和盜賊共生的結構，打倒聖人。聖人死了，大
道就不會興起，天下就太平了：

> 聖人已死，則大盜不起，天下平而无故矣。聖人不死，大盜不止。
> 雖重聖人而治天下，則是重利盜跖也。(〈胠篋〉)

> 此重利盜跖而使不可禁者，是乃聖人之過也。(〈胠篋〉)

> 故曰：「魚不可脫於淵，國之利器不可以示人。」彼聖人者，天下之
> 利器也，非所以明天下也。(〈胠篋〉)

順著上面引文的文脈來看，〈駢拇〉、〈馬蹄〉、〈胠篋〉這三篇所謂的「聖人」，
和內七篇指謂的「聖人」有很大的出入，應是衝著儒家聖人而來。毋怪乎司
馬遷有「莊子詆訿孔子之徒」之說。這裡所批判的聖人是「蹩躠爲仁，踶跂
爲義，而天下始疑矣；澶漫爲樂，摘辟爲禮，而天下始分矣」，乃是造成人性
分化疏離，鑿破天下百姓純樸眞性的罪人，故曰「毀道德以爲仁義，聖人之
過也」(〈馬蹄〉)，而這正是當時爲政者的作風。此所以〈馬蹄〉篇中雖然口

口聲聲說上述種種違反自然的作為都是「聖人之過也」。但〈馬蹄〉開首的第一段又指出,這些如同馬遭到燒剔刻烙一樣違反「天放」、「常性」的刑法殺伐和規範束縛,正是統治者的過錯:

> 此亦治天下者之過也!(〈馬蹄〉)

再看〈胠篋〉篇所說的大盜,指的不只是盜跖者流,更是那些「竊國者」的「諸侯」:

> 彼竊鉤者誅,竊國者為諸侯,諸侯之門而仁義存焉,則是非竊仁義
> 聖知邪?故逐於大盜,揭諸侯,竊仁義並斗斛權衡符璽之利者,雖
> 有軒冕之賞弗能勸,斧鉞之威弗能禁。

由此可知,就〈駢拇〉、〈馬蹄〉和〈胠篋〉的作者看來,當時狀似高貴、位高權重的諸侯和盜跖的本質都是一樣的,骨子裡都是偷竊,只是多了「仁義、斗斛、權衡、符璽」來裝扮、掩飾身分罷了。〈胠篋〉篇更藉具體的比喻和歷史事例,說明聖知禮法非但不能導民於善,而且常被野心的政客和盜賊方便假借,作為自己的犯罪的護身符。聖人和盜賊彷彿共犯結構,所以天下欲長治,盜賊無有,就要根絕聖人的存在,讓聖人在世界消失。他甚至說:「聖人不死,大盜不止,雖重聖人而治天下,則是重利盜跖也。」(〈胠篋〉)

〈駢拇〉〈胠篋〉和〈馬蹄〉中所要批判的「聖人」,至此已呼之欲出。原來作者「掊擊」假借仁義行竊國之實的「聖人」,指的不是別人,正是當時的假借儒家聖人聖智仁義之說以巧取豪奪的諸侯。《老子》以「盜夸」形容當時的為政者,《莊子》則以「竊盜」斥之,實為異曲同工,皆有深慨。

總括上述,《莊子》內篇和外篇中聖人的形象雖不一致,卻不矛盾。據考證,〈駢拇〉〈胠篋〉和〈馬蹄〉都是戰國末年的莊子後學所作。由上所述,字裡行間強烈反應出作者對當時諸侯視生命為耕戰工具有深沉的不滿,他們企圖拆穿當時以「聖人」救世者自居的諸侯們虛偽的面具,所以雖說掊擊聖人,實則想消滅的是當時的諸侯。而且依莊子之見,理想的「聖人」「明王」之治,永遠只是個理想,誠如〈人間世〉所言:

> 天下有道,聖人成焉;天下無道,聖人生焉。方今之時,僅免刑焉。

因此我們可以說《莊子》一書中所謂「聖人」的意涵,與其說有道家的和儒家的兩類,〔註54〕不如說有理想的為政者和現實的統治者兩類。

〔註54〕吳汝鈞認為莊子心目中有兩種聖人,其一是儒家的,另一則是道家的。而指
　　　　出莊子所謂儒家式的聖人是那些講仁義德性的拘謹的讀書人,一切都以禮為

此外值得觀察的是，《莊子》在描寫人格修養最高層次的畫像時，乃以想像飛馳的筆觸虛擬一些女性形象來象徵：

> 藐姑射之山，有神人居焉，肌膚若冰雪，綽約若處子。不食五穀，
> 吸風飲露，乘雲氣，御飛龍，而遊乎四海之外。其神凝，使物不疵
> 癘而年穀熟。（〈逍遙遊〉）

其用「肌膚若冰雪，綽約若處子」，描寫理想人格的柔性特質。以「不食五穀，吸風飲露」「乘雲氣，御飛龍，而遊乎四海之外」〔註55〕飄飄欲仙的形象來象徵其不落人間的俗套，而清虛自得的精神境界。再如得道真人「女偊」，雖年長卻因修道而面「色若孺子」，這都和儒家向來以古代聖王的男性形象來象徵道德實踐的成德境界，有很大的不同。

（二）理想人格的特質

在上述《莊子》的理想人格類型中，在名稱上與其他諸子不同者有至人、真人、神人和天人、德人，而其中形象最鮮明突出的則是「真人」。總結起來，《莊子》筆下理想人格的特質約有下列數端：

1、安之若命的人生觀

人生有不可解、不可逃的命，如長相、家世、親子關係、君臣之義等。對「才全德不形」的理想人來說，面對「死生存亡，窮達貧富，賢與不肖毀譽，飢渴寒暑」的「事之變，命之行」；他們的態度是，既然這些是「日夜相代乎前」，而「智不能規乎其始者也」（〈德充符〉）無法改變，無法窮究的事實，唯有不抗拒、逃避，才能突破生命的有限性以企及精神的無限。是以形貌的殘全、美醜是與生俱來的，就該抱持「天之生是使獨也，人之貌有與也」（〈養生主〉），「道與之貌，天與之形」（〈德充符〉）的態度坦然接受。而身世的貧富貴賤是「求為之者而不得也」的命（〈大宗師〉），親子關係、君臣之義也是「不可解於心」、「無所逃於天地之間」的命（〈人間世〉）。只有如實的面對，安然的接受──「知其無可如何而安之若命」（〈人間世〉），才能在自我悅納中自求超越，活著時候「善吾生」，走到生命的盡頭時也能「善吾死」（〈大宗師〉）。

規範來行事，不能僭越禮法者。參見吳汝鈞〈莊子對仁義德性的看法〉《老莊哲學的現代析論》（台北：文津，1998），頁 171～9。

〔註55〕此言神人能夠順物而行（「乘雲氣」），隨時而化（「騎日月」），不執著，不受塵俗所累。

　　因爲理想人知道生死只是氣之聚散，所謂「人之生，氣之聚也；聚則爲生，散則爲死」（〈知北遊〉）。且「生也，死之徒，死也，生之始」「通天下一氣耳」，形軀的死亡，不僅不是滅絕，而且是一種休息、甚至是另一種形式的再生：

　　　　夫大塊，載我以形，勞我以生，佚我以老，息我以死。（〈大宗師〉）

在精神的國度裡「死生存亡一體」、「死生一如」。死亡只是「有駭形而無損心，有旦宅而無情死」〈大宗師〉，眞正永恆的生命就像「薪盡火傳」（〈養生主〉）一樣永恆不滅。因著這樣的體認，理想人能「以死生爲一條」（〈德充符〉）而用「安排而去化」、「安時而處順」的態度處之。此其曰：

　　　　古之眞人，不知悅生，不知惡死；其出不訢，其入不距；翛然而往，
　　　　翛然而來而已矣。（〈大宗師〉）

又曰：

　　　　至人生死無變於己。（〈大宗師〉）

　　　　（聖人）死生亦大矣，而不得與之變。（〈德充符〉）

眞人、至人、聖人已能「外生」，超越生死，故而對生死如此重大的事完全不繫於懷，而能心無罣礙，不喜不懼甚至自由自在的隨順安命。

2、自由開放的心靈

　　《莊子》認爲人所以會陷落到爲物所役的不自由之境，根源在於「有己」，並由此導致行爲上的「有爲」與喪失自由的「有待」。因此實現獨立自由的人生理想便須從破除「有己」、「有爲」、「有待」入手，達到觀念上的「無己」、行爲上的「無爲」、直到絕對自由的「無待」境界，即「逍遙」境界。眞人即是這般「自事其心」者。眞人的生命由生命的主體——眞君挺立做主，其不因物喜、不以己悲，凡事當下即是，才過即化，此〈大宗師〉曰：

　　　　古之眞人……過而弗悔，當而不自得也。

因此可以：

　　　　自事其心者，哀樂不易施於前。（〈人間世〉）

　　　　乘物以游心。（〈人間世〉）。

　　再者，由於心靈的眞君是「天府」、「葆光」，猶如深淵的水一樣永不滿溢，永不枯竭，「注焉而不滿、酌焉而不竭」（〈齊物論〉）。其心靈具有涵容性、開放性，不管別人是否「得其情與不得」，皆「無益損乎其眞」（〈齊物論〉）。但

莊子也說：

> 有眞人而後眞知。(〈大宗師〉)

莊子的理想的人格——眞人，正是能得其眞君眞情的「眞知」者，也是〈刻意〉篇所說的「能體純素」者。所謂「純」，言其不虧其神也；「素」，謂其無所與雜也。換言之，眞人就是心靈不含雜質，精神不耗損卻又涵容開放的人。

　　若以寓言譬之，〈齊物論〉中「朝三暮四」裡的猴公好比能「和之以是非，休乎天鈞」的「聖人」，其是非雙遣，「因是」也行，「因非」也行，心靈永遠保持開放的彈性。若落實到生活上，則「爲善無近名，爲惡無近刑」(〈養生主〉)，既能避免「刀斧和桎梏」的「外刑」，也能避免「躁動和自責」的「內刑」(〈列禦寇〉)而到處「兩行」。(〈齊物論〉)莊子曾用「登高不慄、入水不濡、入火不熱」來形容眞人和至人可以忘乎得失禍福而自由無待的心靈。

3、拔乎流俗的價值觀

　　理想人拔乎流俗，異於常情而以道爲依歸，其力排眾惑，抗拒流俗，回歸眞我。以是，對於處心積慮「求名實」、「爭名鬥智」(〈人間世〉)的名利，皆視之爲人生枷鎖。是謂：

> 彼且以蘄以諔詭幻怪之名聞，不知至人之以是爲己桎梏邪？(〈德充符〉)

而俗人眼中「無所可用」、「無用」和「不材」者，神人卻以爲祥。神人深知露才逞能，將落入俗套而淪爲役用，甚至遭致毀滅。此所以山上的樹木被做成斧柄還來砍伐自己，油膏引燃了火，反轉來煎熬自己；桂樹可以吃，遭人砍伐；漆樹可以用，遭人割取；而虎豹因爲身上有紋彩，引人獵取。神人的價值觀超乎俗情的「利用」之用，傾於「無用之用」。因此世俗上認爲不吉祥的如白額的牛、鼻孔翻上的豬以及生痔瘡的人，在神人的眼裡卻是最吉祥的。

> 此果不材之木也，以至於此其大也！嗟乎神人，以此不材。(〈人間世〉)

> 故解之以牛之白顙者、與豚之亢鼻者、與人有痔病者不可以適河。
> 此皆巫祝以知之矣，所以爲不祥也。——此乃神人之所以爲大祥也。
> (〈人間世〉)

由〈逍遙遊〉篇末莊子對惠子說的那段話，也可看到聖人「爲是不用而寓諸庸」(〈齊物論〉)的多元價值觀，和其不限於俗情的價值框框，跳脫世俗「有用」「無用」而善處於「材與不材之間」(〈外物〉)的「大用」(即寓諸庸之「庸」，根本之用也)。

　　因此，理想人超乎流俗的價值觀，一方面獨具慧眼看到天下萬事萬物的無限妙用；另一方面則能不淪爲工具價值之用，而使精神自樹於「無何有之鄉」、「廣莫之野」（〈逍遙遊〉），過著不爲物役、自愉適志的生活。

（三）理想人的心靈涵養境界

　　承上述可知，理想人超越俗情生死、是非和有用無用等超越獨立的精神特質。他們於俗情世間雖不掛不搭、無粘無著，卻總得行走人間、犯上萬丈紅塵，在滾滾紅塵裡歷劫回歸。其與眾不同處，正在於心靈涵養的不同，所開顯出來的不同境界！

　　莊子對人生的妄動和生命的困境有深刻的反省，認爲生命存在的實然是不可靠的，常會因機心、故智、成心、賊心而「失其性」、「易其性」，〔註56〕導致上述俗情眾生種種的不自在和痛苦情狀。因此要化解痛苦或掙脫困境，需要在心上做工夫。故而理想人「逍遙無待」的精神境界絕非迴避或閃躲生命的苦難能有。我們從《莊子》開宗明義第一篇〈逍遙遊〉提到神人是「其神凝」、「物莫之傷」並以「無所可用，安所困苦」作結，就可知道《莊子》所謂的「神人」是在一個痛苦的時代，通過「其神凝」的修養，自我超越痛苦的同時也幫世人超脫痛苦的人。而〈大宗師〉中也說：真人是「攖而後成」（在紛紜繁亂中保持寧靜的心境）的人。〈德充符〉說得更明白，聖人的心靈受到四種「天養」：

> 聖人有所遊，而知爲孼，約爲膠，德爲接，工爲商。聖人不謀，惡
> 用知？不斫，惡用膠？無喪，惡用德？不貨，惡用商？四者，天鬻
> 也；天鬻者，天食也。（〈德充符〉）

聖人受「不謀」、「不斫」、「無喪」和「不貨」這四種自然的涵養，故形軀雖和一般人「有人之形」一樣「眇乎小哉」，卻能「無人之情」不受俗情是非毀譽等外物所遷，所以能「獨成於天」般「謷乎大哉」！要言之，聖人是「有人之形，而群於人，無人之情，故是非不得於身」既入世又能超於世者。（〈德充符〉）

　　這四種自然的涵養可概括爲三點，此即：擺開功名利祿權勢的束縛、化掉名言是非的成見、解消形軀我的執著。使自我的生命從情緒的好惡和外在物慾的束縛中解放出來，達到「道與之貌」、「天與之形」的「有人之形」卻能「不以好惡內傷其身」的「無人之情」境界（〈德充符〉）。以下分就三點說明：

〔註56〕參見曾師昭旭〈「性」之說統新探〉《道德與道德實踐》（台北：漢光，1983），頁54。

1、擺開功名利祿的束縛

莊子認為人我之間、人物之間彼此的往來，本當渾樸相安：「參萬歲而一成純。萬物盡然，而以是相蘊」（〈齊物論〉）。彷彿江湖中的魚群一樣「相忘乎江湖、相造乎道」（〈大宗師〉），各自優遊於廣闊無垠的自然水域中，共飲太和。誰也不依賴誰，誰也不限制誰。彼此在沒有利害、無機的自然離合中，人人自由、物物逍遙，這才是人生的真相。

而莊子的理想人格即是能體悟這種人生真相者。〈齊物論〉提到聖人和眾人不同地方，就在於彼此對待外物、名利心態的不同：「眾人役役，聖人愚芚」。眾人熙熙攘攘，忙於爭名逐利。聖人卻能擺開功名利祿的束縛：「不從事於務，不就利，不違害，不喜求」，其「無謂有謂，有謂無謂，而遊乎塵垢之外」（〈齊物論〉），此乃通過〈逍遙遊〉所謂的「無功」，〈大宗師〉破三關中的「外天下」，或曰坐忘工夫中的「忘禮樂」。〔註 57〕總之，理想人揚棄外在名位、財利對真實生命的扭曲，不再「坐馳」於外在的耳目世界，讓自己從名利的牢籠裡解放出來，回歸素樸自然的存在，達致「徇耳目內通而外於心知」「入遊其樊而無感其名」（〈人間世〉）的境界。

2、化掉名言是非的成見

人的「得失榮辱」俱自外來，是所謂的「身外之物」，要甩開、剷除比較容易。但人的觀念、是非價值觀常「師其成心而用之」且習焉不察而形成牢不可破的觀念情結。莊子理想中的人則已能「泯是非」、「去知」、「黜聰明」化掉是非概念的成見，以至於「無私」、「無常」（〈大宗師〉），心無私累和執著的境界。

萬物的真相原本是渾然無形無象，人們為萬物命名取象，於是有了善惡、美醜、得失、毀譽、有用無用等是非觀念的對比差殊，造成「道隱於小成」、「言隱於榮華」（〈齊物論〉）的現象。加上固執認定自己的有限認知而「是己非人」，遂引生彼此的交相攻伐，形成諸家思想的爭鳴。整全如一的道於焉破裂，此〈天下〉所謂：

> 天下大亂，賢聖不明，道德不一天下多得一察焉以自好。

道術的分裂在莊子看來不是什麼「知識的發展」、「哲學的突破」，而是心靈的

〔註 57〕程兆熊認為「忘禮樂」和「忘天下」的名利意思一樣。他說：「行仁義而能忘仁義，有禮樂而能忘禮樂，此正舜禹有天下而不與焉之義。」見《道家思想——老莊大義》（台北：明文，1985），頁 85。

墮落。誠如〈胠篋〉篇所說：

> 天下每每大亂，罪在於好知。（〈胠篋〉）

　　因此在〈齊物論〉中，莊子打了很多比方來說明所有人間的是非認知都是沒有定準的，強做區別、定於一尊不僅封限了自我，也擾亂人心甚而形成「觀念的災害」，這都是「以人滅天」、「以心害道」的作法。此莊子說：

> 是非之彰也，道之所以虧也。道之所以虧，愛之所以成。（〈齊物論〉）

　　所以「與其譽堯而非桀，不如兩忘而化其道」。唯有不斷的「去成心」、「遣彼此」、「泯是非」，屏除彼此絕對的對立循至於「人心即道心」。凡事不再從「分、成、毀」的分別變化來看待，而直從道心來觀照，這就是聖人「照之以天」、「莫若以明」的認知之道：

> 欲是其所非而非其所是，則莫若以明。（〈齊物論〉）

> 是以聖人不由，而照之於天，亦因是也。是亦彼也，彼亦是也。彼亦一是非，此亦一是非。果且有彼是乎哉？果且無彼是乎哉？彼是莫得其偶，謂之道樞。（〈齊物論〉）

> 是故滑疑之耀，聖人之所圖（鄙）也。為是不用而寓諸庸，此之謂以明。（〈齊物論〉）

聖人用「莫若以明」和「照之以天」的方式，不由世俗是非之途，而超然物外，因其自然的觀照事物的兩端。也就是超越彼此、是非的對立，使兩者皆無所依恃。〔註58〕此時萬象雖殊，其本則一。物已無有彼此、是非、貴賤、大小之分，而皆有其「物之在其自己」本身的「功分」。由於肯定物各付物，各得其性、各有其用，所以聖人不用那些以己之所好，相互誇示炫異而迷亂世人的知見辯說。這就是聖人和俗眾不同的地方：

> 聖人懷之，眾人辯之以相示也。（〈齊物論〉）

眾人喋喋爭辯競相炫燿，其「判天地之美，析萬物之理，察古人之全，寡能備於天地之美，稱神明之容」（〈天下〉）。而聖人則默默體證道，其於「六合之外，存而不論；六合之內，論而不議；春秋經世先王之志，論而不辯」（〈齊物論〉）。在分別智不起、情念不肆時，直以人存有全體面臨之、深懷之，故能「備天地之美，稱神明之容」而看到整全渾然的道術（〈天下〉），達到〈齊物論〉所說的：「道通為一」「天地與我並生、萬物與我為一」的境界。

〔註58〕見勞思光《中國哲學史》（香港：香港中文大學，1980），頁213～4。

3、解消形軀外表的執著

誠如《老子》所言:「吾所以有大患者,爲吾有身,及吾無身,吾有何患?」(十三章)俗人因貪執形軀生命,因此易有兩個心靈障蔽:一是德爲形蔽而「索人於形骸之外」(〈德充符〉)。再者,心爲形限而悅生惡死。其實人有「百骸、九竅、六臟」(〈齊物論〉)的形軀,當然有生長消息的變化。而外型的美醜、殘全都是自然天成,莊子筆下的「德充符」者深明此理,因此與人「以德相交」而「遊於形骸之外」(〈德充符〉)。甚至在〈德充符〉中,才全而德不形的至人、聖人全都是身殘體缺的或是醜陋的人,此如兀者王駘、兀者申徒嘉、兀者叔山無趾和「惡駭天下」的哀駘它、長相畸形的闉跂支離無脤、甕盎大癭等等,這無非要打破世俗殘全、美醜的觀念,同時也象徵理想的人格能解消形軀我的執著而不爲形骸所拘限。

理想人不受形體拘限的心靈,更表現在對生死的超脫上。理想人能透悟生命的本質而達觀生死。他們瞭解「死生,命也」,死亡和生命就像「夜旦之常」(〈大宗師〉)一樣自然。而且形體的「我」死了,精神的「吾」並未跟著消亡。當然,理想人所以能如此透脫,其間乃有一番深刻的心靈涵養工夫,即經過「吾喪我」、「墮肢體」、「離形」之道,故能「去生死之執」解消形軀我的執著,進而體悟〈養生主〉「薪盡火傳」的生命眞諦。不再「悅生惡死」,直如〈大宗師〉的莫逆四友「以無爲首,以生爲脊,以死爲尻」一樣,把「死生存亡」視爲一體般,而致「一死生」的生命理境。

理想人的心靈涵養已如上述,〈天運〉篇稱這種自由解放心靈的修養歷程有如「生活在簡略的田地,立身於不施與的園圃」的「采眞之遊」,這種心靈境界爲「至美至樂」的境界:

> 古之至人,假道於仁,托宿於義,以遊逍遙之虛,食於苟簡之田,
> 立於不貸之圃。逍遙,无爲也;苟簡,易養也;不貸,無出也。古
> 者謂是采眞之遊。(〈天運〉)

「至美至樂」的境界並非空幻不實的,而是經過精神的修養和生命的錘鍊而有。在《莊子》內七篇中,篇篇都提到涵養的工夫。〈逍遙遊〉說:「至人無己、神人無功、聖人無名」,此「無己、無功、無名」是正言若反的說法,不僅是描寫最高理想的人格境界,也是工夫論的展示。〔註59〕和《老子》所說的:「爲道日

〔註59〕此說參見王師邦雄:〈莊子其人其書及其思想〉,收錄在《中國哲學論集》(台北:學生,1994),頁 66。

損，損之又損，以至於無爲」（四十七章），同樣都是要化解生命雜質的工夫。用〈人間世〉的說法則是通過「心齋」和「坐忘」的工夫以至於「無己」、「無功」、「無名」的境界。用〈大宗師〉的說法更明切：破三關（外天下、外物、外生）體四悟（朝徹、見獨、無古今、入於不死不生），以至於攖寧。此處所指的「無」、「忘」、「外」都不是存有的、本質的否定，指的都是一種放下、超越的工夫，即逐步超越外在的種種經驗和束縛而邁向道的方向。

約而言之，理想人乃面對人存在的處境，通過體道的工夫，「求此心之止息」。〔註60〕外篇、雜篇提到的「劋心」（〈天地〉）、「洒心去欲」（〈山木〉）和「解心之繆」（〈庚桑楚〉）皆是就心靈的涵養工夫來說。〔註61〕人的心靈若不經涵養，則易陷落而執取外物，惹是招非，淹沒了本性，這就是「去性從心」（〈繕性〉），此心就叫做「成心」（〈齊物論〉）、「繆心」（〈庚桑楚〉）、「人心」（〈在宥〉）。一旦體道得悟則眞君做主，心將轉爲虛靜如水、若鏡，應而不藏，可以觀照天地萬物眞相的「虛靜心」或曰「靈台心」：

> 體盡旡窮，而遊旡朕；盡其所受乎天，而旡見得，亦虛而已。至人
> 之用心若鏡，不將不迎，應而不藏，故能勝物而不傷。（〈應帝王〉）

> 水靜猶明，而況聖人之心靜乎？天地之鑒也，萬物之鏡也。（〈天道〉）

> 靈臺者有持，而不知其所持，而不可持者也。（〈庚桑楚〉）

這種劋心、洒心、解心的心路歷程和體驗，在〈逍遙遊〉中「鯤鵬」的寓言、〈齊物論〉裡「莊周夢蝶」、〈養生主〉裡的「庖丁解牛」寓言和〈大宗師〉所載的南伯子葵問乎女偶的寓言都有所揭示。歸結起來，理想人格修養的歷程是：由小而大、由大而化和由「技進於道」〔註62〕的辯證歷程。我們通觀上述的寓言，發現理想人學道是個「正反合」的辯證歷程。其未學道時，生命受到形軀的拘限活得不自在，生命的格局猶如「鯤」（魚子）一般的小，此時生命的

〔註60〕 這樣的說法，唐君毅、楊儒賓皆曾提出，參見唐君毅唐君毅《中國哲學原論·導論篇》，（台北：學生，1993）頁121，及楊儒賓〈莊子的工夫論〉《莊周風貌》第三章（台北：黎明，1991），頁77。

〔註61〕 關於莊子如何由心的負面轉化爲正面的辯證過程，可參看傅佩榮〈莊子人觀的基本結構〉《哲學與文化月刊》15：1，1988，頁61～72。

〔註62〕 關於「鯤鵬」和「庖丁解牛」寓言如何開展修養歷程的義理疏釋，王師邦雄解析透徹深刻，請參看其著之〈莊子其人其書及其思想〉及〈莊子哲學的生命精神〉二文，俱收錄於《中國哲學論集》（台北：學生書局，1983），頁53～106及195～233。

境界如「所見無非全牛」、「割牛」、「歲更刀」的「族（俗）庖」一般，是用「肉眼」看世界，也與莊周未入夢時「莊周是莊周，蝴蝶是蝴蝶」一般，與物的關係是對立的；然藉由「外天下、外物、外生」，或說「無功、無名、無己」，「忘禮樂、忘仁義、離形去知」等逐層剝落和放下種種可能的外緣，真君主體漸漸凸顯出來，此時人的生命有如朝陽初起，遍照一切，朗現萬有，這就是「見獨」、「朝徹」（〈大宗師〉），當下即能超越時空，達到物我同體肯定、同於大通而與大化流行之境。用寓言來說，就是鵬鳥經過精神的超拔提升，生命不再放逐，而能返歸自我生命、自作主宰地「獨與天地精神相往來」，生命在心靈不斷淨化、提昇的同時「壯大」起來，此時的「大」突顯了精神超拔，但也不免高不可攀而顯得孤高蒼涼，好比那位「未嘗見全牛」、「折（斫）牛」、「月更刀」的「良庖」一樣，雖然用「心眼」看世界而有獨到見解，仍只是「心止於符」，仍不免囿於自我心知的執著。此只是修養的歷程不是修養的終點，因此鵬鳥要「由大而化」，庖丁還要「由技進於道」，莊周則要經過「忘我」的工夫，惟其如此才能「無聽之以心而聽之以氣」地化解掉「精神獨大」的壓迫感和與世俗萬物對立的隔閡。當與物無對時，庖丁用「天眼」解牛，「以神遇不以目視，官知止而神欲行」，「以無厚入有間，恢恢乎其於游刃必有餘地」。大鵬扶搖而上，飛躍九千里，並優遊於天地之間；而莊周和蝴蝶也能由「物我兩忘」進而在「物我冥合」中各自適志自愉的成長。

至於具體修養的歷程〈大宗師〉篇中曾有下列的描述：

> 聞諸副墨之子，副墨之子聞諸洛誦之孫，洛誦之孫聞諸瞻明，瞻明聞之聶許，聶許聞之需役，需役聞之於謳，於謳聞之玄冥，玄冥聞之參寥，參寥聞之疑始。

體道的方式可以經由文字的流傳、語言的誦讀等「技」術學習後，一旦見解明澈而有心得，並付諸實行時，便會有得「道」的歡喜和讚嘆。從而進入與物無對、玄同杳冥無形、遼闊無極和迷茫之始的境界。由此可知莊子並不排斥知識，他所要反對的是對知識的執著和知識的傲慢。

總之，至人所以為至人，乃因其能通過心靈的修養達到「喜怒哀樂不入於胸次」、「棄隸者若棄泥塗」、「死生終始將為晝夜」，即喜怒不入、忘得失、齊死生之境。所以說：能「得至美」而「遊乎至樂」者，謂之「至人」（〈田子方〉）。莊子所揭示出來的理想人格，都是法天地自然而在塵雜的人間世中無礙自在生活的人，故曰：

古之（至）人，天而不人。（〈列禦寇〉）

是故至人无爲，大聖不作，觀於天地之謂也。（〈知北遊〉）

他們身在人間滾滾紅塵，精神卻歸於本始而冥乎「無何有之鄉」，也就是說在形體「入乎其中」地托存世俗的同時，精神「出乎其外」地超昇於和天地同住同遊的境界。此〈大宗師〉曰：

聖人將遊於物之所不得遯而皆存。善夭善老，善始善終，人猶效之，

而況萬物之所係，而一化之所待乎？

此言聖人因游心自然，無得無喪，故而與造化或道合一。注意此中涵養的關鍵是「游心」，〔註63〕是「心之游」（心靈的逍遙）而非「身之游」（形體的解放）。莊子的理想人物是用個體心靈去拓展人內在生命的價值、挖掘出眞正的生命自由的境界後，以順世、隨俗的態度來遊乎四海之外。他們一方面昂首天際、超然物外「獨與天地精神相往來」，另一方面又能在人間行走、遊乎世道「不傲倪於萬物，不遣是非，以與世俗處」（〈天下〉）。換言之，理想的人格是「有人之形」而「群於人」的「群體人」，故能享有「與人和，與人樂」的「人和」和「人樂」；也是個「無人之情，是非哀樂不入於身」而與自然天道合一，「與天合者」的「天樂」之人。在《莊子》書中，我們看到理想人格超世，順物自然而與萬物成爲一體的天樂境界，也有不少是表現隨順世間的人樂之境。諸如：

聖也者，達於情而遂於命也。（〈天運〉）

有人，天也；有天，亦天也。人之不能有天，性也。聖人晏然體逝而終矣！（〈山木〉）

聖人達綢繆，周盡一體矣，而不知其然，性也。復命搖作而以天爲師，人則從而命之也。（〈則陽〉）

禮者，世俗之所爲也；眞者，所以受於天也，自然不可易也。故聖人法天貴眞，不拘於俗。（〈漁父〉）

以上這幾節文字都是形容聖人能法天道自然，貫通世間種種糾結而隨順自然，周遍天地萬物而與天爲徒、與天樂、與天和的一面。此外，與人爲徒、與人樂、與人和的部分，則有：

〔註63〕《莊子》常有關於「游心」的說法，如「游心於德之和」〈德充符〉、「游心於淡」（〈應帝王〉）、「乘物以游心」（〈人間世〉）。

> 聖人未始有天，未始有人，未始有始，未始有物，與世偕行而不替，
> 所行之備而不洫，其合之也，若之何？（〈則陽〉）

> 故聖人，其窮也，使家人忘其貧，其達也，使王公忘爵祿而化卑；
> 其於物也，與之爲娛矣；其於人也，樂物之道，而保己焉；故或不
> 言，而飮人以和；與人並立而使人化。父子之宜，彼其乎歸居，而
> 一閒其所施，其于人心者，若是其遠也。（〈則陽〉）

聖人「與世偕行」、「與人並立」都表示聖人對世間充滿關懷，而且不論他在
世間的際遇是窮或通都能「樂物保己」、「不言而使人化」。凡此要皆可見理想
人既超越又內在於世間的人格境界，也可看出《莊子》理想人格境界所謂的
「物我合一」，包含著「我與社會」和「我與自然」的合一，而這兩者是相應
而不衝突的，甚且是「周盡一體，不知其然」的不事而自然之境。對於這般
「不事修飾而感人化深」的修養境界，《莊子》用水的永流、天高地厚和日月
之明來形容：

> 水之於汋也，无爲而才自然矣；至人之於德也，不修而物不能離焉。
> 若天之自高，地之自厚，日月之自明。（〈田子方〉）

要之，理想人秉持天地之本、道德之質，完全活出自然天道恬淡、寂寞、
虛無、無爲的特性：

> 夫恬惔寂寞，虛無無爲，此天地之平而道德之質也。聖人休焉。休
> 則平易矣，平易則恬惔矣。平易恬惔，則憂患不能入，邪氣不能襲，
> 其德全而神不虧。（〈刻意〉）

因著「德全而神不虧」之質，理想人不管是南面天下，或是稱臣；處上或者
居下，退居閒游或進而撫世都可以「靜而聖，動而王，無爲也而尊，樸素而
天下莫能與之爭美」（〈天道〉），總觀理想人的生命情態是這樣的：

> 聖人之生也天行，其死也物化；靜而與陰同德，動而與陽同波；不
> 爲福先，不爲禍始；感而後應，迫而後動，不得已而後起。去知與
> 故，循天之理。故无天災，无物累，无人非，无鬼責。其生若浮，
> 其死若休。不思慮，不豫謀。光矣而不耀，信矣而不期。其寢不夢，
> 其覺無憂。其神純粹，其魂不罷。（〈刻意〉）

人生至此，縱浪大化之間，與陰陽動靜的宇宙自然節奏同行，全然放下一切
的禍福、生死、是非等心知執著，恬適安然自在地生活著，每一天都是「寢
不夢，覺無憂。神純粹，魂不罷」的美好日子。

（四）理想人的為政之道

　　莊子心中的理想人通向外王者就叫做「聖人」，其為政不藏己私，具有「藏天下於天下」（〈大宗師〉）的胸懷和如泰氏一般「其知情信，其德甚眞」（〈應帝王〉）的生命人格。依莊子，為政首先正己，不論是為人臣還是為人君都要先正己，應先求充實自己才能去扶助別人，如果連自己都站不穩，怎能去糾正暴人的行為：

　　　　古之至人，先存諸己而後存諸人。所存於己者未定，何暇至於暴人
　　　　之所行？（〈人間世〉）

上文雖是針對為人臣者說為政之道，但同樣適用於為人君之道。理想的人君，在治民之前先做治己、正己的工夫。用人時，聖人善因自然，任人各盡所能、各稱其位、各盡所才，此莊子曰：

　　　　夫聖人之治也，治外乎？正而後行，確乎能其事者而已矣。（〈應帝王〉）

故莊子的聖人之治，但全其性分之內，正己而後感化他人。

　　其次，至人施政時要體察民意，其「用心若鏡，不將不迎，應而不藏」（〈應帝王〉），放下一切送、迎的人為造作，只如鏡之映物的虛靈觀照，如實反映民心趨向，任物自治自為，正因聖人無私無欲、無心無累，對權力、名位毫無介懷，人民便能從權力宰制的桎梏解放，並在統治者的「不宰之宰」下兩不相傷，兩相保全而不致淪為政治的工具，故曰：「勝物而不傷」。（〈應帝王〉）

　　等到天下既治之後，更要有「功蓋天下而似不自己，化貸萬物而民弗恃；有莫舉名，使物自喜；立乎不測，而游於無有者也」的氣度。所以莊子的聖人之治，不同於儒家子貢所說的「事求可，功求成，用力少，見功多者」（〈天地〉）。而且，依莊子後學的觀點，這樣的道德教化反而是「機心存於胸中」的「純白不備」者。至於眞正的聖人之治是：

　　　　官施而不失其宜，拔舉而不失其能，畢見其情事而行其所為，行言自
　　　　為而天下化，手撓頤指，四方之民莫不俱至，此之謂聖治。（〈天地〉）

由此可知《莊子》的聖人雖有化天下之功，卻無治天下的痕跡。所脩的是「渾沌氏之術」：

　　　　夫明白入素，無為復樸，體性抱神，以遊世俗之間者。（〈天地〉）

　　聖人無為虛淡，渾樸自然，與「世同波而不自失，雖遊於世俗而泯然無迹」，〔註64〕如此懷道抱德，物我俱忘、是非雙遣，將貨財資源與萬民共享共

〔註64〕參見郭慶藩編、王孝魚整理《莊子集釋》（上）（台北：群玉堂，1991），頁438。

利，故普天慶悅，率土安寧，這就是「德人之容」：

> 德人者，居无思，行无慮，不藏是非善惡。四海之內共利之之謂悅，
> 共給之之爲安；怊乎若嬰兒之失其母也，儻乎若行而失其道也。財
> 用有餘而不知其所自來，飲食取足而不知其所從，此謂德人之容。
> （〈天地〉）

更因其無我而任物，智周萬物，如日月光照，無幽不燭，已然達乎「不見形跡，與光參合，混同玄冥，和天地共樂而不受物累」的「神人」之境：

> 願聞神人。曰：「上神乘光，與形滅亡，此謂照曠。致命盡情，天地
> 樂而萬事銷亡，萬物復情，此之謂混冥。」（〈天地〉）

以是，聖人之治並不在於「饗疾強梁，物徹疏明，學道不勌」逞能露才的政治操作，而在於「正己」，「行言自爲」的涵養。惟其具備「游心於淡，合氣於漠，順物自然而無容私」（〈應帝王〉）的人格操守，所以爲政時，一方面能究極事務的眞性，持守本根，而能「外天地，遺萬物，而神未嘗有所困也」。即使身肩國家天下的重任，也不受物累；即使操握天下權柄亦不受利誘。另一方面則是貫通於道，融合於德，辭退仁義，屛棄禮樂，行無爲之治：

> 形德仁義，神之末也，非至人孰能定之？夫至人有世，不亦大乎？
> 而不足以爲累。天下奮柄，而不與之偕；審乎無假而不與利遷，極
> 物之眞，能守其本。故外天地，遺萬物，而神未嘗有所困也。通乎
> 道，合乎德，退仁義，賓禮樂，至人之心有所定矣。（〈天道〉）

至此，莊子完全解構了政治結構中以上御下的對立關係和宰制機制。換言之，莊子所指的聖人之治，根本是一個修道活動。能合無爲之道者才是「天下自化、揮手舉目，四民俱至」的聖人。此楊儒賓形容這些理想的統治者「已不是方內的政治領袖，而是道的具體化，是道在人間世的代言人。」〔註65〕蓋莊子當時的政治現實不只是「天下無道」，連想要「免其刑」全生遠害已經是不容易的了。這也是爲什麼《莊子》主張聖人是「應帝王」應可爲帝王，但重心仍在無心應物的「治身」上，亦即「完身養生」的修養上。至於帝王的功業則只是聖人的餘事而已：

> 道之眞以治身，其緒餘以爲國家，……由此觀之，帝王之功，聖人
> 之餘事也，非所以完身養生也。今世俗之君子，多危身棄生以殉物，
> 豈不悲哉！凡聖人之動作也，必察其所以之與其所以爲。（〈讓王〉）

〔註65〕見楊儒賓〈莊子的工夫論〉《莊周風貌》第三章（台北：黎明，1991），頁206。

　　《莊子》書中所呈現的理想社會和《老子》「小國寡民」一樣，毫無權力宰制的上下關係，在〈胠篋〉篇稱之爲「至德之世」：

> 昔者容成氏、大庭氏、伯皇氏、中央氏、栗陸氏、驪畜氏、軒轅氏、赫胥氏、尊盧氏、祝融氏、伏犧氏、神農氏，當是時也，民結繩而用之，甘其食，美其服，樂其俗，安其居，鄰國相望，雞狗之音相聞，民至老死，而不相往來。若此之時，則至治已。(〈胠篋〉)

到〈馬蹄〉、〈天地〉兩篇，「至德之世」更褪去了國家色彩，甚至回到與禽獸同居的原始狀態：

> 至德之世，其行塡塡，其視顛顛。當是時也，山无蹊隧，澤无舟梁；萬物群生，連屬其鄉；禽獸成群，草木遂長。是故禽獸可系羈而遊，鳥鵲之巢可攀援而窺。(〈馬蹄〉)

> 至德之世，不尚賢，不使能；上如標枝，民如野鹿；端正而不知以爲義，相愛而不知以爲仁，實而不知以爲忠，當而不知以爲信，蠢動而相使，不以爲賜。是故行而無跡，事而無傳。(〈天地〉)

《莊子》的「至德之世」，比《老子》的社會理想顯得更加荒蠻遼遠，不近情理，其所呈現的世界是一個「道」（理想）與歷史背道而馳的世界，似乎是莊子對原始蒙昧社會的讚美和原始洪荒世界的憧憬，這和《老子》所勾畫的理想國——小國寡民一樣，常常被斥爲是「歷史的倒退」。然而同前節所述的《老子》小國寡民一樣，這不是實境的描寫，而是心境的寄託。其超現實的構劃，正是出於現實的不滿足，正是要通過對理想的憧憬、嚮往和期待來撫慰人們痛苦的心靈，並爲更美好的生活尋找現實的立足點，因此回歸自然，復歸原始的「至德之世」，充其量只是對世俗社會進行批判的參照系，旨在希望能化解過度文明化的虛矯情識，讓一切價值重估，重返渾樸自得，相忘乎道的理想境界。這和中國歷史上，每當災難深重的年代，人們往往嚮往先王盛世的心理是一致的。王翔就指出：

> 這種帶有濃厚理想成分的境界雖不同於宗教的天國，但實際上已具有彼岸的功能，在一定程度上平衡了人們失重的心靈。〔註66〕

　　當然，莊子後學也不無有以「至德之世」批判儒家「仁義之治」的意味。我們由〈繕性〉篇所提到的「至德之人」都是遠古混芒時期「與一世而得澹

〔註66〕參見王翔《逍遙人生——道家的人格理想》(江蘇：江蘇教育，1996)，頁122。

漠焉」的「古之人」，可以知道他們的理想世界是個「民居不知所爲，行不知所之，含哺而熙，鼓腹而遊」（〈馬蹄〉）的國度，大家順物自然的應世，其中沒有道德教化，更無功利機巧，是最理想的世代。此後，「逮德下衰，及燧人、伏羲始爲天下，是故順而不一。德又下衰，及神農、黃帝始爲天下，是故安而不順」，到了儒家所崇仰的唐堯虞舜時代，〈繕性〉篇甚至認爲是「興治化之流」，其「離道以善，險德以行」，完全背離了自然之道，也摧殘了自然天德。從此以觀，「至德之世」的提出，無疑是對儒家仁義德治思想的批判。

在《莊子》書中，有理想人格境界的幾乎都是虛構的人物，如王駘等殘畸之人（〈德充符〉）、「泰氏」（〈應帝王〉）、赫胥氏（〈馬蹄〉）、冉相氏（〈則陽〉）等。他們都是兼有內聖外王之全體大用的理想人格，與儒家理想人格型態相類，內涵則殊異。堯舜爲儒家構想的聖王天子，《莊子》則有意創造出另一種「無心無爲」，能化天下於無形的「聖人」人物。在內七篇中，有聖人之稱的王駘和泰氏，都是《莊子》寓托的理想人物。其中王駘行不言之教：「立不教，坐不議」，從之遊者「虛而往，實而歸」，弟子與孔子相若，連孔子都要拜他爲師，《莊子》以爲這都拜他的「心靈修養」所賜。王駘的過人處，在於他能「守宗」掌握事物的樞紐、「保始」把握事務的本質，故而「不知耳目之所宜，而遊心乎德之和；物視其所一而不見其所喪，視喪其足猶遺土也。」（〈德充符〉）而且連死生這麼重大的事都不會影響他，何況是天覆地墜：

死生亦大矣，而不得與之變，雖天地覆墜，亦將不與之遺。（〈德充符〉）

像這樣「審乎無假而不與物遷，命物之化而守其宗」「官天地，府萬物，直寓六骸，象耳目，一知之所知，而心未嘗死者」且「擇日而登假」的人，超塵絕俗，自然散發出「無形而心成」（〈德充符〉）的感人力量。而泰氏，「其臥徐徐，其覺于于；一以己爲馬，一以己爲牛；其知情信，其德甚眞，而未始入於非人」渾同自然，毫無物累，雖擁天下卻能外天下，恬淡自然，清靜無爲，故而「天下治矣」（〈應帝王〉）。此處我們看不到王駘和泰氏二者治天下的具體政治操作，只看到他們都能忘天下、外天下的心靈修爲和化成天下之功。

在歷史人物中，莊子以爲稱得上理想人格的，有〈逍遙遊〉不受天下的許由和〈田子方〉中的孫叔敖，以及〈天下〉篇的老子和關尹。就儒家荀子的觀點，孫叔敖是位能輔君王稱霸建功的「功臣」，而〈田子方〉篇借孔子的口則說孫叔敖是古之眞人。認爲他是「古之眞人，知者不得說，美人不得濫，盜人不得劫，伏羲、黃帝不得友。死生亦大矣，而無變乎己，況爵祿乎？」

像這樣的人，精神穿越大山而無阻礙，進入深淵而不受淹沒，處在卑微而不覺厭倦，充滿天地，越是幫助別人越加充實：「若然者，其神經乎大山而無介，入乎淵泉而不濡，處卑細而不憊，充滿天地。既以與人，己愈有」。(〈田子方〉)孫叔敖在這裡呈現的是一位心無得失、貴賤一如的欣然自適者，和荀子眼中的孫叔敖判然有別。而〈天下〉篇也說：「關尹、老聃乎！古之博大眞人哉！」顯見莊子學派對老子之學的崇仰之情。

二、昧於眞實執假爲眞的俗人

（一）俗人的特質

依《莊子》，人的心靈本來是「如得其情與不得，無益損乎其眞」的「眞君」，有如「與道同體」般的廣大無礙、「同於大通」般的自由無限。而在現實狀態的俗人卻「以人滅天」，用人爲造作干礙了自然、自由的本性，此如〈秋水〉篇裏的比喻：

> 牛馬四足，是謂天；落馬首，穿牛鼻，是謂人。故曰：无以人滅天，
> 无以故滅命，无以得殉名。(〈秋水〉)

俗人過度人爲化的結果，悖離了人的自然天性，反而使心爲物役。此〈齊物論〉說：眾人役役。而〈則陽〉篇，莊子後學也假莊子之口說：

> 今人之治其形，理其心，……遁其天，離其性，滅其情，亡其神，
> 以眾爲。

莊子認爲人生命的主體、心靈的主宰——「眞君」雖然廣大無限，卻是「可行已信；而不見其形，有情無形」，即有實質的作用但不具形象，需「假於異物」、「受其成形」才能表現，亦即要借外在的形軀來承載呈現，而有形軀便有「百骸、九竅、六臟」(〈齊物論〉)等生理器官和官能慾望，這在莊子看來，並非眞正無限自由的眞我。惟俗人拘執這個假我並執假爲眞：

> 悲夫，世人以形色名聲爲足以得彼之情！夫形色名聲果不足以得彼
> 之情，則知者不言，言者不知，而世豈識之哉？(〈天道〉)

世俗之人不僅認不清人的眞我，且帶著假我「行進如馳，而莫之能止」(〈齊物論〉)。於是心靈的眞宰受到矇蔽，自由無滯的心漸漸由眞變假，「芒」昧不已、莫知所歸，從而產生種種痛苦、悲哀，人生到此眞是痛苦之旅。此乃〈至樂〉篇所說的：「人之生也，與憂具生」。在《莊子》筆下，俗人的人格可歸納出下列四種特質：

1、執著形軀

形軀是載道的工具，心靈的暫寓之所，相貌的美醜、形體的殘全，都不妨礙生命的完整性和道的修持。俗人迷執外表的形貌，常蔽於形而不知德，動輒以貌取人。像〈德充符〉中的子產與兀者申徒嘉同遊伯昏無人門下。卻自恃位高權重，「索人於形骸之外」輕視申徒嘉而恥與之同門。子產雖是「全德全形」之人（形體完整的人），心理卻抱殘守缺，不瞭解人的真實存在「猶有尊足者」（有比腳更尊貴的東西），而「以其全足笑人之不全足」，是為莊子所謂的「不忘其所忘而忘其所不忘」的「誠忘者」。

此外，人生如寄，生是偶然，死是必然。且人生在天地之間「若白駒之過郤，忽然而已」（〈知北遊〉）。大凡人受命成形後，就會有「不亡以待盡」（〈齊物論〉）的生死大限，這本是「其形化」所產生的存在有限性，故人和一般生物殊無二致，有「出生」一定也會「入死」，是以「注然，勃然，莫不出焉；油然，漻然，莫不入焉。已化而生，又化而死」（〈知北遊〉），這是萬物的恆情，但眾人以形軀為唯一的生命，不能正視「吾生也有涯」的事實，以為形軀的生命是惟一的生命，因此將有生之年得到的名位、財利等一切既得利益視為「己有」，並將「死」誤置為一切既得利益的喪失。因而「生物哀之，人類悲之」（〈知北遊〉）。

「悅生惡死」是一般人的情結，隨著醫學科技的進步，「老」或許可以延後，「病」可以醫治，「死亡」卻無人可擋。自古多少人在尋求西王母的靈藥，然昔時射日英雄后羿如今安在？即令擁有無限權力、最高地位的秦始皇也比不上其所遺留的兵馬俑長壽，而西漢武帝的方士仙丹也無法替其免去閻王的召見。事實上，活著的人誰也沒有死過，死後的世界始終是個未知數，充滿了無限的可能，怎麼知道死的世界一定不好呢？說不定死後的世界才是人心靈的歸鄉呢？所以莊子說：「惡乎知惡死之非弱喪而不知歸者邪！」（〈齊物論〉）而且按理來說，人生的痛苦既因形軀的拘限而有，擺脫了形骸，人不就如「懸解」（〈養生主〉）一般自在解脫嗎？〈知北遊〉就說這是生命的「大歸」！俗人太「早計」，喜歡預設、揣想，心生妄測「見卵而求時夜，見彈而求鴞炙」，結果「以心害道」，把種種負面幽暗的經驗如失敗、挫折、痛苦、憂傷等等加在死亡這個概念上，於是妄起死生之念，因生而樂，為死而哀。

在〈養生主〉中，莊子借「秦失弔老聃」的寓言點出俗人是不能了脫生死、「遁天倍情、忘其所受」的「遁天之刑」者（逃避自然刑罰的人）。

2、封限心靈

人「一受其成形」便各有其體，此適足以突顯每一椿生命獨一無二的特性，然執假為真的俗人，與物相接後卻「與物相刃相靡」，常以自我為中心，執我為是，以人為非，而有物、我、彼、此之分。從而形成排他性、自我封閉「隨成心而師之」的是非成見。如眾人常執守世俗的小知、小年，執著於「彭祖為壽」的認知，且喋喋不休的競相誇示自己的知見：「眾人辯之以相示也」（〈齊物論〉）。渾然不知「楚之南有冥靈者，以五百歲為春，五百歲為秋；上古有大椿者，以八千歲為春，八千歲為秋」的大知、大年（〈逍遙遊〉）。所以莊子說：

> 而彭祖乃今以久特聞，眾人匹之，不亦悲乎！（〈逍遙遊〉）

〈齊物論〉「朝三暮四」中的眾狙，便象徵固執自己的是非成見，喜怒為用的俗眾之知。

一般世俗的是非認知往往根據數量原則，人云亦云，「世俗之所謂然而然之，所謂善而善之」，沒有真知灼見，就像〈寓言〉篇那個隨影俯仰、起止的「罔兩」一樣，是故「高言不止於眾人之心，至言不出，俗言勝也。」（〈天地〉）更可笑的是，俗眾沒有自知之明，還不知道自己囿於俗眾之見：「與夫人之為徒，通是非，而不自謂眾人，愚之至也」。（〈天地〉）加上眾人有「喜人之同乎己而惡人之異於己」（〈在宥〉），黨同伐異、自是非他的心理趨向，於是其心常有如「司是非」的「機括」（〈齊物論〉），隨時蓄勢待發的提防、攻擊別人。一旦「與接為構」，他們為了維護自我的假自尊便「日以心鬥」，生命遂成了外馳爭鬥的競技場。每天為了爭強鬥勝，搞得自己「寐也魂交，覺也形開」，睡覺的時候精神錯亂，醒來的時候也心神不寧，這樣的人生「終身役役而不見其成功，苶然疲役而不知所歸」（〈齊物論〉），終身勞碌而不見得有何成就，疲憊困苦而不知所為何來。可悲的是，明知痛苦卻無法停止，如此「自囚苦牢」的生活和死去有什麼兩樣？〈齊物論〉說：「人謂之不死，奚益？」〈大宗師〉對這樣封限心靈的生命情態有十分貼切的形容：「眾人之息以喉」。眾人時時沉溺在利害爭執中，傷了內心的和氣，其情躁氣促，不能深靜，其屈折起伏，氣不調和，是即所謂「生火甚多，眾人焚和」（〈外物〉），故說「眾人之息以喉」。〔註67〕

俗人心靈的封限還會表現在對知識的盲目追求上。知識固能充實生命，

〔註67〕參見郭慶藩編、王孝魚整理前揭書，同註44，頁228。

成爲生命能動的力量，但人若不能正視自我的有限性，欲以有限的生命追求無限的知識，換取無窮的名利權勢。這是事實的不可能，也是價值的不值得。此《莊子》說：

> 吾生也有涯，而知也無涯。以有涯隨無涯，殆矣。(〈養生主〉)

只是，昧於眞實的俗人常爲了追尋虛無的「無涯之知」不惜賠上眞實的自我、扭曲自然之道。此即〈繕性〉篇所說的：「文滅質、博溺心」。一生漂泊在虛幻的知識追求上，知識不僅不能滋養生命反而形成對心靈的桎梏而欲益反損。但俗人仍然執迷不悟，窮追不捨，就像〈漁父〉中那個「畏影跡」者，拚命想甩掉影子卻愈跑愈快，影子甩不掉，人卻累死了，人生至此眞是死路一條！故曰：「已而爲知者，殆而已矣」。〔註68〕

3、計較名利

俗情眾生既有是非之執，便常爲了求名爭勝，不惜流失自我做主的權利。跟著流俗的價值標準，外逐而不返，終而憂患上身。一方面有患「得」的「陰陽之患」(即事情成功，人固然得了名，但也因爲過喜而激動，使心情不能平靜，易以傷神)；一方面有患「失」的「人道之患」(事情失敗了，就會遭到君上的懲罰)(〈人間世〉)。凡此得失之患都是計較名利使然，因此莊子稱：

> 名也者，相軋也，知也者，爭之器也。(〈人間世〉)

求名、用智二者都是抹殺自然生命的「凶器」：

> 二者凶器，非所以盡行也。(〈人間世〉)

然而這些禍患本來都是不必要的，凡眾卻把不必然的事視爲必然，視「人爲造作」爲己務而仍「不離苞苴竿牘(應酬交際)」，以致「敝精神乎蹇淺，而欲兼濟道物」(〈列禦寇〉)，所以說：

> 眾人以不必必之，故多兵。(〈列禦寇〉)

> 眾人安其所不安，不安其所安。(〈列禦寇〉)

《莊子》以「自然之性」爲善，主張「臧於其德」與「任其性命之情」(〈駢拇〉)才是人生眞正的歸宿，凡順性命之自然才是善於體會眞實之自我者。至於「仁義」，在《莊子》看來，已成「人爲造作」虛僞欺詐的虛名榮利，故曰：「所謂臧者，非所謂仁義之謂也，任其性情也」(〈駢拇〉)。仁義名言是使人

〔註68〕程兆熊對這句話做了極爲貼切的詮釋，他說：「殆是危殆，既已危殆，而猶以火救火，以知救知，便只有危殆而至於『已矣』」。見氏著之《道家思想——老莊大義》(台北：明文，1985)，頁33。

迷失自己的最大誘因，有仁義的標榜就會讓人忘記性命之情，而一味迎合外在的毀譽，有名言的鼓動就會讓人迷失自然的我，而完全投入權位名利的競技場，〔註69〕因此曾史的賢、楊墨之知，猶如在人的四肢，連無用之肉（駢姆）、樹無用之指（枝指）般，為原本和諧自然的人生埋下「決之則泣」、「齕之則啼」的禍端（〈駢拇〉），而「以身殉名」的人都屬於「以物易其性」（〈駢拇〉）違反自然性命的俗情之流。莊子在〈大宗師〉篇中舉出像伯夷，叔齊、箕子等執守仁義之名而殉身者，根本不是「殺生成仁」的義舉，而是求名忘己，矯行喪真，「役人之役，適人之適，而不自適其適者」之徒。〈駢拇〉篇中對於「昔之君子、士、小人」甚至是「聖人」等人格，不管追求的是個人私利還是公天下之利，一概視為干擾生命本真自然，執著於外在名利的追求者，一併歸於「殘生傷性」遁天悖情之列：

> 自三代以下者，天下莫不以物易性矣，小人則以身殉利，士則以身殉名，大夫以身殉家，聖人以身殉天下。故此數子者，事業不同，名聲異號，其於傷性，以身為殉，一也。（〈駢拇〉）

> 其殉一也，則有君子焉，有小人焉；若其殘生損性，則盜蹠亦伯夷已，又惡取君子小人於其間哉？（〈駢拇〉）

〈駢姆〉篇甚至還將伯夷與盜跖等同看待，因為從自然的高度和全性保真的角度來看，伯夷和盜跖無異，都是「殘生損性」者，兩人沒有高下之分，故曰「則盜跖亦伯夷矣，又惡取君子小人於其間哉？」

4、拙於大用

俗情眾生昧於現實的現象，將價值標準建立在「熱量原則」、「數量原則」、「尖端原則」及「近利原則」的實用價值觀上，但這些原則是變動的，俗人卻像朝聖似地推崇所謂有用的東西，並狃於成見以致忽略了所謂「無用」事物中真正的本質之用。此如〈人間世〉篇中櫟社樹以「求無所可用」終其天年，「其所保與眾異」，然而一般人昧於俗情而「以義譽之」，用常理來衡量而不識其妙用（〈人間世〉）。亦如〈逍遙遊〉「魏王貽惠王瓠子」、「宋人資章甫」和「宋人善為不龜手藥」等寓言中的「惠子」、「宋人」一樣「有蓬之心」，心為蓬草所蔽，只知「有用之用」，莫知「無用之用」，所以「拙於大用」，無法從多元創意的角度察覺世俗之外的新用途。

〔註69〕參見陳德和《從老莊思想詮詁莊書外雜篇的生命哲學》（台北：文史哲，1993），頁101。

在這種「拙於大用」價值觀主導之下，俗人「以物而易性」（〈駢拇〉）易為物役而淪於工具價值之用，有如〈人間世〉中的「材木」「以材為祥而得患」和「以其能苦其生者」的文木一般，因為太顯露自己的有用反而害苦了自己，遭受世俗的打擊，故曰「不終其天年而中道夭，自掊擊於世俗者也。」（〈人間世〉）此正說出俗人見小而不能識大的功利實用價值取向。

依上所述，莊子認為俗情眾生的困苦悲哀至少有二：其一是「人會死」之悲；再者「心會跟著死」之哀：「其形化，其心與之然，可不謂大哀乎」（〈齊物論〉）。而且莊子認為「哀莫大於心死，人死次之」（〈田子方〉）。

（二）俗人的為政風格

俗人的生命情態已如上述。至於世俗存在的為政方式，《莊子》提出兩種，其中一個是「以己出於經式義度」（憑一己之私制定法律），另一個是「藏仁以要人」（假借仁義名目去要結人心）。這兩種治民的方式，效應雖然都顯著，一個是「人孰敢不聽而化諸？」一個是「得人」，但都有違自然，而落於下乘。

日中始「以己出於經式義度」的問題在於「經式義度」是「以己出」者，統治者以自己的意志為法律，恣意伸張自己的權力來治理百姓。這樣的統治方式雖帶來：「人孰敢不聽而化諸？」（〈應帝王〉）的效果。表面上看來，百姓無人不服，但人民不是真正的嚮心悅服，因為如果百姓出於自由意願依從法度，就無所謂「人孰敢不聽」的「敢不敢」問題。顯見日中始主張「以暴力服人」。這在莊子看來，根本不是為民謀利，簡直是攬權圖利的「欺德」行為。所以莊子說：若想因此天下得治的話，無異於「涉海鑿河」、「使蚊負山」，根本不可能（〈應帝王〉）。因為對百姓來說，繁苛的政令可能讓他們一時無所依歸，久之，就像鳥尚知高飛以避「矰弋之害」，鼷鼠也懂得藏乎「神丘之下」以避「熏鑿之患」一樣（〈應帝王〉），對「猛於虎」的苛政，百姓自有一套閃避因應之道。因此強力統治只能收一時之效，無法長治久安。甚至還可能像〈人間世〉中的衛君，「其行獨，輕用其國，而不見其過。輕用民死，死者以國量乎澤若焦」而「民其無如也」（〈人間世〉）。或是像「叢枝、胥敖、有扈」三國的國君一樣，為了擴充權力「用兵不止，求實（利）無已」，終究自食惡果，落得「國為虛厲，身為刑戮」（〈人間世〉）國家變成廢墟，連自己都難逃刑戮的下場！暴力的統治者恣意妄為的結果無非證明權力是一種虛妄的擁有。

有虞氏「藏仁以要人」的為政方式，就是打著「德政」的名義治天下，表面上能得人，但《莊子》反省批判的重點在於「要人」上。所以說有虞氏

「以德服人」的方式，雖然能贏得民心支持，但仍然「未始出於非人」，宣穎說：「非人者，物也，有心要人，猶係於物，是未能超然出於物之外」，意即心猶有物累，尚未擺脫人為造作的意念，按照人君的立場來說，就是尚未能放下對權力統治的宰制慾望。此如南海之帝「儵」和北海之帝「忽」一樣，因為「意有所至」的「日鑿一竅」，反因「愛有所亡」的「鑿破渾沌」，而加速渾沌的死亡。因此，《莊子》反對極力標榜仁義道德的施政方式，認為這根本是對人性的異化。於是視「仁義說教」為強加於人的鯨刑，「道德上的是非之辨」為強加於人的劓刑（〈大宗師〉）。而用仁義禮樂去規範人們的行為，是「削其性」、「侵其德」、「使天下惑也」（〈駢拇〉）。總之「仁義」非「道德之正也」，故而不可「淫僻於仁義之行」（〈駢拇〉）。於此可知《莊子》所指的「道德」，並非以「仁義」為內涵，而將道德安放在「天道自然」上。不過，《莊子》所反對的「仁義之治」，並非指根於仁心義理的儒家之治，而是指以「蹩躠為仁」，以「踶跂為義」（〈駢拇〉），已然斲喪人性自然的「仁義之治」。故視「行蹩躠之仁，用踶跂之義」的人倫君子為「小人」，[註70] 而有「人之君子，天之小人」（〈大宗師〉）的說法。

依上述，「支離其德」（〈人間世〉），身心相離的「俗人」，是以世俗所崇尚的是非標準去規範自己行為的人，他們雖自我標榜品行，事實上不過是苟合取容「以媚一世」的「道諛之人」或「眾人」（〈天地〉）。然而人們往往陷溺其中而不自悟，紛紛「希世而行，比周而友，學以為人，教以為己」（〈讓王〉），好比蜩與學鳩一般自足於自我的淺狹世界裡，安於俗塵世間的成就，以有待之心來建構自我的認同，陶醉在「小知小年」的無知中，而不知鵬舉九萬里的遠舉之志和深蓄厚養的精神涵養，[註71] 因此不能體會自我世界以

〔註70〕成玄英疏：「夫懷仁履義為君子，乖道背德為小人也。是以行蹩躠之仁，用踶跂之義者，人倫為之君子，而天道為之小人」。

〔註71〕依郭象注，蜩與學鳩與大鵬鳥，小大雖殊，逍遙一也。但這樣的說法，早在當時就引起討論，劉義慶《世說新語·文學》云：「《莊子·逍遙遊》，舊是難處，諸名賢所可鑽昧，而不能拔理於郭、向之外，支道林在白馬寺中，將馮太常共語，因及逍遙。支卓然標新理於二家之表，立異義於眾賢之外，皆是諸名賢尋味之所不得，後遂用支理。」可見在當時，就有論者不同意郭象的說法。而根據劉孝標之注，支道林的觀點是鵬和二蟲都未臻乎至人乘天地之正而遊乎無窮之境，鵬以營生之路曠，放失適於體外；鳩以在近而笑遠，有矜伐於心內。故二者俱不逍遙。郭慶藩也引其家世侍郎公云：「天下篇莊子自言其道術充實不可已，上與造物者遊。首篇曰逍遙者，莊子用其無端崖之詞以自喻也，注謂小大雖殊，逍遙一也，似失莊子之詣」。本文採取郭氏的說

外更寬廣自在的世界。而把不同於凡俗、超越凡俗的人格境界視爲「猶河漢而無極；大有逕庭，不近人情」、「狂而不信」者，甚至加以取笑。這在〈逍遙遊〉中，莊子藉連叔之言評這類世俗的人是無意親近眞理、無心求道的精神「聾瞽者」（〈逍遙遊〉）；在〈繕性〉中則稱之爲「喪己於物，失性於俗」的「倒置之民」（價値觀念顛倒的人）。他們全然喪失泯滅了自然、自由的本性和獨立人格。《莊子》對這類型的人顯然是哀矜、同情多於批判和責備，我們從他常對這類的人致以「可不哀邪」、「可不謂大哀乎」、「殆而已矣」、「奚益」的慨嘆得到印證。

　　從《莊子》書中所載的俗眾人格特質及爲政風格，我們看到莊子對世俗世界有番顛覆的看法，對於傳統儒家所認同、讚揚的聖人、士、君子有番反省。而且指出：世俗統治者藏天下於私，企圖以權力宰制天下的統治方式，不僅無法解民倒懸之苦，還帶來無比的災難，甚至可能換來國君自己身戮國亡的惡果。這樣的說法可說是《老子》思想的延伸。另外值得提出來討論比較的是子產的形象問題，依《左傳》的記載，子產是位具有儒德本色的鄭國賢大夫，《論語‧公冶長》孔子謂子產有「其行己也恭、其事上也敬、其養民也惠、其使民也義」四種君子之德，而〈憲問〉篇孔子也說他是「惠人」（有遺愛的人），《論語》中的子產要皆距離歷史形象不遠。但《莊子》的說法和史傳上明禮重德的子產就頗有差距，此實爲莊子「重言」的表詮方式，而吾人從其顛覆歷史形象的「托古改訓」〔註72〕正可以看出莊子對人格的分判標準。

三、介於眞俗之間的人

　　俗情眾生和理想的人格類型已如上述，由於理想人格雖有不同的顯像，但皆是周流於天與人之間「知天之所爲、知人之所爲者」（〈大宗師〉），與自然、社會合一的典型。若是偏於某一端而彼此不能相通，便形成兩種風格殊異的典型，其一爲「畸於人而侔於天」的「游於方外之人」；其一爲「知人之所爲」的「遊於方內之士」。故介於理想和俗情兩者之間的生命情態，復可分

　　法，認爲眞正逍遙無待之遊，心靈必須深蓄厚養，如須風之積、水之厚一樣才行。且就〈逍遙遊〉的文意脈絡來看，鵬之大乃由「鯤之小」而來，而又大而化之，怒飛扶搖而上九萬里，顯見其鵬舉萬里乃經過一番蘊蓄工夫。其境界與自安於淺狹的「二蟲」自然有別。

〔註72〕關於莊子借重言的方式托古改訓的部分可參見張默生《莊子新釋》（台北：漢京，1983），頁 14～5。

為「遊於方外之人」和「遊於方內之人」。為了便於討論介於理想與俗情之間的人格類型，先以表格比較呈現俗人和眞人兩者的不同。

表一

	俗　　　人	眞　　　人
是非觀	／排他性、封閉性的是非、定執、成見。 1. 「師其成心」所形成的是非，如儒墨之是非。 2. 言非吹也，言者有言其所言者，特未定也。 3. 「言隱於榮華，道隱於小成」。 4. 「各得一察焉以自好，道術將爲天下裂」。（天下）	／有涵容性、開放性的心靈。 1. 心靈的眞君是「天府」、「葆光」，如深淵的水一樣永不滿溢，永不枯竭：「注焉而不滿、酌焉而不竭」。 2. 照之以天，莫若以明。 3. 和以天倪：「六合之外，聖人存而不論，六合之內，聖人論而不議，春秋經世之志，聖人議而不辯。」 4. 兩行：和之以是非，休乎天鈞。
價值觀	／淪爲物役的工具價值，只知有用之用，莫知無用之用。 1. 有蓬之心。 2. 拙於大用。 3. 以材爲祥而得患。	／力排眾惑，抵抗流俗，回歸眞我。 1. 無所可用。 2. 無用而有大用。 3. 材與不材之間。 4. 物物而不物於物。
人際觀	／以貌取人。 1. 以其全足笑人之不全足，未知猶有尊足者。 2. 索人於「形骸之外」。 3. 誠忘：「人不忘其所忘，而忘其所不忘。」	／以德相交。 1. 知耳目之所宜而遊乎心德之和；物視其所一而不見其所喪，視喪其足猶遺土也。 2. 遊乎「形骸之內」。 3. 德有所長而形有所忘。
生死觀	／悅生惡死。 1. 遁天之刑：「遁天倍情，忘其所受。」 2. 早計。	／死生一如。 1. 死生命也，其有夜旦之常，天也。人之所不得與，皆物之情。 2. 善吾生，善吾死。 3. 死生存亡一體。 4. 生爲附贅懸疣，以死爲決疣潰癰，惡知死生先後之所在。 5. 有骸形而無損心，有旦宅而無情死。 6. 安排而去化。 7. 安時而處順。
政治觀	／有爲。 1. 藏仁以要人。 2. 以己出於經世義度。 3. 欺德。	／無爲。 1. 功蓋天下而似不自己，化貸萬物而民弗恃。 2. 有莫舉名，使物自喜；立乎不測，而游於無有者也。

（一）遊於方外的人

所謂的「游於方外」者，指的是那些不合於俗，或說是不拘於俗的人，在〈大宗師〉中，指的是抗拒俗情禮樂的「畸人」。﹝註73﹞此〈大宗師〉說：

> 畸人者，畸於人而侔於天，故曰：天之小人，人之君子，人之君子，
> 天之小人。

莊子認爲儒家人倫所謂的君子，從「天道」的角度看，根本是「小人」。而世間所謂「不偶於俗」的「畸人」，莊子卻以其能拔乎流俗「侔於天」而稱其爲「天之君子」。﹝註74﹞畸人這種「眞俗兩分」截斷眾流式的境界型態，其實是對人被「異化」、「物化」危機的反撲，此王翔說：

> 當一個人感受到異己力量的壓抑，又無力駕馭命運時，要想擺脫現實的「夢魘」，最能聊以自慰的方法莫過於向冥冥之中的主宰拱手交出命運，以自我的虛無性來彌補自我的渺小性，以思維的至上性來替代現實的眞實性。﹝註75﹞

這類型的人藉著思想的高蹈遠舉「遊於方外」，雖然突破了俗情世界的框框而順任心遊，日就清虛，卻也不免憤世嫉俗、孤獨悲涼。在生命精神正、反、合的辯證歷程中，是屬於「反」的層次，此時與外在現實的世界有著衝絕網羅的對立、破裂和緊張的關係。莊子將這種天人對立、眞俗對揚而自顯生命崇高感的人都叫做遊於方外的「畸人」。

〈逍遙遊〉裡曾將俗人和理想人格境界之間分成四個修養層境，﹝註76﹞其中「知效一官，行比一鄉，德合一君而徵一國者」的生命情態，表面上看，他們似乎榮寵一生，很逍遙自在的樣子，因爲一個人的智能足以擔任官職，行誼能得到鄉人的肯定，德行榮獲國君賞識，舉國的人都能信任他。這就一般世俗的評價，應該是理想不過了！但《莊子》卻認爲這是最不逍遙的。畢

﹝註73﹞關於畸人的詮釋可參見陳德和〈畸人與眞人──《莊子》大宗師的超越性和圓融性〉。《鵝湖月刊》19：3，頁45～55。

﹝註74﹞參見成玄英疏所言，畸人乃「不修仁義，不偶於物，而率本性者與自然之理同也」又曰「人倫謂之君子，而天道謂之小人也，故知子反、琴張，不偶於俗，乃曰畸人，實天之君子」。郭慶藩編、王孝魚整理前揭書，同註45，頁273。

﹝註75﹞王翔《逍遙人生──道家的人格理想》（江蘇：江蘇教育，1996），頁68。

﹝註76﹞有關修養層境的劃分，可參見陳鼓應：《老莊新論》（台北：五南，1995），p145 葉海煙：《莊子的生命哲學》（台北：東大，1990），頁145。王師邦雄：《中國哲學論集》（台北：學生書局，1983），頁64～6。

竟功名利祿的肯定仍有待於外在，須藉與外物相較來獲得自我的尊嚴，是最不能自我支配，故莊子視之爲「執著外在功名」的最低層次。只有放下「等待」的心理，當下「乘天地之正，御六氣之辯，以遊無窮者」才是生命自作主宰，物物而不物於物，而與天地之道化爲一體的眞正逍遙無我之境。至於宋榮子、列子則如同〈大宗師〉中的「方外之人」，雖尚未臻於天人冥契、逍遙無待的圓融境界，但他們不甘活在世俗名利的牢籠裡，寧願揚棄既得利益、告別享樂以超脫俗情的束縛，使生命有所超拔躍進。相對於天，他們可說是刻刻不忘「由人往天上走」，拔乎流俗之外的「天之小人」；與俗人比較，他們遊於方外、遺世獨立的超越性格其實是異質生命的成長，只是世人因爲迷執，不能識其「大」，甚而稱之爲「畸人」（奇特的人）。

因此《莊子》筆下的方外之人除了畸人外尚有宋榮子、列子，而〈讓王〉篇中的魏公子牟「重生向道」也屬此類，分別論析如下：

1、拘守於內的宋榮子

依莊子，理想的人格是自作主宰、無待於外者，但自做主宰並非「我執」的自我作主。而是超越譏笑、憐憫、矜伐等心理。宋榮子已能透脫名利的假相，不受外在環境左右，「定乎內外之分，辨乎榮辱之境」，不讓自己的生命馳逐於外，不在乎外在的毀譽得失。所以全世界的人讚美或誹謗他，心都不爲所動，此謂之：「舉世而譽之而不加勸，舉世而非之而不加沮」，頗有「得失隨緣、心無增減」的意味。〈逍遙遊〉篇對於宋榮子不汲汲於功名的行徑，給予肯定，但因尚未眞正的逍遙無待，故曰：「彼於其世未數數然也，猶有未樹也」。

爲何「猶有未樹」呢？問題在於他是用「定乎內外之分，辨乎榮辱之境」的方式來肯定自我，認定內榮外辱，以爲生命隱藏於內才能護住尊嚴榮耀，生命一流出於外，一定受屈辱難堪。於是拋擲捨棄存在的現實，把自己封閉在自己的內心世界裡，以自己的意志力來涵蓋外在的侮辱，我不要這個世界，拒絕承認侮辱、失敗，就可以不受辱、不失敗了！這樣的生命形態雖不再執著有限，以較量方式建立自信，但捨棄外在、拘守於內，其實以「不爭爲勝」的方式來較勁，還是有待。這從他「猶然笑之」可見端倪。宋榮子固然清高，卻無法眞正放下對虛妄自尊的執著，故而對那些追名逐利的名韁利鎖之徒報以嗤笑。是以其「猶然笑之」，乃「以上笑下」，站在形上界嘲笑形下的俗情眾生，尚未臻於澈通上下、內外無隔的境界！

　　宋榮子的生命情態與世有隔，雖擺脫了名利，但缺乏向上超越昇華的開展性，仍不免孤芳自賞，內心深處必有一分勉強、孤淒。不過與「名韁利鎖之徒」比起來，宋榮子了卻了功名的羈絆，誠爲不易。

2、有待於風的列子

　　列子已經能擺開人生外在有形的束縛，不再投靠外在的條件來追求人生的幸福。他在自己的心靈世界中自足自適，所以《莊子》說他可以御風而行，一副輕妙自得的樣子，看似無拘無束。但眞正的逍遙是超乎方所，超乎速度，無所不成的。其於一念之間橫亙古今，其於一點之上周遍穹蒼，是生命的創造無所不在的大逍遙。且透過無功、無名、無己的修養，由外天下而外物而外生，不斷解脫生命的桎梏並在揚棄世情迷執的同時提升自我，進而與萬物自然冥和爲一、隨時而化的，絕不是一時一地的境界。因此理想人格的境界乃是隨遇皆道，觸處可悟的無待境界！列子雖然可以「免於行累」，看似「無己」的逍遙，此其曰「御風而行」，惟其仍有待於風，只有在有風的時候才能逍遙，其餘就不逍遙了！所以《莊子》說他「旬有五日而後反」，十五天之後又不逍遙了！換句話說，列子執著於虛，來去仍有待於風，表面上是他駕風，事實上是風決定了他的方向。列子的「無己」尚爲形體解放的「形軀修練」，還不是經過心靈深蓄厚養的「精神修練」。

　　列子暫時擺脫形軀束縛，拘於一時一地的「小逍遙」，雖受時空條件的限制，未臻於人間處處可遊、無入而不自得的境界，但他想超越形軀的努力，不啻爲畸人化成至人的向上契機。

3、執於方外的人

　　〈大宗師〉曾藉著子貢和孔子的對話區分出「方內」和「方外」差別。「方內之人」是修乎仁義禮樂的人間君子，「方外之人」則是不受禮教束縛，遊乎自然天地的人。眞正理想的人，在精神意義上，是遊於方外的高人，其「與造物者爲人（爲偶），而遊乎天地之一氣」，既達觀生死又不拘守禮樂者。此莊子曰：

> 忘其肝膽，遺其耳目；反覆終始，不知端倪；芒然仿徨乎塵垢之外，逍遙乎无爲之業。（〈大宗師〉）

又說：

> 不憒憒然爲世俗之禮，以觀眾人之耳目。（〈大宗師〉）

然而，理想人雖游於方外，其實是無執無爲，不受方內、方外限制的，故莊子謂其「有人之形，無人之情」。（〈德充符〉）此處「無人之情」的「無」並

非意味他們是無情冷血之人，而要超越的看，即是指他們能超越俗情的好惡哀樂。此所以〈養生主〉提到「安時處順」的秦失是在「三號」之後「而出」；而在〈大宗師〉中，「哭泣無涕，中心不戚，居喪不哀」、「以善處喪蓋魯國」的孟孫氏也是隨俗的「人哭亦哭」地周流於「方內」、「方外」之間。綜而言之，隨順自然，不偏執一隅的人，才是真正精神遊於「方外」的高人。

相對的，〈大宗師〉裡的孟子反、子琴張為了表露勘破生死的自在瀟灑，面對至交子桑戶的死竟然以「或編曲、或鼓琴、相合而歌」的方式對抗世俗的禮教，與遊於方內的俗人有所對立而顯得驚世駭俗。如此這般忘乎禮樂、不能諧俗又固執方內、方外之分，其雖「能登天遊霧，撓逃無極，相忘以生，無所終窮」，終只成執持天的一邊「畸於人而侔於天」的「畸人」。不過這樣與世俗格格不入的堅持，無疑是對抗現實物慾橫流的一道清流。

4、重生向道的公子牟

中山公子牟即〈秋水篇〉中的「魏牟」，是戰國魏之公子，在〈讓王〉篇中，他被塑造成一位「不為軒冕肆志」的「巖穴隱者」。他「重生」，懂得養護自己自然的真性情。按理來說，「重生則利輕」，但公子牟「雖知之」，卻未能「自勝也」，因此他雖「身在江海之上」，心仍「居乎魏闕之下」，而尚未能超脫塵俗達到聖人之德。

依《莊子》，真正的聖人之德要不擇地而蹈之，無入而不自得，其所以能「澹然無極而眾美從之」，完全都是自然而然的，絕「不刻意而高，無仁義而修，無功名而治，無江海而閑，不道引而壽」（〈刻意〉）。此意即一個理想的人若要隱居，必須是因為人間世充滿爾虞我詐、鉤心鬥角和危險痛苦，才會為了「存身之道」而「隱其身」、「閉其言」、「藏其知」，亦即在時局危亂時，遁世僻壤之間以求生命安全和護持心靈的自由，等到「時命大行乎天下」，則「反一無跡」。故曰：

> 隱，故不自隱。古之所謂隱士者，非伏其身而弗見也，非閉其言而
> 不出也，非藏其知而不發也，時命大謬也。（〈繕性〉）

> 不當時命而大窮乎天下，則深根寧極而待；此存身之道也。（〈繕性〉）

是以真正具「聖人之德」的隱者，「不以辯飾知，不以知窮天下，不以知窮德，危然處其所而反其性」而有「正己」之德和「不為軒冕肆志，不為窮約趨俗」（〈繕性〉）的情操，並能優遊江海之上，而有無上的「樂全」天性，和「得志」的自適。

按照這樣的標準，以魏牟爲富貴公子的身分來說，其能「不爲軒冕肆志」，已算是難能可貴了！故曰：「魏牟，萬乘之公子也，其隱巖穴也，難爲於布衣之士」（〈讓王〉），而且他也沒有像「刻意尚行，離世異俗」的山林隱士，因爲「不能自勝而強不從」的壓抑或「重傷」自己自然本眞的性情。言下之意，魏牟和聖人之德比起來雖還是「一間未達」，惟已接近道了！故曰：

> 其隱巖穴也，……雖未至乎道，可謂有其意矣。（〈讓王〉）

總括上述，不管是宋榮子、列子、畸人或是魏牟都算偏於「方外」之人。他們昂首天外的向道，有其崇高的超越性，也有著生命的割裂，但這樣的破裂是達到理想人格境界的必經之路。其「傲倪萬物」壁立千仞的人格雖未必「美善」，卻是現實人間難得的「眞奇」。

（二）遊於方內的道德之士〔註77〕

按上文所述，莊子在〈大宗師〉中指出：眞正的君子乃「人間畸人」，其欲去外飾以反歸眞樸。在莊子自著的內七篇中，關於「君子」的內涵僅此一見。至於外、雜篇中對拘於禮俗的「世俗君子」雖屢有抨擊，但也提出所謂眞正君子的特質和體道工夫，此如〈知北遊〉說：「夫體道者，天下之君子所系焉」，意謂「道」是天下君子的依歸，故君子當法道而行。並指出君子當行的「道」有十項：

> 无爲爲之之謂天，无爲言之之謂德，愛人利物之謂仁，不同同之之謂大，行不崖異之謂寬，有萬不同之謂富。故執德之謂紀，德成之謂立，循於道之謂備，不以物挫志之謂完。（〈天地〉）

君子若能明於上述十者，則「韜乎其事心之大也，沛乎其爲萬物逝也」（〈天地〉）。這裡所說的「君子之道」都是「無爲自然之道」，故君子若治天下，也當「無爲」，如此才能不放縱情欲、不顯聰明；安居不動而神采奕奕，沉靜緘默而感人深切，使精神活動都合於自然，從容無爲而使萬物「安其性命之情」（〈在宥〉）。

用此觀之，《莊子》似乎將「君子」完全「去儒家化」，完全否定具道德修養的儒家式君子，其實倒也不然。《莊子》對於儒家雖多有批評，尤其是外、雜篇中，莊子後學對儒家以禮教規範社會、以仁義匡救時弊的主張無不嗤之以鼻，對那些假藉仁義禮教之名的兢兢於功名利祿的儒者不勝厭惡，然觀其

〔註77〕參見王翔《逍遙人生——道家的人格理想》（江蘇：江蘇教育，1996），頁50
～3。

批評的文字所訾議的對象多就儒家末流而發，或反對那些爲了仁義之名「毀性傷身」者。蓋《莊子》認爲眞正的君子應「一是非、均利害」，且不能因此殉身傷己者。故〈大宗師〉說：「利害不通，非君子也。」並在〈田子方〉指出：穿儒服的人未必是眞正的君子；有道術的人也未必穿著儒服。全德的君子不是「明乎禮義而陋於知人心」者，亦無有「聖知之言、仁義之行」，而是「其爲人也眞，人貌而天虛，緣而葆眞，清而容物。物無道，正容以悟之，使人之意也消。」（〈田子方〉）要之，眞正的君子要除去行爲的矜持和容貌的機智（〈外物〉），一皆以自然爲歸。因此被儒家視爲修身蓄德以犯君顏直諫的關龍逢、比干，莊子所以不認爲他們是因忠獲罪的「忠臣」，乃是因爲他們「強以仁義繩墨之言術暴人之前」，不免有「求名用智」之跡，所以《莊子》說他們是「以身殉名」的「好名者」（〈人間世〉）。至於有「魯之君子」之稱的孔子，其「性服忠信，身行仁義，飾禮樂，選人倫，上以忠於世主，下以化於齊民，將以利天下」（〈漁父〉）的行誼表現，雖遭致「苦心勞形以危其眞」（〈漁父〉）之譏，但《莊子》的用意是要提醒孔子不要爲了實現外王的事功而干礙了性情的本眞，並非否定其作爲。

　　由上述的分析，莊子及其後學所抨擊的儒家是「外立其德」而「失其性命之情」者（〈駢拇〉）。對於儒家的禮樂仁義本身並無反對之意，〈天運〉篇甚至認爲若能「行之以禮樂，建之以太清」而不干擾「性命之情」則亦可達到「澈志之勃，解心之謬，去德之累，達道之塞」的「至禮」（〈天運〉）境界。換句話說，莊子所反對的是傷害自然性情本眞的教條，而非仁義禮樂本身，此與老子「絕仁棄義」、「絕聖棄知」的旨趣相類。李正治即說：從外、雜篇和「禮樂」相關的文字來看，莊子後學與《老子》同屬「超禮以歸道」的思想型態。〔註78〕

　　而由莊子本人自著的內七篇，理想人既然以「乘物遊心」而遊於無窮的逍遙境界爲終極關懷，則與世俗的禮義當是不對立衝突的，此所以〈大宗師〉裡，眞人體道時不是「絕棄」仁義、禮樂，而是「忘仁義」和「忘禮義」，超越而非否定的意味的然可見。且就篇章文意結構的安排看來，其中重視禮俗遊於「方內」的孔門之士，和重視「禮意」「遊於方外」的畸人雖不同道，卻也相安相容。顯示莊子實非否定禮樂，而是主張超越禮樂，不要受「禮樂外

〔註78〕參見李正治〈莊子「超禮歸道型的理論思索」〉《鵝湖月刊》17：1，1991，頁34。

縛和仁義內縛」而遊乎逍遙之境的精神自由境界，可說是「超禮以遊道」的思索。〔註79〕我們再由〈天下〉篇來看，其言天下道術時提到：「在於詩書禮樂者，鄒魯之士，縉紳先生，多能明之」意謂儒家雖未得道術之全，仍可明古之道術之一端。如果努力行之：「以仁爲恩，以義爲理，以禮爲行，以樂爲和」，也能做到「薰然慈仁，謂之君子」。是見莊子對行儒家之道的君子抱持的是肯定的態度。

承上述，《莊子》內篇中對於儒門人物，尤其是孔子、顏回雖無直接正面的評價，而在〈德充符〉的寓言裡是個尚未勘破「名」未達「至人」境界者。不過幾乎莊子重要的思想主張都通過孔子和顏回的對話呈現出來。顯見莊子對他們的「借重」和「看重」。《莊子·讓王》篇中，描繪了一系列道德之士的形象，他們被塑造出來的雖然不是理想的人格典型，卻也不失爲可以尊重和讚賞的人物，這應是莊子後學對莊子思想的進一步發揮。而這些「遊於方內」高風亮節的道德之士，和「游於方外」的「畸人」一樣，都可算是介於理想與現實之間的人格類型：

1、弦歌不已的儒士

雜篇〈讓王〉篇記載：儒家的開山祖師孔子，爲推行仁義學說和禮治主張，四處奔波於各諸侯國間，始終不見用。甚而曾經厄於在陳國和蔡國之間，「七日不火食」，喝著不加米粒的藜藿羹湯，面容瘦削疲憊，然而仍操琴唱歌，未嘗絕音。子路和子貢不解，在交談中提到：孔子受辱還能唱歌彈琴，簡直是不知羞恥，這大概就是所謂的窮困了！孔子聽到他們的話，因機說教，點出「窮」和「通」的區別：「君子通於道謂之通，窮於道謂之窮」。因此懷抱仁義之道而遭逢亂世的患難，怎能說是窮困呢？並藉此勉勵學生做個「內省而不疚於道，臨難而不失其德」的君子。言罷，孔子重新又彈起琴唱起歌來。

魯國的原憲、衛國的曾子皆得老師的教益，雖貧而不病、不困，依舊弦歌不已。原憲雖住在方丈小屋，茅草蓋頂，蓬蒿野草爲戶，破甕做窗戶，門既不能掩閉，又屋漏地濕，但他仍然端坐弦歌。子貢「乘大馬，穿華衣」來訪，看到原憲的處境和戴破帽，穿破鞋，杖藜應門的形象，以爲原憲有病，原憲答稱：沒有錢財叫作貧，有學問而不能施行才叫作病，現在我只是貧，不是病。並說：「希世而行，比周而友；學以爲人，教以爲己；仁義之慝，輿

〔註79〕參見李正治〈莊子「超禮歸道型的理論思索」〉《鵝湖月刊》17：1，1991，頁34。

馬之飾，憲不忍為也。」原憲不趨迎世俗，甘於平淡的人格於此可見。

　　曾子住在衛國，也是貧窮不堪，絮衣破爛，面色浮腫，手足胼胝。經常三日不舉火、十年不製衣，食不飽。甚而捉襟見肘，鞋跟露外。但曾子不以為苦，照樣拖著破鞋吟唱〈商頌〉，聲音嘹亮，中氣充沛，如黃鐘巨磬的奏音。

　　曾子身處窮約困境仍然逍遙自在，自得其樂，對功名利祿不屑一顧，「天子不得臣，諸侯不得友」，是能外物而自得者。

　　2、安貧樂道的顏回

　　顏回「一簞食，一瓢飲，居陋巷，人也不堪其憂，回也不改其樂」（《論語・雍也》），是孔子最為讚賞的弟子。莊子也給予高度的肯定，在《莊子》內七篇中莊子常藉由他和孔子的對話寄言修養之道。在雜篇〈讓王〉篇裡，顏回的安貧而樂，形象大抵不離《論語》，惟更強調他的知足，不以利祿累己和不憂懼得失、心意自得及不羞無官的修養。

　　上述所說的孔子、顏回、曾子、原憲等遊於方內的儒門師徒們，都有三個重要的心靈品質：其一，安貧樂道，不貪富貴。其二，身處困窮，不改信念。其三，超世邁俗，笑傲王侯。因安貧不貪故能掙脫名韁利鎖的束縛，保持身心自由，不受權力污染。有了安貧樂道的精神，還要有堅持信念的意志，不向惡劣環境屈服，故能「臨難而不失其德」。於此，我們彷彿看到儒家的孟子所表彰的「貧賤不能移，富貴不能淫，威武不能屈」的大丈夫的氣節。

　　上述儒門之士的心靈品質，固然值得肯定，然依莊子，理想人最寶貴的是「精神」，這才是真正的「得志」者。此「得志」非世俗所謂軒冕之志的「得志」，而是「窮亦樂，通亦樂，所樂非窮通也」（〈讓王〉）。因此不管是身在軒冕富貴中還是窮約困窘，惟有樂全天性，快意自適，才是真正的得志，此《莊子》說：

> 樂全，謂之得志。古之所謂得志者，非軒冕之謂也，謂其无以益其樂而已矣。今之所謂得志者，軒冕之謂也。軒冕在身，非性命也，物之儻來，寄者也。寄之，其來不可圉，其去不可止。故不為軒冕肆志，不為窮約趨俗，其樂彼與此同，故无憂而已矣。（〈繕性〉）

依此標準，《莊子》認為上述的儒門之士，已能做到不為窮約趨俗，至於是否能「不為軒冕肆志」則不可知，故未臻於真正聖人的「得志」境界。此由〈德充符〉中，孔子有「蘄以諔詭幻怪之名聞」的求名之心，尚未到達至人境界可証。同時我們根據上面的分析，可知莊子對於「窮則獨善其身」、「窮不離

道」的儒者之風是予以肯定的。

　　承上述，理想的人格境界是通過超越的反省以消解人心的是非之執、利害之爭及生死之惑而將天地打成一片的圓成化境，亦即達到所謂的：「天人不相勝」、「天人不二」，既游於方外也游於方內，澈上澈下，貫通內外的圓融理境。誠如王師邦雄說的：

> 大宗師就是要畫成一個圓，一個是由人往天上走，一個是由天往人間落，人要到天的層次，但我們不要停留在天的層次，我們在天還要回到人，每一步的人間步調都是向天上走，都是爲了回過頭來支持人間，這樣剛好畫一個圓。〔註80〕

因此但游於一方、一處逍遙，不管是由於方內或方外都不是眞正的逍遙無待。然而遊於方外的畸人君子是「由人往天上走」的超然絕俗者，遊於方外的人間君子是「由天往人間落」的「行之以禮樂」者，他們雖道不同，但各在各自的領域修「道」，道並行而不悖，都是非俗情之流而超越世俗的眞「君子」。

四、小　結

　　以《莊子》內七篇爲主所反映的人格也有三型。《莊子》雖無如《老子》，特別字其名曰「上士、中士、下士」，但若由上而下，則有「天人不相勝、與物有宜的理想人」、「介於理想與現實之間的人」和「昧於眞實、執假爲眞的俗人」。和《老子》一樣，《莊子》所論著重在眞、俗上下的價值分判。且依上述論析，《莊子》很「知人」，並未抑人而任天，荀子謂其「蔽於天而不知人」（《荀子‧非十二子》）當是思想理路不同，導致解蔽心切的外圍批評。〔註81〕

　　這我們可從他們對理想人物的不同構畫模型中看出來，荀子的聖人是「能群能分」，可以宰制天地自然而富有創造性的社會實踐主體。並能制定禮義之道和禮法以治理人民的盡倫盡制者，莊子的理想人格則是對人的存在處境深以爲憂，主張「不以心捐道，不以人助天」（〈大宗師〉），以人合天而「不以人滅天」（〈秋水〉），對天採取「因循自然」而「不遁天悖情」的態度。對人民無心無爲，任運自然。從理想人格的天人關係和對百姓治理的觀點不同，

〔註80〕 參見王師邦雄〈莊子系列（六）〉《鵝湖月刊》二一五期，1993，頁4。
〔註81〕 《荀子‧解蔽》曰：「莊子蔽於天而不知人，……由天之道，盡因矣。」論者認爲荀子所言是系統外批評的有如李滌生撰，《荀子集釋》（台北：學生），1997，頁99～100。

我們看到莊子和荀子不同的思想進路。〔註82〕

　　因此荀子說莊子「蔽於天而不知人」，只在荀子自己的思想系統中才有意義，荀子係從儒家本位人文禮樂化成的角度看莊子，認為他因任自然，不知「天生人成」的道理，不相信人力可以制天、用天，故有莊子「不知人」的批判。在荀子的言說系統中或許有意義，若從《莊子》思想體系看，則顯得尖刻，有欠公允。依本文研究，再度印證這樣的說法。

第三節　結　語

　　《莊子》的人格三型和《老子》一樣，有現實、理想和介於兩者之間者等三種，也和《老子》一樣強調理想與現實兩種人格類型，其理想的統治者也稱之為「聖人」，且老莊各自心目中所塑造出來的理想人格。不管是含德歸厚的「赤子」還是「遊乎四海之外」的「至人」「神人」等都採取對舊價值觀念的顛覆，對世俗所讚賞的人格予以否定，要皆有真俗對立、破妄顯真的意味。

　　然而，在崇道自然這方面，《莊子》雖繼承《老子》的思想而向前發展的。但比起《老子》的殷殷言治和對統治者的再三致意，莊子較少講「治國平天下」的道理。〔註83〕而更著重於如何在現實的世間去妄存真，活出真正的自我；讓生命的境界可以超越遙升、至高無上、神遊物外。因而莊子理想的人格除了有「聖人」外，尚有「至人」、「真人」、「神人」。而且《莊子》三種人格的分判正是生命修養正、反、合的辯證歷程，象徵生命意義的極成是從超越到融合的精神開拓，再從《莊子》將理想世代寄託於更荒漠遼遠、與禽獸同居同遊的「至德之世」，完全脫去國家社會組織的型態，便可知《莊子》所要建立的是一種徹底「不為物役」的反異化超脫哲學。這印證了司馬遷曾經敏銳觀察到的：莊子之學，雖本「歸於老子之言」，卻又「別為一宗」。此所以王夫之《莊子解》說莊子「無為有國者所羈」，「自王公大人不能器之」，「不啟天下險惻之機，申、韓、孫、吳皆不得托」。〔註84〕這也就不難理解為什麼老子之學易受帝王、權謀之術滲透而為漢初統治者重視從而發展出黃老之學；而莊子之學則為士大夫避

〔註82〕關於荀子對莊子的批評，王志跃認為是荀子從自己思想觀照所得，正可看出儒道兩家的歧異和互補，可參見〈莊子人論研究——兼述儒道人論之歧異與互補〉《宗教哲學季刊》第二期，頁45～53。

〔註83〕見王翔《逍遙人生——道家的人格理想》（江蘇：江蘇教育，1996），頁9。

〔註84〕見王夫之《莊子解》（台北：里仁，1983），頁285。

世清談的資藉，要等到魏晉玄學興起才受到矚目。

　　承上節所述，《莊子》所以將理想世代寄託於荒漠遼遠的「至德之世」且完全脫卻國家組織的形式，是心境的寄託也是對儒家道德仁義之治的反省。同時也反映了《莊子》身處的時代可能遠比《老子》「天下無道，戎馬生於郊」（四十六章）來得「沉濁」。〔註85〕政治既無力可挽、可爲，連建言的機會也沒有，唯一之計就是明哲保身。社會既然改革無望，剩下就只有改革自己的心靈，進行一場觀念思想領域的內在革命，尋求精神領域的超脫一途了。〔註86〕此所以《莊子》不像望治心切的《老子》喜用素樸直截的「莊語」對當世的統治者提出建言、告誡，甚至爲統治者量身製作理想的典型。相對的，《莊子》總是用充滿機鋒、隨機運轉的「卮言」、或借重他人之言的「重言」、藉此喻彼的「寓言」來提出他的「諍言」。其心目中的理想人格不限於政治在位者，且除了與宇宙大化同流，更通向人間大地。無怪乎陳榮捷會比較的說：《老子》的重心是通過眞俗的對比〔註87〕中突顯「救世的聖人」；《莊子》則是強調「天人不相勝」「與天爲徒」「與物有宜」的眞人境界。〔註88〕

　　《老子》比較像哲學家，站在高高的形上界，用道的眼光冷靜地觀照世間，分析生命的問題，在理念上建造一個理想國。因此《老子》極力突顯的是深刻如海、廣闊如山谷、單純如赤子的理想人格型態，也極盡批評俗情眾生順俗趨末，貪利苟安的蒙昧無知和視理想爲無物的可笑。比起《老子》，莊子似乎更能體貼人生的有限和艱難，其嘻笑怒罵、夢話連篇的滿紙荒唐言，看似荒謬不經，其實是寄沉痛於悠閒。他對當時的變亂有最深切的領受，對迷執無知的世人有無限的同情和了解，〔註89〕不再只是冷峻地審視俗情世間的「芒昧」、輕狂地批判耽於夢境的醉生者，而改以自我顛覆、自我批判的口

〔註85〕《莊子·天下》：「以天下爲沉濁，不可以莊語」此乃說明《莊子》何以要用「謬悠之說、荒唐之言、無端崖之辭」的言說方式。此處借「沉濁」兩字來指出《莊子》身處的時代。

〔註86〕參見戴桂斌〈試論莊子的理想人格及其修養〉《中南民族學報》1996年第六期頁22。

〔註87〕對於世俗人的生命情態，《老子》的批判甚於同情，故而在二十章有極深切的眞俗對比區分：「眾人熙熙，如享太牢，如春登台，我獨泊兮其未兆。……眾人皆有餘，而我獨若遺，……俗人昭昭，我獨昏昏；俗人察察，我獨悶悶。」。

〔註88〕陳榮捷曾比較老莊思想相異之處時也有相似的結論，文見〈戰國道家〉，《中研院史語所集刊》第四十四本，頁470。

〔註89〕牟宗三《才性與玄理》（台北：學生書局，1975），頁169及徐復觀：《中國人性論史》（台北：商務印書館，1977）都曾提到相關的說法。

吻說：「其我獨芒，而人亦有不芒者也」、「予謂汝夢，亦夢也」（〈齊物論〉）。因此，莊子對於俗人充滿同情和感慨，對俗人眼中與世俗破裂的「畸人」，視爲邁向理想境界的霹靂手段。對於方外的畸人君子心中刻刻不忘向上提昇、朝著理想的體道經驗，《莊子》也有深刻的描繪。且由「方外」的天上君子和「方內」的人間君子並行不悖的理路，我們看到儒道會通的契機。至於理想的人格圖像，《莊子》不僅勾勒出「由人向天走」那種胸次悠然、高邁凌越的精神境界，同時也呈現「由天向人走」的人間精神，亦即憨山所謂「雖超世而未嘗越世，雖同人而不群於人」〔註90〕的超人智慧。故而《莊子》的「神人」並不神秘，而是保持天然本性的「眞人」，重點在於心靈的「眞」、性情的「至」。總之《莊子》筆下的俗人、畸人、超人都具有會老朽的肉身，但心靈修養的深度層次不同，成就出不同的人格高度。於此可見，《莊子》已經化掉了《老子》的「形上之道」，並將道內在於人，〔註91〕此乃《莊子》有進於《老子》之處，而爲先秦道家歷時性的發展。

　　由是再論理想人格的政治觀，《老子》同《莊子》心目中理想的統治者都有高度和深厚的心靈涵養，如《老子》希望執政的人有著「慈、儉、不敢爲天下先」的三寶智慧。《莊子》希望這個執政的人在心靈上是個「入乎其內，又超乎其上」超世不群的人。認爲唯有心靈可以「外物」、「外天下」的領導者才能「化貸萬物」「使物自喜」（〈應帝王〉），其心靈已從權力名位的桎梏中解放出來，同時也讓百姓從政治的宰制中掙脫出來，在上位者和在下位者不再有「以上御下」的宰制關係。用現代的話來說，老莊共同的聲音是：只有不需要權力的人才能爲人民造福利，只有放下權力的人才能眞正擁有權力。

　　總上所述，《老子》以「行道」的程度做爲品鑑人格的標準，以「內聖」定「外王」的人格類型，及稱最上等的人格爲「聖人」，俱可看出《老子》雖宗法自然天道，終極關懷仍是人生存的實境；其理想的世界既不在天國，也不在西方的極樂淨土，而是當下的人世。《莊子》的理想人格，雖是精神「遊於方外」者，實非爲冷然面世、不管人間冷暖的遁世者。其所謂的聖人是達到明王之治的人格座標，而「至人」、「聖人」、「神人」、「眞人」等人中之傑都強調人的自主性，表現出人的精神強度。故其進路雖由形下至形上，目的

〔註90〕憨山：《莊子內篇注》卷四，收入嚴靈峰編《無求備齋莊子集成續編》25，台北：藝文，頁8。
〔註91〕參見徐復觀：《中國人性論史──先秦篇》（台北：商務，1982），頁387。

仍在點化形下世界，換言之，《老子》、《莊子》的理論框架雖構築在自然天地，著眼點仍是人間世。其所以言自然、說無爲，目的無非是爲人求一精神的安頓，彰顯人的自主、能動性。這樣以人爲本的人文精神在中國古代的原始觀念中早就透露出來。〔註 92〕至於自覺提出這樣的精神方向者，一般都以儒家爲代表。若依上述的探析，《老子》、《莊子》實亦蘊含「尊道重德」和「人本」精神。只是因爲《老子》「正言若反」（七八章）和《莊子》「弔詭」（〈齊物論〉）的表詮方式，讓人有道家反對道德仁義，否定文化的誤判。

〔註92〕如《尚書》《詩經》中「天命不易」、「天命靡常」的觀念，即指出天命的不可信賴、不可捉摸，惟有靠自身的努力才能開務成物以厚養生民，正是所謂的「王之三事：正德、利用、厚生。《詩經·大雅文王》也說：「無念爾祖，聿脩厥德，永言配命，自求多福」。自己是生命的主宰，反求諸己，努力修德才能造福自己。